세계의
판타지
백과사전

세계의 판타지 백과사전

도현신 지음

책을 펴내며

지금도 남아 있을지 모르지만, 중학교에 다니던 1990년대 중반 무렵 집 근처의 도서 대여점에서 우연히 본 신화 관련 책을 기억한다. 그때까지만 하더라도 신화라고 하면 그리스 로마 신화 관련 책들만 서점에 있었는데, 도서 대여점에서 봤던 책에는 그 밖의 다른 신화가 함께 실려 있어서 매우 흥미로웠다. 그래서인지 자주 빌려 보았다.

30여 년이 지난 지금, 국내의 도서 시장은 그때와는 비교도 할 수 없을 만큼 다양해졌다. 신화 관련 책들도 다양해졌다. 그리스 로마 관련 신화 책은 물론 다른 지역의 신화를 다루는 책도 많은 편이다. 하지만 그리스, 북유럽, 이집트, 중국 등을 제외한 지역의 신화들은 사람들에게 그리 잘 알려지지 않았다. 어쩌면 당연한 일이다. 이런 곳의 신화를 소개하는 개설서가 별로 없었기 때문이다.

이 책, 《세계의 판타지 백과사전》은 그동안 대중에게 생소했던 아프리카, 동남아, 오세아니아, 아메리카 대륙 등지의 신화와 전설에서 흥미로운 이야기 110가지를 가려 뽑아 만들었다. 그중에서도 한국 독자들에게 아주 낯선 오세아니아와 필리핀 쪽 신화와 전설을 발굴하여 소개하고자 노력했다. 우리가 독서하는 목적 중 하나는 잘 알지 못하는 분야의 지식과 정보를 얻기 위함일 것이다. 판타지 백과사전의 마지막 권에 해당하는 이 책을 그런 의도에 부합하도록 엮었다. 요사이 전 세계를 휩쓸고 있는 K-컬처 흐름에 내가 쓴 책들이 조금이나마 기여할 수 있다면, 그보다 기쁜 일이 없겠다.

판타지 백과사전 시리즈의 첫 번째 작품인 《한국의 판타지 백과사전》에 실었던 외계인과 UFO 관련 내용을 이번 책에도 다루었다. 누군가는 황당하다고 넘길 이야기일지 몰라도 어떤 이들은 현대판 신화나 전설 축에 속한다고 여기기 때문이다. 그렇지만 외계인과 UFO 이야기로 편중되지 않도록 네 개 항목으로 국한했다. 이 책을 읽는 독자들은 전통적인 신화나 전설에 더 집중하리라고 판단했기 때문이다.

2017년부터 시작된 판타지 백과사전 시리즈를 일곱 권으로 마무리하는 시점이다. 야심 차게 기획한 일을 무사히 끝내 다행스럽다. 그동안 정든 판타지 백과사전 시리즈를 마무리하려니 아쉬운 마음이 드는 것도 사실이지만, 새롭게 다루어야 할 다른 주제도 있으니 여기에 집착하고 있을 수만도 없다.

그동안 긴 여정을 함께해주신 독자 여러분께 진심으로 감사드린다.

차례

| 책을 펴내며 | 004

1. 세상의 시작

001 이집트의 창세 신화 … 014
002 만주족의 창세 신화 … 017
003 멜라네시아의 창조 신화 … 020
004 멜라네시아의 인간 탄생 신화 … 023
005 마푸체족의 창세 신화 … 025
006 아즈텍족의 창세 신화 … 027
007 잉카의 창세 신화 … 030
008 인도네시아의 창세 신화 … 033
009 남자들의 반란, 오나족 신화 … 036
010 축치족의 창세 신화 … 039

2. 신들

011 이집트의 태양신, 라 … 044
012 이집트 신들의 왕, 아문 … 047
013 땅의 신, 게브 … 050
014 죽음의 신, 아누비스 … 053

015	저승과 부활의 신, 오시리스	056
016	사막과 폭력의 신, 세트	059
017	악어의 신, 소벡	062
018	사랑의 여신, 하토르	064
019	전쟁의 여신, 세크메트	067
020	사라진 유일신, 아텐	070
021	그 밖의 이집트 신들	073
022	타갈로그어를 쓰는 필리핀 부족의 신들	075
023	비콜라노족과 비사야족의 신들	078
024	일로카노족의 신들	081
025	인도네시아 바다의 여신, 냐이 라라 키둘	084
026	베르베르인의 신들	087
027	다약족의 신들	089
028	튀르크족의 신들	091
029	오나족의 신들	093
030	만주족의 신들	096
031	시베리아 원주민의 신들 1	099
032	시베리아 원주민의 신들 2	102
033	아이누족의 신들	105
034	북미 대륙 북부 원주민의 신들	108
035	호수 원주민의 신들	111
036	폴리네시아의 신들 1	114
037	폴리네시아의 신들 2	117
038	멜라네시아의 신들	120

039	소말리아의 신들	123
040	다호메이 왕국의 신들	126
041	요루바족의 천둥신, 샹고	128
042	잉카의 신들 1	131
043	잉카의 신들 2	134
044	아즈텍의 위대한 신, 테스카틀리포카	137
045	전쟁의 신, 위칠로포치틀리	140
046	아즈텍의 신들	143
047	무이스카족의 신들	146
048	타이노족의 신들	149
049	과라니족의 신들	151

3. 영웅과 악당

050	고대 이집트의 정복 군주, 투트모세 3세	156
051	알렉산드리아의 여성 철학자, 히파티아	159
052	유럽인들이 고대한 사제왕 요한	161
053	몽골군을 물리친 바이바르스	164
054	유럽을 공포에 떨게 한 해적왕, 하이레딘	166
055	사파비 왕조를 무너뜨린 마흐무드	169
056	이란의 나폴레옹, 나디르 샤	172
057	애버리지니의 저항을 이끈 페물우이	175
058	관체족의 지도자, 벤코모와 팅과로 형제	177
059	베르베르인의 여왕, 알카히나	180

060 셀쿠프족의 영웅, 이치 183
061 폴리네시아의 문화 영웅, 마우이 186
062 바누아투의 영웅, 카트 189
063 나바호족의 영웅, 나예네즈가니 191

4. 요괴와 정령

064 이집트 신화의 심판자, 암미트 196
065 필리핀 신화의 요괴와 정령 199
066 미노카와 티그마마누칸 202
067 필리핀 신화의 흡혈귀들 204
068 일로카노족의 요괴와 정령 206
069 인도네시아 신화의 요괴와 정령 209
070 미국 뉴저지주의 괴물, 저지 데블 212
071 미국의 나방 인간, 모스맨 214
072 식인과 탐욕의 화신, 웬디고 217
073 북미 숲속의 괴물, 빅풋 219
074 천둥새와 파몰라 221
075 북미 원주민 벽화 속 괴물, 피아사 224
076 그린란드 이누이트의 요괴, 아들렛 226
077 태평양 선실의 요괴, 상어 인간 228
078 호주의 수수께끼 요괴, 비닙 231
079 호주의 기이한 생물, 요위 234
080 호주 원주민 전설의 요괴와 정령 1 236

081 호주 원주민 전설의 요괴와 정령 2 239
082 호주 원주민 전설의 요괴와 정령 3 242
083 축치족의 요괴, 켈레트 244
084 네네츠족 신화의 난쟁이 종족, 시르티아 246
085 시베리아 원주민 신화의 요괴들 248
086 튀르크족의 요괴와 정령 251
087 멜라네시아의 요괴와 정령 254
088 멜라네시아의 마녀, 요요바 257
089 오나족의 식인 거인, 차시켈 259
090 브라질 투피·과라니족의 요괴 261
091 중남미의 흡혈 괴물, 추파카브라 263
092 마푸체족의 요괴들 1 265
093 마푸체족의 요괴들 2 268
094 남미 전설의 여성 요괴, 파타솔라 271
095 베네수엘라 전설의 괴물, 사요나와 실본 273
096 아즈텍 신화의 괴물, 시곽틀리 276
097 토타 호수의 괴물 278
098 이로쿼이족 전설의 요괴, 날아다니는 머리 281
099 이로쿼이족 전설의 요괴들 283
100 이누이트의 요괴들 286
101 아프리카의 요괴와 정령 1 289
102 아프리카의 요괴와 정령 2 291
103 아프리카의 요괴와 정령 3 294

5. 신비한 장소

104 잃어버린 문명, 무 대륙   298
105 상상의 대륙, 레무리아   301
106 이스터섬의 모아이 석상   304

6. UFO와 외계인

107 UFO와 싸운 로스앤젤레스 전투   308
108 켈리-홉킨스빌 외계인 침입 사건   311
109 미국 플랫우즈에 나타난 외계인   314
110 켁스버그 UFO 사건   317

| 책을 닫으며 | 320
| 참고 자료 | 322

1
세상의 시작

001 이집트의 창세 신화

전 세계에서 역사가 가장 오래된 나라 중 하나인 이집트는 자연의 여러 신을 숭배하는 전통 신앙을 5세기까지 유지했다. 그런 만큼 이집트에는 다양한 창세 신화가 있다.

첫 번째로, 신이 말로 사물을 만들었다는 창세 신화가 있다. 이 '말의 신화'에는 바람의 신 아문(Amun), 태양의 신 라(Ra), 기술자들의 수호신 프타(Ptah)가 등장한다. 이들 가운데 프타는 고대 이집트에서 창조신으로 숭배받았다. 이집트 제22왕조(기원전 943~716) 시절의 찬가에는 프타가 "그의 마음의 설계에 따라 세상을 만들었다."라는 문장이 있으며, 제25왕조(기원전 744~656) 시절의 비문에는 프타가 "모든 신에게 마음과 혀로 생명을 주었다."라고 기록되어 있다. 즉 프타는 말로써 신들과 세상을 만들어낸 창조주로 여겨졌다.

신이 사물의 이름을 말하며 세상을 창조했다는 개념은 《구약성경》의 〈창세기〉에도 등장한다. 물론 시기상으로는 이집트 신화가 더 오래되었기 때문에 《구약성경》을 쓴 유대인들이 이집트 신화의 영향을 받았을 가능성이 크다.

두 번째로, 신이 자신의 체액으로 사물을 직접 만들었다는 창세 신화가 있다. 이 신화의 주인공은 태양신이자 창조신인 아툼(Atum)이다. 아툼이라는 이름은 '완성하다', '끝내다'라는 뜻의 고대 이집트어 틈(tm)에서 유래했다. 아툼은 세계를 완성한 존재이자 우주의 시조로서 신들과 만물이 그의 생명력에서 비롯되었다고 여겨진다.

워낙 오래된 신이라 아툼에 대한 전승은 서로 모순되는 내용도 많다. 한 전승에 따르면 아툼은 태초의 어둠 속에서 홀로 존재하며 잠자고 있다가 스스로 눈을 떠 활동을 시작했다고 한다. 또 다른 전승에서는 그가 파란 연꽃이나 커다란 알 속에서 태어났다고 전해진다.

고대 이집트에서 태양 신앙의 중심지였던 헬리오폴리스의 창조 신화에 따르면, 아툼은 창조 이전 어둠과 혼돈의 심연에서 가장 먼저 나타난 존재다. 그는 누구에 의해 창조되지 않았고, 태초의 원초적 물질인 눈(Nun) 위에 앉아 스스로를 창조했다. 이후 아툼은 세상에 자기 말고 아무도 없다는 사실을 깨닫고는 외로움을 느껴 자신처럼 생명과 지성을 지닌 존재들을 만들기 시작했다. 그리하여 아툼은 공기의 신 슈(Shu), 습기의 여신 테프누트(Tefnut), 대지의 신 게브(Geb), 하늘의 여신 누트(Nut), 죽음과 부활의 신 오시리스(Osiris), 혼돈과 폭력의 신 세트(Set), 생명의 여신 이시스(Isis), 밤과 죽음의 여신 네프티스(Nephthys) 등 여덟 신을 창조했다.

그런데 그 과정에 대해서는 전승마다 차이가 있다. 한 전승에서는 아툼이 재채기할 때 튀어나온 침에서 슈와 테프누트가 태어났다고 한다. 다른 전승에서는 아툼이 자위행위를 하다 나온 정액에서 그 둘이 태어났다고 한다. 자위행위에서 신이 탄생했다는 이야기가 민망하게 들릴 수도 있지만, 고대 이집트에서는 성석 행위를 부끄럽게 여기지 않았다. 예컨대 고대 이집트에서는 잔치 때 무용수들이 아주 얇은 옷만 걸친 채 전라에 끝은 상태로 춤과 노래를 선보이기도 했다.

이보다 더 상세한 전승에서는 아툼이 자위한 뒤 자신의 정액을 입에 넣고 타액과 함께 뱉었는데 거기서 슈와 테프누트가 태어났다고 한다.

슈와 테프누트는 자신들을 둘러싼 태초의 바다인 눈이 어디까지 펼쳐져 있는지 궁금해 탐험을 떠났다가 어둠 속으로 사라졌다. 아툼은 걱정하며 그들을 찾았지만 끝내 찾지 못했다. 아툼은 슬픔에 빠져 눈물을 흘렸는데, 그 눈물에서 인류가 태어났다고 전해진다.

002 만주족의 창세 신화

만주족의 창세 신화는 《천궁대전(天宮大戰)》이라는 중국 책에 기록되어 있다. 이 책은 1939년 중국인 학자들이 만주족 샤먼(무당) 백몽고(白蒙古)를 찾아가 들은 신화와 전설을 수록한 것이다. 《천궁대전》이 전하는 만주족의 창세 신화는 다음과 같다.

태초에 세상은 거대한 물로 뒤덮여 있었다. 그러던 중 물속에서 아포카혁혁(阿布卡赫赫) 또는 아부카허허라는 최초의 신이 나타났다. 아부카허허는 여성적인 인격을 지닌 신이었다.

아부카허허는 먼저 공기와 빛과 안개를 만들었다. 그러자 그녀의 몸 아랫부분이 떨어져 나가 두 번째 여신 바나무허허가 탄생했다. 이어서 빛은 하늘이 되고 안개는 땅이 되었다. 이후 아부카허허의 몸 윗부분이 떨어져 나가 세 번째 여신 와러두허허가 태어났다. 세 여신은 힘을 합쳐 세상을 창조해 나갔다. 아부카허허는 공기에서 구름과 천둥을, 바나무허허는 피부에서 계곡과 샘을, 와러두허허는 아부카허허의 눈에서 해와 달과 북두칠성을 만들어냈다. 그리하여 아부카허허는 하늘의 신, 바나무허허는 대지의 신, 와러두허허는 별자리의 신이 되었다.

이윽고 아부카허허는 땅에서 살아갈 생명체를 만들기로 마음먹었다. 하지만 그때 바나무허허는 깊은 잠에 빠져 깨어나지 않았으므로 아부카허허가 와러두허허와 함께 인간을 창조했다. 최초의 인간은 모두 여자였다. 창조주인 두 신이 모두 여신이었으니 자신들의 모습을 본떠 여자를 만들 수밖에 없었기 때문이다.

뒤늦게 잠에서 깨어난 바나무허허는 인간 창조에서 소외되었음을 깨닫고 안타까운 마음에 인간이 아닌 생물들, 곧 새와 동물과 벌레를 만들었다. 하지만 서둘러 만드는 바람에 이 생물들은 인간만큼 지혜롭지 못하게 되었다.

신과 세계와 인간이 탄생했지만 아부카허허는 세상에 한 가지 성(性)만 있는 것을 불완전하다고 여겨 바나무허허, 와러두허허와 함께 다른 성을 만들기로 했다. 그리하여 그들은 뼈와 털로 남자를 만들었다. 그래서 남자는 여자보다 강하지만 대신 지저분한 몸을 지니게 되었다.

또한 아부카허허는 자기 몸에서 살을 떼어 다른 신들을 만들었다. 그중에는 남성성과 여성성을 모두 지닌 오친도 있었다. 오친은 9개의 머리와 8개의 팔을 가진 신으로, 그만큼 영리하고 손재주가 뛰어나 아부카허허를 비롯한 다른 신들의 능력과 기술을 빠르게 익혔다. 게다가 양성의 몸을 이용해 스스로 얼마든지 생식을 할 수 있었다.

오친은 자신을 따르는 사악한 신을 수없이 낳았고, 추종자가 많아지자 아부카허허와 다른 여신들을 두려워하지 않게 되었다. 마침내 오친은 자신의 이름을 '예루리'로 바꾸고, 아부카허허가 만든 세계의 질서를 어지럽혔다. 예루리는 홍수, 폭풍, 지진 등의 재앙을 일으켜 자신의 힘을 과시하고 여신들을 몰아내려 했다. 급기야 그는 여성성을 버리고 남신으로 탈바꿈했다. 그러고는 와러두허허를 붙잡아 지하에 가두고 최고신 아부카허허에게 도전장을 내밀었다.

이에 아부카허허는 자신이 만든 다른 여신인 시스린과 푸터진에게 예루리를 제압하도록 했다. 예루리는 시스린과 푸터진에게 패배하고 쫓겨났으나 이후에도 계속해서 아부카허허와 대립했다. 한번은 아부카허허를 유인해 산으로 깔아뭉개고, 끝없는 폭설과 추위로 세상을 생명체가 살 수 없는 죽음의 공간으로 만들려 했다.

  그러나 아부카허허는 자신을 따르는 신들의 도움으로 예루리를 제압하고, 그를 어두운 지하 세계로 추방했다. 하지만 예루리의 힘도 만만치 않았다. 아부카허허를 따르던 여신들 중 일부는 본래의 사명을 저버리고 게으름을 피우거나 타락하여 남신으로 변모했고, 예루리의 유혹에 빠져 그의 편에 서게 되었다. 그리하여 세상은 선과 악, 빛과 어둠, 질서와 혼란, 번성과 파멸이 공존하게 되었다.

003 멜라네시아의
        창조 신화

멜라네시아는 호주 북쪽의 뉴기니섬에서 뉴칼레도니아, 애드미럴티제도, 피지제도에 이르는 지역을 가리키는 말이다. 이곳은 18세기경에야 외부인에게 알려졌기 때문에 현지 주민들은 오랫동안 고립된 채 살아오며 독특한 문화를 형성했다.

멜라네시아 신화는 다른 지역과 달리 세상이 어떻게 만들어졌는지를 설명하는 창조 신화가 매우 부족하고 그 묘사도 모호하다. 몇 가지 예외를 제외하면 멜라네시아 신화에서는 세상이 예전부터 지금과 같은 모습으로 항상 존재해왔다고 여긴다. 아마도 멜라네시아가 거대한 바다로 둘러싸인 섬들로 이루어져 있다 보니 주민들이 바다를 대신할 다른 지형을 상상하지 못했던 듯하다.

그렇다면 그 바다는 어떻게 생겨났을까? 구체적인 창세 신화가 거의 전해지지 않는 멜라네시아 지역이지만, 파푸아뉴기니의 비스마르크제도에 속한 뉴브리튼섬에는 바다의 기원에 대한 설화가 있다.

최초의 바다는 아주 작아서 한 노파가 가진 작은 웅덩이에 불과했다. 노파는 그 웅덩이에서 소금물을 퍼내어 음식의 맛을 냈다. 소중한 소금물을 누가 훔쳐 갈까 봐 노파는 웅덩이를 천으로 덮어 숨겼다. 두 아들이 소금물을 어디서 구했는지 물어도 알려주지 않았다. 하지만 두 아들은 어머니를 몰래 따라가 천으로 덮인 웅덩이의 존재를 알아냈다. 그들은 소금물을 얻기 위해 웅덩이를 덮은 천을 조금씩 찢었다. 그런데 놀랍게도 천이 찢어질수록 웅덩이는 점점 커져갔다. 겁에 질린 두 아들이 천 조각을 들고 도망치는 순간 웅덩이는 어마어마하게 넓어져 바다가 되었다. 뒤늦게 이 사실을 안 노파는 바다가 더 커져 온 세상을 집어삼키지 못하게 하려고 서둘러 해안가에 나뭇가지를 심었다.

육지가 어떻게 생겨났는지는 애드미럴티제도에서 전해지는 설화에 잘 나타난다. 태초의 세상은 거대한 바다뿐이었는데, 바닷속 거대한 뱀이 계속 헤엄만 치는 데 지쳐 "암초야 솟아올라라!"라고 외쳤다. 그러자 바다 밑에서 암초가 솟구쳐 올라 육지가 되었다.

또 다른 전승에서는 남자와 여자가 태고의 바다 위를 떠다니다가 어디에선가 떠밀려온 나무토막에 올라가서는 '이 나무처럼 바다도 마르지 않을까?' 하고 생각했다. 그러자 놀랍게도 바닷물이 물러가고 땅이 솟아올랐다. 그러나 그 땅은 메말라 생명이 없었기에 남자와 여자는 그 땅에 나무토막을 심었다. 그 나무토막이 자라나 나무가 되자 땅에는 수많은 생명체가 나타났다.

한편 뉴브리튼섬 해안에 사는 부족들은 토카비나나(To-Kabinana)와 토카르부부(To-Karvuvu) 형제가 바다 밑바닥에서 육지를 낚아 올려 땅을 만들었다고 믿는다.

태양과 달의 기원에 대해서도 다양한 설화가 전해진다. 애드미럴티제도에서는 바닷물이 마르자 남자와 여자가 나타나 나무를 심고 다른 식물들을 만들었는데, 그중 버섯 두 개를 골라 하늘에 던지자 각각 태양과 달이 되었다는 이야기가 전해진다.

뉴기니섬 남부에는 조금 다른 설화가 전해진다. 어느 날 한 남자가 깊은 구덩이를 파다가 작고 밝게 빛나는 달을 발견했다. 그가 달을 꺼내자 점점 커지더니 마침내 그의 손에서 벗어나 하늘 높이 솟아올랐다. 달이 스스로 태어날 때까지 충분히 땅에 머물렀다면 훨씬 더 밝게 빛났을 텐데 섣불리 꺼낸 탓에 지금처럼 희미한 빛만 비추게 되었다는 이야기다.

  뉴기니섬 북부에도 비슷한 설화가 있다. 한 노파가 항아리에 달을 감춰 두었는데, 어느 날 소년 무리가 몰래 항아리 뚜껑을 열었다. 그러자 달이 빠져나왔다. 소년들이 붙잡으려 했지만 달은 그들의 손아귀에서 미끄러져 나와 하늘로 올라갔다. 이 일로 달의 표면에 소년들의 손자국이 남았다고 한다.

  뉴기니섬 동쪽의 우들라크섬에는 태양과 달의 기원이 불이었다는 설화가 전해진다. 한 노파가 유일하게 불을 다룰 줄 알았는데, 그녀는 불로 요리한 맛있는 음식을 혼자만 먹었고 다른 이들은 날것만 먹어야 했다. 이런 현실에 불만을 품은 그녀의 아들이 불을 훔쳐 사람들에게 나누어주자 화가 난 노파가 남은 불을 둘로 나누어 하늘로 던졌다. 그중 큰 부분은 태양이 되고 작은 부분은 달이 되었다.

004 멜라네시아의 인간 탄생 신화

멜라네시아 지역에는 몇 가지 인간 탄생 신화가 전해진다. 먼저 애드미럴티제도의 신화는 이렇다. 마누알(Manual)이라는 남자가 세상에서 유일한 인간으로 처음부터 존재했는데, 혼자 있는 것이 외로워 도끼로 나무를 베어내고 여자의 모습처럼 만든 뒤 "이 나무가 여자가 되기를!"이라고 빌었다. 그러자 나무토막이 곧바로 여자로 변했다.

바누아투 북쪽에 있는 뱅크스제도에는 더 정교한 인간 창조 신화가 전해진다. 선량한 정령(또는 신)인 카트(Qat)가 나무를 여섯 토막으로 잘라 남자 셋, 여자 셋의 모습으로 조각한 뒤 3일 동안 숨겨두었다. 이후 나무토막을 꺼내 세워놓고 그 앞에서 춤을 추며 북을 치자 그것들이 세 쌍의 남녀로 변해 서로 짝을 이루었다.

그러자 카트와 함께 태초부터 존재한 정령인 마라와(Marawa)가 이를 질투하여 똑같이 나무토막을 만들고 생명을 불어넣었다. 그런데 살아 움직이는 나무토막의 모습이 보기 싫어 구덩이를 파고 묻은 뒤 야자나무 잎을 덮어두었다. 그리고 일주일 뒤 꺼내보니 나무토막들은 부패한 시체로 변해 있었다. 그리하여 세상에 죽음이 생겨났다.

한편 바누아투에는 인간이 땅에서 만들어졌다는 신화가 전해진다. 타카이오(Takaio)가 진흙으로 사람 모양의 인형 10개를 빚고 숨을 불어넣자 그것들이 생명을 얻어 인간이 되었다는 이야기다.

뉴브리튼섬에는 조금 다른 전승이 전해진다. 태초의 존재가 땅에 사람 모양을 그린 뒤 칼로 자신을 베어 피를 뿌리고 잎사귀로 덮자 그 그림에서 토카비나나와 토카르부부 형제가 태어났다. 하지만 이들은 남자였고 세상에는 짝이 될 여자가 없었다. 형제는 여자를 얻기 위해 고민했는데, 먼저 토카비나나가 옅은 노란색 열매를 맺는 야자나무에 올라가 덜 익은 열매 2개를 따서 땅에 던졌다. 그러자 열매들이 터지며 여인으로 변했다. 토카비나나는 둘을 아내로 삼았다.

토카르부부는 형에게 어떻게 여자를 만들었는지 묻고 그대로 따라 했다. 하지만 토카르부부는 견과류 2개를 따서 땅에 던졌는데, 열매 아랫부분이 땅에 먼저 부딪히면서 못생기고 우울한 두 여인이 나타났다. 토카르부부는 이들이 마음에 들지 않아 화를 내며 쫓아내고, 대신 형의 아내 중 한 명을 데려왔다.

토카비나나와 토카르부부 형제가 등장하는 조금 다른 인간 탄생 신화도 있다. 어느 날 두 형제가 밤낚시를 하고 있었는데 사탕수수 한 토막이 물에 떠내려왔다. 형제가 그것을 땅에 심자 뿌리를 내리고 점점 자라더니 줄기가 부풀어 오르다 터져버렸다. 그리고 그 안에서 한 여인이 나타났다.

솔로몬제도에도 비슷한 이야기가 전해진다. 어느 날 사탕수수 줄기에 옹이가 2개 생겼고, 그 옹이들이 점점 커지다가 터지자 구멍에서 남자와 여자가 나왔다. 이들은 결혼하여 인류의 조상이 되었다.

한편 뉴브리튼섬에는 전혀 다른 유형의 창조 설화가 전해진다. 태초의 세상에는 태양과 달만 존재했는데, 그 둘이 결혼해 돌과 새를 낳았다. 시간이 흐르자 돌은 남자로 변하고 새는 여자로 변했다. 그리고 그 둘이 결혼해 비로소 인간이 태어났다.

005 마푸체족의 창세 신화

　칠레와 아르헨티나 지역의 원주민인 마푸체족(Mapuche)은 독특한 창세 신화를 갖고 있다. 마푸체족의 창세 신화에 따르면 세상에는 아무도 살지 않았고 텅 빈 땅만 존재했다. 그렇다면 인간은 어디에서 왔을까? 마푸체족 신화에서 인간은 원래 정령들과 함께 하늘에서 살았다고 한다.
　인간과 정령들이 하늘에서 평화롭게 살아가던 어느 날, 정령들이 지상을 내려다보니 온통 황량한 사막뿐이었다. 정령들은 사람들에게 "지상에는 지혜를 갖춘 생명체가 없어서 무척 황량하고 볼품없어 보인다. 너희가 내려가 생명으로 가득 채우고 살아가면 좋겠다."라고 권유했다. 그 제안에 따라 사람들은 지상으로 내려와 살았다. 그때 언어도 함께 가져왔는데, 그것이 바로 마푸체어였다. 정령들은 사람들에게 훗날 다시 하늘로 데려 오겠다고 약속했다.
　또 다른 창세 신화도 전해지는데, 텐텐 빌루(Tenten Vilu)와 카이카이 빌루(Caicai Vilu)라는 두 신이 일으킨 대홍수 이야기다. 텐텐 빌루는 태양신 안투(Antu)의 아들이고 카이카이 빌루는 불의 신 페리필란(Peripillan)의 아들이었는데, 둘 다 아버지에게 잘못을 저질러 뱀으로 변했다. 그리고 안투와 페리필란의 사이가 나빴던 것처럼 텐텐 빌루와 카이카이 빌루도 서로 적이 되었다.

카이카이 빌루는 물의 정령 응엔코(Ngen-ko)와 함께 바다로 내려가 살았고, 텐텐 빌루는 땅으로 내려와 인류를 돌보기로 했다. 오랜 잠에서 깨어난 카이카이 빌루는 자신이 바다에 물고기를 가득 채워 인류를 풍족하게 해주었는데도 아무런 감사를 받지 못하자 분노했다. 그는 인류를 벌하기로 마음먹고 대홍수를 일으켜 바다가 모든 육지를 집어삼키도록 했다.

절멸 위기에 처한 인류는 카이카이 빌루의 적인 텐텐 빌루에게 도움을 청했다. 복수의 기회를 노리던 텐텐 빌루는 그 요청을 받아들였다. 텐텐 빌루는 인간과 동물을 등에 태워 높은 언덕으로 데려갔고, 바닷물이 차오르자 언덕을 그만큼 높였다.

이 모습을 본 카이카이 빌루는 화가 나서 텐텐 빌루와 싸움을 벌였다. 둘은 지칠 때까지 싸움을 멈추지 않았다. 결국 힘이 빠진 카이카이 빌루는 바다로 육지를 삼키려던 계획을 포기했다. 하지만 홍수로 불어난 바닷물은 그대로 남았다.

그리하여 인류는 대홍수에서 살아남았지만 재앙은 끝나지 않았다. 이번에는 지진과 화산 폭발이 인류를 덮쳤는데, 이는 텐텐 빌루가 일으킨 재앙이었다. 자신의 도움으로 대홍수에서 살아남았는데도 인류가 감사를 표하지 않자 텐텐 빌루가 지진과 화산 폭발을 일으켜 인류를 벌한 것이다. 또한 바다 밑에서 잠자고 있던 카이카이 빌루도 이따금 깨어나 해일이나 홍수를 일으켜 인류를 위협했다.

이 대홍수 신화는 16세기부터 남미에 진출한 가톨릭 선교사들이 전한 《구약성경》의 대홍수 이야기에서 영향을 받은 것으로 보인다. 신이 배은망덕한 인간에게 분노해 재앙을 내린다는 내용은 마푸체족 고유의 사고방식과는 다소 거리가 있기 때문이다.

006 아즈텍족의 창세 신화

    현재의 멕시코 지역에 살았던 아즈텍족(Aztec)은 자연 현상을 신격화하여 숭배했다. 1521년 스페인 군대의 침략으로 아즈텍족의 나라인 아스테카 제국은 멸망했으나, 그들의 신앙과 전통은 역설적이게도 기독교를 전파하려 한 스페인 성직자들의 기록을 통해 오늘날까지 전해지고 있다.
    아즈텍 신화의 천지창조 이야기는 다음과 같다. 아득히 먼 옛날에는 남성과 여성의 몸을 함께 지닌 신인 오메테오틀(Ometeotl)만이 존재했다. 오메테오틀은 문득 자신만 존재한다는 사실에 외로움을 느끼고, 생명과 지혜를 지닌 신들을 만들기로 마음먹었다. 그리하여 자신의 힘으로 네 아들, 즉 테스카틀리포카(Tezcatlipoca), 시페 토텍(Xipe Totec), 케찰코아틀(Quetzalcoatl), 위칠로포치틀리(Huitzilopochtli)를 낳았다.
    600년이 지나자 네 형제는 그들만 있는 삶에 외로움을 느끼고, 세상과 그곳에서 살아갈 생명체들을 만들기로 했다. 우선 케찰코아틀과 위칠로포치틀리가 협력해 세상을 밝힐 태양을 창조했고, 이어 자신들을 닮았으나 힘과 지혜는 부족한 남성과 여성을 한 명씩 만들었다. 그들은 인간이 살아갈 공간인 땅을 만든 다음 인간에게 그곳으로 내려가 살라고 했다. 동시에 케찰코아틀은 옥수수 같은 농작물이 땅에서 자라나게 했다. 그런 다음 달력을 만들어 인간에게 시간과 계절을 알게 했고, 물과 그 안에서 살 물고기들도 만들어 인간이 물을 마시고 물고기를 잡아먹으며 살 수 있도록 했다.

이렇게 세상과 인간을 만드는 작업이 마무리되자 네 형제는 동쪽, 서쪽, 남쪽, 북쪽을 나누어 각각 차지했다. 그러나 이들 사이에서 권한과 영향력을 둘러싼 다툼이 이어졌다. 그로 인해 세상이 멸망하고 다시 창조되는 일이 다섯 차례 반복되었다. 이를 가리켜 아즈텍 신화에서는 '다섯 태양의 시대'라고 부르는데, 이는 화산 폭발과 지진이 잦은 멕시코 중부의 지리적 특성이 반영된 흔적으로 여겨진다.

첫 번째 태양의 시대는 '재규어의 시대'라고 불리는데, 테스카틀리포카가 지배한 이 시대는 676년 동안 이어졌다. 케찰코아틀이 테스카틀리포카를 하늘에서 떨어뜨리자 분노한 테스카틀리포카는 재규어들을 풀어 인간을 모두 잡아먹게 했다. 이로써 첫 번째 태양의 시대가 끝이 났다.

두 번째 태양의 시대는 '바람의 시대'로, 364년 동안 지속되었다. 이 시대는 케찰코아틀이 지배했는데, 인류는 그가 준 옥수수를 먹고 살았다. 그러다 이전 시대에 패배한 테스카틀리포카가 거대한 폭풍을 일으켜 세상을 쓸어버렸고, 사람들도 바람에 날려 사라졌다. 이때 간신히 살아남은 인류는 원숭이로 변했다.

세 번째 태양의 시대는 '비의 시대'로, 비의 신 틀랄록(Tlaloc)이 지배했다. 이 시대는 312년 동안 이어졌고, 인류는 여전히 옥수수를 먹고 살았다. 그런데 하늘에서 불덩이가 떨어져 모든 것을 불태웠고, 살아남은 사람들은 칠면조로 변했다. 일부 전승에서는 이 재앙을 케찰코아틀이 일으켰다고 하지만, 틀랄록의 분노로 불비가 내렸다는 전승도 있다.

네 번째 태양의 시대는 '물의 시대'로, 676년 동안 이어졌다. 물의 여신 찰치우틀리쿠에(Chalchiuhtlicue)가 지배한 이 시대에는 52년간 쏟아진 비로 대홍수가 발생해 온 세상이 휩쓸렸다. 간신히 살아남은 사람들은 물고기로 변했다. 결국 하늘이 무너져 태양 위로 떨어지면서 세상은 완전히 멸망했다.

다섯 번째 태양의 시대는 '움직임의 시대'로, 오늘날 인류가 살아가는 시대다. 이 시대는 나나우아친(Nanahuatzin)이라는 신이 제단의 불 속에 몸을 던져 태양이 되면서 시작되었다. 뒤이어 테쿠시스테카틀(Tecuciztecatl)도 불 속에 뛰어들어 하늘에 떠올랐으나, 2개의 태양이 동시에 떠오르자 신들은 테쿠시스테카틀의 빛을 약하게 하기 위해 그의 얼굴에 토끼를 던져 달로 만들었다.

아즈텍족은 이 다섯 번째 태양의 시대 역시 지진과 기근으로 언젠가 멸망할 것이라 믿었다. 그들은 그 종말이 언제 닥칠지 몰라 두려움 속에 살아갔으나, 결국 그들의 시대를 끝장낸 것은 신이 아니라 멀리 동쪽에서 배를 타고 쳐들어온 스페인 군대였다.

007 잉카의 창세 신화

15세기 중반부터 16세기 초까지 페루를 중심으로 번성하던 잉카 제국은 1530년대에 스페인 군대의 침공을 받아 결국 멸망했다. 그 과정에서 기독교 선교사들이 잉카의 신화를 기록으로 남겼는데, 그 내용을 간추리면 다음과 같다.

태초에 세상은 끝없는 어둠에 잠겨 있었다. 그 속에서 어느 날 창조신 비라코차(Viracocha)가 나타났다. 비라코차는 세상에 자신만 홀로 존재한다는 사실이 슬퍼서 하늘과 땅을 만들고, 자신을 닮았으나 힘과 지혜는 부족한 인간을 창조했다. 그러나 최초의 인간들은 창조주인 비라코차에게 복종하지 않았고, 비라코차는 은혜를 모르는 괘씸한 인간을 전부 돌로 만들어버렸다.

비라코차는 자신이 만든 세상이 완전하지 않다고 판단했다. 당시에는 해와 달이 없어 세상이 여전히 어두웠는데, 비라코차는 빛이 있어야 세상이 비로소 아름다워진다고 생각했다. 그래서 비라코차는 해와 달, 별들을 만들었다. 그러자 어둠이 사라지고 사물이 훤히 드러났다. 이제 생명체들이 활발하게 살아갈 수 있으리라 여긴 비라코차는 다시 인간을 만들었다. 그리고 "너희는 강이나 샘, 동굴과 바위로 가서 살아라."라고 지시했다. 인간들은 그 말을 따라 여러 무리로 나뉘어 흩어졌다.

그 후 비라코차는 북쪽으로 향해 산악 지대인 카차(Cacha)에 도착하여 그곳에서도 새로운 인간을 만들었다. 그러나 그들은 자신들의 창조주를 몰라보고 몽둥이를 들고 비라코차를 공격하려 들었다. 뜻밖의 사태에 분노한 비라코차는 하늘에서 불을 내려 카차 주민들이 모여 있던 산 전체를 불태워버렸다. 이 기적에 놀란 사람들은 몽둥이를 버리고 비라코차 앞에 엎드려 "우리가 어리석어 잘못을 저질렀으니 부디 용서해주십시오."라고 빌었다. 그들의 간청에 비라코차는 지팡이를 흔들어 하늘의 불길을 멈추었다. 그 모습을 본 카차 주민들은 비로소 그가 신이라는 사실을 깨닫고 사원과 신상을 세워 숭배했다.

비라코차는 여러 지역을 여행하며 사람들에게 문명과 지혜를 가르쳤고, 마지막에는 에콰도르 서쪽 해안가에서 바다 위를 걸어 태평양 너머로 사라졌다. 그 이후로 누구도 비라코차를 보지 못했다.

한편 잉카 제국의 조상 신화는 비라코차 신화와 일치하지 않는다. 아마도 지역마다 다른 전승이 전해진 결과로 보인다.

아득히 먼 옛날, 인류는 문명도 기술도 지성도 모른 채 동물처럼 미개하게 살았다. 그들은 농사짓는 법, 옷 만드는 법, 집 짓는 법 등을 전혀 몰랐고, 그저 동굴에 숨어 야생 식물을 뜯어 먹거나 심지어 서로를 잡아먹으며 살아갔다.

태양신 인티(Inti)는 이런 비참한 인류를 불쌍히 여겨 자신의 아들 망코 카팍(Manco Capac)과 딸 마마 오클로(Mama Ocllo)를 땅으로 보내 인류에게 문명을 가르치게 했다. 둘은 먼저 인류에게 태양을 숭배하도록 하고, 농사짓는 법, 옷 만드는 법, 집 짓는 법, 가축 기르는 법 등을 알려주었다.

또한 태양신은 망코 카팍과 마마 오클로에게 "황금으로 만든 지팡이를 너희에게 줄 테니 그것이 움직이지 않는 땅으로 가서 나를 섬기는 성스러운 도시를 세워라."라고 명했다. 남매는 아버지의 뜻을 따라 여러 지역을 돌며 인류를 가르치다가 쿠스코에 이르렀다. 그곳에서 황금 지팡이가 움직이지 않는 것을 보고는 그 자리에 태양신을 섬기는 도시를 세웠다. 쿠스코는 잉카 제국의 수도가 되었고, 둘이 결혼해 낳은 자손들은 잉카 황제들의 조상이 되었다.

008 인도네시아의 창세 신화

약 1만 8000개의 섬과 2억 8000만 명의 인구로 이루어진 인도네시아는 섬의 수만큼이나 다양한 민족이 모여 사는 나라다. 그만큼 민족별로 서로 다른 신화가 전해진다.

수마트라섬의 원주민인 바탁족(Batak)의 창세 신화는 다음과 같다. 태초에는 하늘에 신들이 살았고, 바다에는 강력한 용 나가 파도하(Naga Padoha)가 살았으며, 아직 땅과 인간은 존재하지 않았다. 그러다 물라 자디 나 볼론(Mula Jadi Na Bolon)이라는 신이 창조를 시작했다. 물라는 암탉을 수정시켜 알을 낳게 했고, 그 알에서 세 아들, 바타라 구루(Batara Guru)와 만갈라불란(Mangalabulan), 소리파다(Soripada)가 태어났다. 물라는 세 아들을 위해 다시 세 딸을 낳았고, 이들이 서로 결혼해 인류가 태어났다.

한편 바타라 구루의 딸 시데악 파루자르(Sideak Parujar)는 남편인 만갈라불란의 아들을 피해 달아났는데, 이에 동정심을 느낀 물라는 손녀에게 살 곳을 마련하라며 한 줌의 흙을 보냈다. 시데악이 물라의 말에 따라 그 흙을 넓게 펼치자 넓고 길게 땅이 펼쳐섰다. 그런데 하필 그 자리가 바다에 사는 뱀 나가 파도하의 머리 위였다. 나가 파도하는 땅의 무게 때문에 고통을 느껴 이리저리 몸을 뒤척이며 흔들었는데, 그것이 바로 지진이었다. 지진으로 땅이 무너지려 하자 물라와 시데악은 나가 파도하를 칼로 찔러 지진을 멈추게 했다.

이후 시데악은 만갈라불란의 아들과 다시 결혼해 쌍둥이 남매를 낳았고, 아이들이 자라자 시데악은 남편과 함께 하늘로 돌아갔다. 남매는 토바 호수 서쪽 기슭의 화산인 푸숙 부히트(Pusuk Buhit)에 정착해 마을을 만들고 자손을 낳았는데, 그중 한 명이 바탁족의 조상인 시 라자 바탁(Si Raja Batak)이다.

인도네시아 남부 술라웨시섬의 토착민인 토라자족(Toraja)에게는 '알룩(Aluk)'이라 불리는 정령 숭배 신앙이 있다. 알룩에 따르면 우주는 상위 세계인 하늘과 인간 세계인 땅, 지하 세계의 세 부분으로 나뉘며, 태초에 하늘과 땅이 결혼하고 그 후 빛과 어둠이 분리되었다고 한다. 동물들은 기둥으로 둘러싸인 직사각형 공간으로 묘사되는 지하 세계에 살다가 땅으로 올라왔다.

토라자족의 조상은 하늘에서 계단을 밟고 땅으로 내려왔는데, 이 계단은 창조주 푸앙 마투아(Puang Matua)와 소통하는 매개체 역할을 했다고 전해진다. 이 외에도 토라자족은 땅의 신 퐁 방가이 디 란테(Pong Banggai di Rante), 지진의 여신 인도 응온응온(Indo Ongon-Ongon), 죽음의 신 퐁 랄론동(Pong Lalondong), 의학의 여신 인도 벨로 툼방(Indo Belo Tumbang) 등을 숭배했다.

인도네시아 최동단인 서파푸아, 곧 뉴기니섬 서쪽에 사는 아스마트족(Asmat) 신화에 따르면, 먼 옛날 하늘과 땅과 바다는 존재했지만 파푸아에는 사람이 살지 않았다. 그러던 어느 날 먼바다에서 푸메리피츠(Fumeripits)라는 인물이 카누를 타고 나타났다. 그가 타고 온 카누는 바다에 가라앉았고, 그는 물에 빠져 죽은 채로 해안에 떠밀려왔으나 어디선가 날아온 마법의 새에 의해 되살아났다. 섬에 자기 혼자만 있다는 사실에 외로움을 느낀 푸메리피츠는 나무를 깎아 인형을 여러 개 만들었다. 그리고 북을 만들어

연주하니 인형들이 생명을 얻어 사람이 되었고, 서로 짝을 지어 아이를 낳았다. 그 후손들이 아스마트족의 조상이 되었다.

자바섬의 토착민인 순다족(Sunda) 신화에 따르면 상 히양 케르사(Sang Hyang Kersa)라는 최고의 신이 우주를 창조했고, 어머니 여신 바타리 수난 암부(Batari Sunan Ambu)와 바타라 구루 같은 신들이 창조를 도왔다고 한다.

009 남자들의 반란, 오나족 신화

지금은 그 수가 불과 500여 명밖에 남지 않았지만, 19세기 중엽 이전까지 남미 대륙의 아르헨티나와 칠레 남단에 있는 티에라델푸에고(Tierra del Fuego)섬에는 오나족(Ona)이라는 원주민 부족이 살고 있었다.

오나족은 셀크남족(Selknam)과 하우시족(Haush)이라는 두 씨족 집단으로 이루어졌다. 이들은 농사를 짓지 않고 낙타와 닮은 과나코를 비롯한 동물들을 사냥하거나 어패류를 잡고 야생 과일을 채집하며 살았다.

오나족은 국가 체제를 세우지 못한 채 씨족 단위로 나뉘어 살아가는 원시 부족 단계에 머물렀다. 이들은 자연 속에 존재하는 여러 신을 믿었고, 샤먼이 그 신들을 불러내어 도움을 요청하는 샤머니즘을 신봉했다. 오나족은 샤먼이 사실상 집단의 지도자 역할을 하는 제정일치 사회였다.

그러나 19세기 후반 티에라델푸에고섬에서 양 떼를 키우던 영국인 목축업자들이 고용한 칠레와 아르헨티나 군인들이 오나족을 대량 학살하면서 오나족의 전통 신앙은 절멸했다. 오늘날 오나족의 전통 신앙은 그들과 접촉한 서양 기독교 선교사들이 남긴 기록에 의지해 추정할 수 있을 뿐이다.

단편적으로 전해지는 오나족의 신화 중에 특이한 내용이 있다. 태초에 여자들이 사회를 지배했지만, 남자들이 반란을 일으켜 여자들의 권력을 무너뜨리고 남자들이 다스리는 사회를 만들었다는 이야기다. 이 기묘한 이야기는 하인(Hain) 설화라고 불린다.

이 설화에 따르면 현재의 인류가 존재하기 전 마법을 사용해 인간에게 죽음과 고통을 줄 수 있는 여자들이 살았다고 한다. 그녀들은 '하인'이라 불리는 통나무집에 모여 살며 외부인의 출입을 엄격히 통제했다. 또 남자들에게 사냥한 고기를 바치게 하고, 그 밖의 모든 번거로운 일을 남자에게 떠넘겼다. 하인에 모여 사는 여자들은 주술로 자신들의 영혼을 육체에서 분리해 하늘까지 올라갔다가 다시 돌아오는 의식을 치렀는데, 이는 동아시아 무당들의 영혼 비행과 비슷하다.

시간이 흐를수록 하인의 여자들은 오만해졌다. 그녀들은 남자들에게 쓸 일이 있으니 더 많은 고기를 바치라고 명령했다. 남자들은 그 요구를 따르느라 잠시도 못 쉬고 들판에서 사냥하고 하인으로 고기를 실어 나르며 지쳐갔다.

남자들은 이렇게 살다가는 영원히 여자들의 노예 신세가 되겠다며 지배에 맞서기로 했다. 힘세고 용감한 젊은이들로 구성된 습격 부대가 하인으로 몰래 접근해 불을 질렀다. 연기가 자욱해지자 잠결에 놀란 여자들이 통나무집 밖으로 뛰쳐나왔다. 청년들은 정신없이 달아나는 여자들을 몽둥이로 때려죽였다. 그렇게 해서 하인의 여자들은 모두 죽었고, 이후 오나족 사회에서는 남자들이 모든 권한을 쥐고 가정과 부족을 지배하게 되었다고 한다.

이 하인 설화에서 태양신 크렌(Kren)은 남자들을 도운 존재로 등장한다. 하인의 여자들은 달의 여신 크레(Kre)를 숭배하면서 그녀로부터 마력을 받았는데, 남자들에게 고기를 요구한 이유도 크레에게 바칠 제물이 필요했기 때문이었다. 크렌은 여자들에게 시달리는 남자들을 불쌍히 여겨 청년들이 하인을 습격했을 때 여자들이 마법을 사용하지 못하게 막았다. 그래서 평소 무서운 마력을 지닌 하인의 여자들이 속수무책으로 당할 수밖에 없었다.

신화학자들은 오나족의 하인 설화가 여자들이 권력을 쥐었던 원시 모계 사회에서 가부장제 사회로의 이행을 반영하고 있다고 해석한다.

010 축치족의 창세 신화

아시아 대륙의 동북단 시베리아 축치반도에 사는 원주민 축치족(Chukchi)은 고아시아족에 속하는 민족이다. 이들은 오랫동안 외부 세계와 단절된 채 살아왔는데, 문화는 낙후되었으나 사납고 용감한 성정으로 유명하다. 축치족은 17세기 말부터 우랄산맥을 넘어 동진한 러시아인들에게 끈질기게 저항해 1920년대까지 사실상의 독립을 유지할 수 있었다.

러시아와 접촉하기 전까지 축치족은 문자가 없었기에 축치족의 신화와 전설은 입에서 입으로 전해져 전승마다 내용이 제각각이다. 여기서는 축치족의 대표적인 창세 신화 세 가지를 소개한다.

첫 번째 전승에 따르면 태초에는 어둠에 잠긴 땅인 루렌과 케느이츠베우 그리고 창조주만 존재했다. 어둠의 상태가 계속되자 창조주는 지루함을 견디지 못해 생명으로 가득한 활기찬 세상을 만들기로 마음먹었다. 그는 먼저 까마귀를 창조하고 "부리로 동쪽의 새벽하늘을 쪼아 구멍을 내어라."라고 명령했다. 하지만 까마귀는 아무리 쪼아도 하늘에 구멍을 낼 수 없었다.

그러자 창조수는 할미새를 만들고 부리로 하늘을 쪼아 구멍을 내라고 명령했다. 할미새는 하늘을 힘차게 쪼아 아주 작은 구멍을 냈다. 창조주는 이에 만족하지 않고 계속해서 더 큰 구멍을 내라고 지시했다. 할미새가 부리로 계속 쪼아대자 구멍이 점차 커지면서 마침내 빛이 땅에 비치기 시작했다. 그 구멍을 통해 창조주는 하늘에서 땅으로 내려왔고, 땅에서 발견한 바다표범의 뼈를 던져 사람을 만들었다.

그런 다음 창조주는 하늘로 올라가 하얀 자고새를 만들어 지상으로 보냈으나 자고새는 땅이 너무 멀다며 중간에 돌아왔다. 이에 창조주는 부엉이를 만들어 첫 번째 땅인 루렌으로 보냈다. 거기서 부엉이는 두 남자와 두 여자를 보았는데, 그들은 바다표범의 뼈에서 탄생한 존재들이었다.

루렌에서 사람을 만드는 데 성공한 창조주는 다른 땅인 케느이츠베우에도 생명을 불어넣기 위해 흰 여우와 늑대를 만들어 보냈다. 여우와 늑대는 그곳에서 돌로 만들어진 사람 넷을 보고 창조주에게 돌아갔다. 하지만 창조주가 만들지도 않았는데 어떻게 사람이 있을 수 있는지 혼란스러워서 미처 창조주에게 보고하지 못했다.

동물들이 침묵하자 창조주는 직접 케느이츠베우로 가서 그곳의 토착민인 돌로 만들어진 사람들을 만났다. 그리고 그들에게 성행위를 통해 자손을 낳는 방법과 동물을 사냥하여 고기를 먹는 법을 가르쳤다.

두 번째 전승은 다음과 같다. 먼 옛날 하늘에는 창조주 테난톰니(Tenantomni)와 그에 맞서는 사악한 신 탄긴이 있었다. 두 존재는 하늘에서 땅으로 내려와 오랫동안 싸우다 결국 지쳐 화해했고, 함께 인간을 만들기로 했다.

먼저 테난톰니는 흙을 손으로 떠서 인간을 만들었다. 그러자 탄긴은 "네가 만든 인간은 옷이 없어 보기 흉하다. 옷이 있어야 한다."라고 지적했다. 이에 테난톰니는 대충 풀을 엮어서 옷을 만들어 입혔다. 다시 탄긴이 "인간은 몸에 털이 없어서 추위에 약하다."라고 지적하자 테난톰니는 진흙과 나뭇잎을 섞어 인간의 팔에 발라 털을 만들어주었다. 이번에는 탄긴이 "인간은 말을 하지 못한다."라고 지적하자 테난톰니는 까마귀로 변해 인간에게 날아가 울었고, 인간은 까마귀 울음소리를 따라 하며 비로소 말을 할 수 있게 되었다. 이후 테난톰니는 인간에게 불 피우는 법, 불로 몸을 덥히고 음식을 조리하는 법을 가르쳤고, 인간은 그 덕분에 마을을 이루고 번성했다.

세 번째 전승은 다음과 같다. 먼 옛날 사악한 정령 켈레트(Kelet)가 태양을 훔쳐 가 세상이 온통 어두워졌다. 이를 보다 못한 까마귀는 켈레트의 집으로 찾아가 태양을 지키고 있던 켈레트의 딸을 속이고 태양을 빼앗아 날아갔다. 화가 난 켈레트가 까마귀를 쫓았으나 끝내 붙잡지 못했다. 까마귀는 태양을 감싸고 있던 덮개를 부리로 쪼아 구멍을 냈고, 그 틈으로 태양이 빠져나와 하늘로 떠올랐다. 그리고 까마귀가 날아가다가 날개 한쪽이 도랑에 닿자 그곳에서 온갖 종류의 동물이 태어났다.

2
신들

011 이집트의 태양신, 라

고대 이집트에서 라는 태양을 다스리는 신이었다. 기원전 25~24세기 무렵 이집트 제5왕조 시기에 라는 햇볕이 가장 뜨거운 정오의 태양과 동일시되었고, 이집트 종교에서 가장 높은 신이었다. 또한 라는 세계의 모든 부분, 즉 하늘과 땅, 땅속까지 다스린다고 여겨졌다. 라는 고대 이집트에서 태양을 포함한 우주의 질서를 관장하는 최고신이자, 이집트 국왕인 파라오들의 수호신으로 숭배되었다.

이집트 예술에서 라는 다양한 모습으로 표현되었다. 가장 자주 묘사된 모습은 매의 머리를 한 남성이었는데, 이는 라가 하늘의 신이었기 때문이다. 또한 딱정벌레나 숫양의 머리를 한 남성으로도 그려졌으며, 왜가리와 황소, 사자, 고양이도 라를 상징하는 동물로 여겨졌다. 일부 문헌에서는 라를 황금빛 피부에 은색 뼈, 청금석으로 된 털을 가진 늙은 왕으로 묘사하기도 한다.

이집트 신화에서 라는 모든 생명체를 창조한 신으로 여겨진다. 이집트인들은 자신들이 라의 땀과 눈물로 만들어졌다고 믿었다. 그래서 스스로를 '라의 가축'이라고 불렀다. 라는 생존에 필요한 농작물을 자라게 하는 태양을 다스리는 신이자 창조주이며 모든 신의 왕으로 숭배받았다.

라가 창조주로 여겨진 데에는 다른 신화적 근거도 있다. 이집트 신화에 따르면 태초에는 우주가 '눈'이라고 불리는 커다란 바다로 가득 차 있었고, 그 외에는 오직 혼돈만이 존재했다. 눈은 이집트 신화에서 가장 오래된 신이자 모든 신들의 조상으로 여겨지지만, 너무 오래된 존재라 신화 속에서 큰 역할은 하지 않는다.

이 눈의 몸속에서 홀로 존재하던 라는 어느 날 갑자기 눈의 표면을 뚫고 솟아올랐다. 그 후 라는 모든 생명체의 이름을 불러 그들을 존재하게 했다. 이를 언령(言靈) 신앙이라고 하는데, 이름을 부르면 그 존재를 지배할 수 있다는 믿음에서 비롯된 신앙이다. 언령 신앙은 이집트를 포함한 고대 서아시아 지역에 퍼져 있었으며 유대교에도 영향을 미쳤다. 그래서 《구약성경》의 십계명에서는 신의 이름인 야훼를 함부로 부르지 말라고 했고, 유대교 제사장들은 신을 야훼라고 부르는 대신 '주님'을 뜻하는 아도나이라고 불렀다. 언령 신앙은 동아시아에도 존재하는데, 고대 중국에서는 사람의 본명을 함부로 부르는 것을 무례하다고 여겨 자(字)를 대신 사용했다.

라는 메세크테트(Mesektet, 아침의 배)와 아테트(Atet, 저녁의 배)를 타고 매일 아침과 저녁의 하늘을 여행한다. 이 배들은 하늘과 지하 세계를 통과하는데, 사막과 폭풍의 신 세트를 비롯해 시아(Sia, 지각), 후(Hu, 명령), 헤카(Heka, 마법의 힘) 같은 신들이 라와 함께한다. 이 항해는 곧잘 위험에 처하는데, 어둠의 뱀인 아펩(Apep)이 라의 배를 공격하기 때문이다. 그럴 때면 세트와 다른 신들이 아펩을 물리쳐 라를 지켜낸다. 이러한 신화는 매일 태양이 동쪽에서 떠올랐다가 서쪽으로 사라지는 자연 현상에서 비롯된 이야기다.

라가 인류에게 언제나 호의적이었던 것은 아니다. 인류가 라의 은혜를 잊고 그를 더 숭배하지 않자 라는 자신의 딸인 복수의 여신 세크메트(Sekhmet)를 보내 인류를 심판하게 했다. 암사자의 머리를 가진 세크메트는 인류를 가차 없이 학살했는데, 그 광경은 라조차도 충격을 받을 만큼 끔찍했다. 라가 학살을 멈추라고 했지만 세크메트는 "아버지를 배신한 인간들은 단 한 명도 살려둘 수 없습니다. 마지막 인간이 죽을 때까지 살육을 멈추지 않을 것입니다."라며 거부했다. 이에 라는 인류를 구하기 위해 꾀를 내어 세크메트에게 붉은 맥주를 마시게 했다. 그것을 피로 착각한 세크메트는 취해 잠들었고, 그리하여 인류는 간신히 멸망을 피했다.

일설에 따르면 이 사건 이후 세크메트는 사랑의 여신인 하토르(Hathor)로 변했다고 한다. 그러나 이는 세크메트와 하토르를 같은 신으로 여기는 특정 종파의 해석일 따름이다.

중왕국 시대 이후 라는 공기의 신 아문, 저승의 신 오시리스, 태양의 신 아툼 등과 결합하게 되었다. 특히 아문과는 '아문-라'라는 형태로 통합되었는데, 중왕국 시대 이후에는 라보다 아문-라가 더 널리 숭배되었다.

기원전 1세기 이후 이집트를 지배한 로마 제국은 4세기 말 기독교를 국교로 정하면서 다른 종교를 금지했고, 이에 따라 라에 대한 숭배도 종말을 맞이했다.

012 이집트 신들의 왕, 아문

아문은 고대 이집트에서 모든 신의 왕으로 여겨졌다. 아문이라는 이름은 고대 이집트어로 '숨겨진 것' 또는 '보이지 않는 것'을 뜻하는데, 초기 이집트 만신전에서 아문은 그다지 중요한 위치에 있지 않았다. 원래 아문은 기원전 21세기경 이집트 남부의 도시 테베에서 숭배하던 바람의 신이었다. 아문은 물과 창조의 여신 무트(Mut)를 아내로 맞아 그녀와의 사이에서 달의 신 콘수(Khonsu)를 얻었다. 이 세 신은 테베에서 신성한 가족으로 불렸다.

기원전 1650년 서아시아에서 침입해 100년간 이집트를 지배한 힉소스족(Hyksos)을 테베를 중심으로 한 세력이 몰아내면서 테베의 수호신이던 아문은 자연스럽게 이집트 전체의 수호신으로 격상되었다. 기원전 16세기 이집트를 다스리던 파라오 아흐모세 1세(Ahmose I)는 그동안 가장 중요하게 섬기던 태양신 라를 아문과 결합해 아문-라 신앙을 만들고 이집트 백성들에게 널리 알렸다. 이로써 아문은 이집트의 여러 신 중 가장 위대한 신이 되었다.

아문은 가난한 사람들의 권리를 지키고 여행에 나선 나그네들을 보호하는 길의 수호신이었다. 또한 정의의 신으로 여겨져 아문에게 기도하는 사람들은 먼저 자기 죄를 고백함으로써 진실성을 증명해야 했다. 아문에게 바친 기도문의 일부가 이집트 신왕국 시대(기원전 1550~1070) 무덤 건설 기술자들이 살던 데이르 엘메디나(Deir el-Medina) 마을의 비석에 남아 있는데, 그 내용은 대강 다음과 같다.

"곤경에 처한 가난한 자의 부름에 다가오시고, 다시 생기를 불어넣으시는 이여. 고요 속에 머무시나 억눌린 자의 소리에 응답하는 주님이시라. 내가 환난의 날에 당신을 부르면 당신께서는 오셔서 나를 건지십니다. 당신의 진노는 바람처럼 스치고 지나가며, 당신의 숨결은 자비로 우리에게 되돌아옵니다. 당신은 용서를 베푸는 분이십니다.

당신이 하늘을 가로지르실 때 모든 얼굴이 당신을 바라보지만, 당신이 떠나면 그들의 눈에서 사라집니다. 당신이 서쪽 산에 지면 사람들은 죽음과도 같은 잠에 빠집니다.

당신은 인내심 많은 장인이자 용맹한 목자이시며, 가축을 이끄는 이들을 지켜주시고 그들에게 피난처와 생계를 허락하십니다. 매일 땅끝까지 이르시는 유일한 주님, 당신이 떠오를 때마다 온 세상이 떠들썩하니, 이는 당신을 찬양하기 위함입니다."

아문 신앙의 가장 강력한 적수는 이집트 제18왕조의 파라오 아멘호테프 4세(Amenhotep IV, 재위 기원전 1353~1336)가 내세운 아텐(Aten) 신앙이었다. 그는 오직 태양신 아텐만을 숭배하고 아문을 비롯한 다른 신들을 섬기지 말라고 명령했지만, 이러한 갑작스러운 종교 개혁에 아문의 사제들은 크게 반발했다. 결국 아멘호테프 4세가 죽은 뒤 아문의 사제들이 중심이 되어 아텐 신앙을 철저히 파괴하고, 아멘호테프 4세의 이름마저 이집트 왕실의 공식 기록에서 삭제했다. 그리하여 아문 신앙은 빠른 속도로 복구되었으나 아텐 신앙은 순식간에 이집트인들의 기억 속에서 사라졌다.

아문이 강력한 신이다 보니 그를 섬기는 테베의 사제들도 파라오만큼이나 권력과 영향력이 강했다. 기원전 11~10세기 무렵 아문의 사제들은 모든 이집트 사원이 소유한 토지의 3분의 2를 차지할 만큼 부유했다. 또한 제21왕조 시기에 이집트를 다스린 파라오 프수센네스 1세(Psusennes I, 재위 기원전 1047~1001)는 아문의 대제사장 피네드젬(Pinedjem)의 아들이었으며, 제21왕조의 마지막 통치자인 프수센네스 2세(Psusennes II, 재위 기원전 967~943)는 아문을 섬기는 테베의 대제사장이었다.

이집트와 교류하는 외국인들도 아문을 숭배했다. 그리스의 알렉산드로스 대왕은 기원전 332년 리비아 시와의 오아시스에 있는 아문의 신전을 방문하여 사제들로부터 '아문의 아들'이라고 인정받았다. 이 일을 계기로 알렉산드로스 대왕을 기리는 화폐에는 아문을 상징하는 뿔이 새겨졌으며, 그리스인들은 아문을 자신들의 최고신 제우스와 동일시하며 숭배했다.

이집트의 이웃인 리비아인들도 아문을 숭배했다. 6세기의 작가 코리푸스(Flavius Cresconius Corippus)에 따르면 리비아인들은 540년경 동로마 제국과의 전투에서 구르질(Gurzil)이라는 신의 조각상을 가지고 다녔는데, 구르질은 아문의 아들로 여겨졌다.

013 땅의 신, 게브

게브는 고대 이집트 신화에서 땅을 다스리는 신이다. 이집트인들은 게브의 웃음이 지진을 일으키고 농작물을 자라게 한다고 믿었다. 보통 다신교 신화에서 땅의 신은 여신인데, 이집트 신화에서는 땅의 신이 남신이라는 점이 특이하다.

게브는 태초에 아툼의 몸에서 창조된 신들 중 하나였다. 게브는 습기의 여신 테프누트와 공기의 신 슈의 아들로, 자신의 누이인 하늘의 여신 누트와 결혼했다. 일설에 따르면 게브와 누트 사이에서 오시리스, 세트, 이시스, 네프티스가 태어났다고 한다.

이집트 신화를 묘사한 벽화에는 게브가 누워 있고 누트가 그의 위를 뒤덮고 있는 모습이 자주 등장한다. 이때 게브의 남근이 누트를 향해 솟아 있는데, 이를 상징하는 고대 이집트 조형물이 바로 오벨리스크다. 오벨리스크는 피라미드만큼 유명하지는 않지만, 고대 이집트의 신비에 관심이 많은 서양인들이 오벨리스크를 자기 나라로 가져갔다. 그래서 미국과 유럽 곳곳에 오벨리스크가 있다.

남근을 상징하는 오벨리스크에서 알 수 있듯이 고대 이집트인들은 성욕 자체를 죄악시하지 않았다. 오히려 성욕과 성행위가 인간과 자연을 풍요롭게 한다며 긍정적으로 여겼다. 이런 생각은 이집트뿐 아니라 이웃한 가나안과 바빌론에서도 찾아볼 수 있다. 가나안의 최고신 바알(Baal)과 바빌론의 여신 이슈타르(Ishtar)를 숭배하는 의식에서는 집단 성관계가 벌어지곤 했다.

게브는 오시리스 이전에 이집트를 다스린 태고의 신성한 왕으로도 언급된다. 그는 비옥한 땅과 지하 세계에 흐르는 지하수를 상징하는 신이었으며, 그의 갈비뼈에서 보리가 자라 사람들이 빵을 만들고 맥주를 빚어 마셨다고 믿었다. 그래서 고대 이집트 미술에서 게브는 몸에 식물이 자라고 녹색 붕대를 감은 모습으로 그려졌다.

참고로 이집트인들은 맥주를 무척 좋아했다. 파피루스와 벽화에 남겨진 글귀 중에는 어느 여인이 "오랫동안 맥주를 마시지 못해 창자가 지푸라기처럼 바싹 말랐다. 이제 창자가 가득 찰 때까지 맥주를 마실 테다."라고 선언하는 내용도 있다. 이집트인들은 게브를 인류에게 맥주라는 소중한 음료를 준 고마운 신으로 여겼다.

또한 게브는 신들이 사는 하늘에서 갈대밭을 관리했다. 이 갈대밭은 이집트 신화에서 풍요의 세상으로 알려진 동북쪽으로 갈 자격이 없는 죄인들이 갇혀 지내는 곳이었다.

이집트 신화에서 게브는 오시리스의 아버지이지만 오시리스 신앙이 더 강해지면서 이집트의 왕위를 오시리스에게 넘겨주고 신들의 재판소에서 판사 역할을 맡았다.

일부 학자들은 게브가 세계를 탄생시킨 신성한 거위와 관련이 있다고 주장한다. 그들의 주장에 따르면 게브는 원래 이집트 신화에서 세계를 창조한 신이었으나 시간이 지나면서 다른 신앙에 밀려 지위가 다소 낮아졌다고 한다.

기원전 4세기 알렉산드로스 대왕이 이집트를 정복하면서 이집트는 약

250년간 그리스인들의 지배를 받았다. 이때 이집트로 이주한 많은 그리스인이 이집트 신들을 접하고 그들을 그리스 신들과 동일시했다. 게브는 그리스인들 사이에서 최고신 제우스의 아버지인 크로노스와 같은 신으로 여겨졌다. 그리스 신화에서 크로노스는 농업의 신이자 제우스 이전에 우주를 지배한 최고신이었는데, 게브 역시 오시리스 이전에 이집트를 다스린 최고신이자 땅을 다스리고 농작물을 자라게 하는 신이었다는 점에서 크로노스와 닮았기 때문이다.

014 죽음의 신, 아누비스

고대 이집트에는 피라미드와 미라뿐 아니라 사람 몸에 들개(자칼)의 머리를 가진 아누비스(Anubis)라는 유명한 상징물이 있다. 오늘날 고대 이집트를 배경으로 한 많은 대중 예술 작품에서 아누비스를 사악하고 잔인한 괴물로 묘사하지만, 이는 사실과 다르다. 본래 이집트에서 아누비스는 죽은 자의 장례를 돕고 육체를 지켜주는 선한 신이었다.

아누비스의 본명은 인푸(Inpu)로, 아누비스는 인푸를 그리스어식으로 읽은 이름이다. 아누비스에게는 '신성한 땅의 군주', '성스러운 산 위에 있는 자', '100만 명을 삼키는 개', '왕의 주인', '방부 처리하는 자' 등 다양한 별명이 있다.

고대 이집트의 다른 신들처럼 아누비스도 시대와 상황에 따라 여러 역할을 맡았다. 제1왕조 시절(기원전 3100~2890)에는 무덤의 수호자로 여겨졌고, 중왕국 시절(기원전 2055~1650)에는 저승의 신 오시리스를 대신해 지하 세계의 군주가 되었다.

아누비스가 맡은 가장 중요한 역할은 죽은 자의 영혼을 사후 세계로 인도하는 일이었다. 그는 영혼이 죽은 자의 영역에 들어가도 되는지 결정하기 위해 심장을 저울에 올려놓는 의식에 참여했다.

고대 이집트 미술에서 아누비스는 생명, 나일강의 흙, 방부 처리 후 시체 변색을 상징하는 검은색으로 묘사되었다. 나일강에 홍수가 나면 검은색의 비옥한 흙이 강 주변을 덮어 농사가 잘되었기에 이집트인들은 자신들의 땅을 '검은 흙의 나라'라고 불렀다. 반면 주변의 황량한 사막은 '붉은 흙의 나라'라고 부르며 멸시했다.

아누비스가 들개 머리를 한 이유는 들개의 습성 때문이다. 들개는 무덤을 파헤쳐 시체의 썩은 살을 먹는 청소부로 무덤과 밀접하게 연관되어 있기에 들개 머리를 가진 아누비스는 죽은 자의 신이 되었다. 파괴하는 자가 곧 지킬 수도 있기 때문이다.

아누비스의 혈통은 전승마다 다르다. 초기 신화에서는 태양신 라의 아들이었다. 그런가 하면 기원전 22세기 무렵 관 뚜껑에 새겨진 글귀에서는 암소 여신 헤사트(Hesat) 또는 고양이 여신 바스테트(Bastet)의 아들이라고 언급한다. 또 다른 전승에서는 밤과 죽음의 여신 네프티스가 태양신 라와의 사이에서 낳은 아들이라고 한다.

그리스 역사학자 플루타르코스는 아누비스가 오시리스와 네프티스 사이에서 태어난 사생아이며, 오시리스의 아내인 이시스가 아누비스를 입양했다고 전한다. 그 전승에 따르면 오시리스는 동생인 세트의 아내 네프티스를 자신의 아내 이시스로 착각해 관계를 맺었다. 그 결과 네프티스는 아누비스를 임신했는데, 세트의 분노를 살까 봐 아누비스를 키우지 않고 내다 버렸다. 그런데 버려진 아누비스를 개들이 보호하고 있는 모습을 이시스가 발견하고 자신의 아들로 키웠다.

반면 아누비스가 네프티스와 그녀의 오빠이자 남편인 세트 사이에서 태어났다는 전승도 있다. 플루타르코스가 고대 이집트 시대 이후의 인물임을 고려하면, 원래 고대 이집트에서는 이 전승이 정설이었을 가능성이 크다. 실제로 그리스인과 로마인은 아누비스처럼 동물 머리를 한 이집트 신들을 기괴하고 원시적이라고 경멸했다. 그런 점에서 플루타르코스가 기록한 전승은 그리스인이나 로마인이 고대 이집트의 신을 다소 깎아내리려는 의도에서 지어낸 것으로 보인다.

오시리스의 죽음에 관한 신화에서 아누비스는 이시스가 오시리스를 방부 처리하는 것을 도왔다. 그래서 아누비스는 죽은 자의 시체를 썩지 않게 만드는 미라 제작의 수호신으로 숭배받았다. 실제로 이집트 장의사들은 아누비스를 상징하는 들개 머리 가면을 쓰고 작업했는데, 이는 아누비스의 가호를 받기 위함이었다.

한편 오시리스와 관련한 신화 중에는 세트가 표범으로 변신해 오시리스의 시신을 뜯어먹으려 했으나 아누비스가 세트를 공격해 그의 가죽을 벗겼다는 이야기도 있다. 이를 기념해 아누비스를 섬기는 사제들은 표범 가죽 옷을 입었다고 한다.

이집트 신화에서 아누비스의 아내는 여신 안푸트(Anput)이며, 둘 사이에서 뱀의 여신 케베체트(Kebechet)가 태어났다.

015 저승과 부활의 신, 오시리스

고대 이집트를 대표하는 신을 하나만 꼽자면 단연 오시리스다. 죽음과 부활에 집착했던 이집트인들은 오시리스를 가장 위대한 신으로 여겼고, 이집트 전역에서 계층을 불문하고 오시리스를 숭배했다. 이집트 미술에서 오시리스는 녹색 피부에 수염을 기르고 다리에 붕대를 감았으며, 파라오의 왕관을 쓰고 도리깨를 손에 든 모습으로 묘사된다.

오시리스는 대지의 신 게브와 하늘의 여신 누트 사이에서 태어난 장남으로, 다산의 여신 이시스의 오빠이자 남편, 사막과 폭력의 신 세트의 형이다. 일부 지역에서는 오시리스를 달의 신으로 숭배하기도 했는데, 이후 오시리스의 부활 신화가 형성되면서 오시리스는 죽음과 저승을 다스리는 재판관이자 지배자 역할을 맡게 되었다.

고왕국 시대(기원전 2686~2181) 초기에는 파라오가 태양신 라의 아들이며, 죽으면 그 영혼이 라가 있는 하늘로 간다고 믿었다. 하지만 기원전 25세기경 제5왕조 시기부터 오시리스를 숭배하는 신앙이 이집트 전역으로 확산하면서 파라오는 점차 라보다 오시리스와 관련이 깊은 존재로 여겨졌다. 그래서 파라오들은 오시리스처럼 죽음 이후의 부활을 기대했다.

고대 이집트 신화에 따르면 오시리스는 아내 이시스와 함께 이집트를 다스리던 왕이었다. 그러나 그의 동생 세트는 오시리스의 권력을 질투하여 오시리스를 잔치에 초대한 뒤 습격했다. 그리고 그의 시신을 여러 조각으로 나누어 나일강에 버렸다. 뒤늦게 이 사실을 안 이시스는 이집트 전역을 뒤져 오시리스의 시신 조각을 찾아냈고, 그것들을 다시 결합해 마법으로 오시리스를 잠시 되살려냈다. 그런 다음 그와 동침하여 아들 호루스(Horus)를 잉태했다. 이시스는 오시리스의 장례를 치르고 그를 땅에 묻었으며, 그때부터 오시리스는 지하 세계의 지배자가 되었다.

기원전 1875년경 제12왕조 시기의 아비도스(Abydos) 석비에는 오시리스 숭배 의식이 상세히 기록되어 있다. 이 기록에 따르면 나일강의 범람이 끝나는 봄에 오시리스의 장례를 재현하는 축제가 아비도스에서 열렸다고 한다. 아비도스는 오시리스의 시신이 나일강에 떠다니다가 멈춘 곳이다.

이 축제는 5일간 열렸는데, 첫째 날에는 오시리스의 적을 물리치는 모의 전투를 진행했다. 참가자들은 '길을 여는 자'라는 뜻의 웨프와웨트(Wepwawet) 신의 모습으로 분장한 사제를 따라 행진했다. 둘째 날에는 오시리스의 시신을 신전에서 무덤으로 옮기는 의식을 진행했으며, 오시리스가 탄 배인 네시메트(Neshmet)를 적으로부터 지키는 장면을 재현했다. 셋째 날에는 오시리스의 죽음을 슬퍼하며 가슴을 손으로 치고 눈물을 흘리는 통곡 의식을 진행했다. 넷째 날에는 밤새 오시리스에게 기도하고 장례 의식을 치렀으며, 마지막 날에는 오시리스의 동상에 정의의 여신 마아트(Maat)가 준 왕관을 씌우고 신전으로 옮기는 의식을 진행했다.

후대 전승에는 이시스가 오시리스의 시신 조각을 대부분 회수했으나 성기는 물고기가 먹어버려 찾지 못했다는 내용이 더해졌다. 이에 이시스는 나무로 성기 모형을 만들어 여러 장소에 안치했는데, 이 장소들이 오시리스 숭배의 중심지가 되었다.

이러한 성기 숭배 의식이 고대 그리스에 영향을 주어 디오니소스를 숭배하는 신앙에 반영되었다는 설도 있다. 그리스 신화에서 디오니소스는 포도주와 생명의 신으로, 그의 숭배 의식에서도 나무로 만든 남근이 등장하는데, 이것이 오시리스 숭배 의식에서 유래했다는 주장이다. 또한 디오니소스 역시 죽음과 부활의 신이라는 점에서 오시리스와 유사하다. 이렇게 '죽었다가 다시 살아나 숭배를 받는 신'이라는 도식이 훗날 예수 그리스도의 이미지 형성에 영향을 미쳤다는 주장도 있다.

오시리스 숭배는 이집트의 토착 왕조가 몰락한 뒤에도 오랫동안 이어졌다. 450년대까지 남부 이집트의 필레(Philae) 사원은 오시리스를 비롯한 이집트 신들을 섬기던 최후의 장소였다. 그러나 로마 제국이 기독교를 국교로 삼고 이교 신앙을 금지하는 칙령을 내리면서 필레 사원은 폐쇄되었고, 오시리스 숭배는 역사 속으로 사라졌다.

016 사막과 폭력의 신, 세트

세트는 고대 이집트 신화에서 사막, 폭풍, 무질서, 폭력, 외국인을 관장하는 신이다. 세트는 사막이나 황무지에 산다고 여겨졌기에 나일강 서쪽의 사하라 사막과 그 인접 지역은 세트의 영역으로 간주되었다.

이집트 예술에서 세트는 주로 정체불명의 동물 머리를 한 남성으로 묘사된다. 이 동물은 하이에나, 자칼, 여우, 당나귀 등을 합쳐놓은 형상으로, 신왕국 시대에는 당나귀 가면을 쓴 모습으로 그려지기도 했다.

세트는 땅의 신 게브와 하늘의 여신 누트 사이에서 태어난 아들로, 죽음과 부활의 신 오시리스, 생명의 여신 이시스, 밤과 죽음의 여신 네프티스의 형제다. 세트는 누이인 네프티스와 결혼해 장례의 신 아누비스를 낳았다. 일부 전승에서는 가나안 신화의 여신 아나트(Anat) 또는 아스타르테(Astarte)와 관계를 맺어 악어의 신 마가(Maga)를 낳았다고 한다.

세트는 형인 오시리스를 시기하여 그를 죽이고 시신을 조각내어 나일강에 버렸다. 이에 오시리스의 아내 이시스는 시신을 수습해 오시리스를 부활시키고 그와의 사이에서 호루스를 낳았다. 이후 호루스는 아버지의 복수를 위해 세트와 대립하는데, 이들의 갈등은 고대 이집트 신화의 핵심 소재 중 하나다.

호루스와 세트는 배를 모는 경주를 하거나 하마로 변신해 싸우는 등 다양한 방식으로 경쟁했다. 승부가 나지 않자 호루스와 세트는 신들의 재판정에 가서 각자 정당성을 주장했다. 재판은 약 80년간 이어졌는데, 일부 신들이 세트를 더 좋아했기 때문이었다고 한다.

결국 호루스를 따르는 신들과 세트를 따르는 신들이 대규모 전투를 벌였다. 이 전투에서 호루스는 세트의 고환을 제거했고, 세트는 그에 대한 보복으로 호루스의 눈을 공격했다. 이후 이시스와 지혜의 신 토트(Thoth), 사랑의 여신 하토르 등이 호루스의 눈을 되찾아주고 상처를 치료해주었다.

또 다른 전승에서는 이시스가 아들 호루스와 동생 세트와의 싸움에서 세트를 동정하여 호루스를 공격하자 분노한 호루스가 어머니의 머리를 잘라버렸다고 한다. 이에 토트가 암소의 머리를 가져다 이시스의 몸에 붙여주었다. 그리하여 암소가 이시스의 상징이 되었다.

한편 세트가 호루스를 성적으로 굴복시키려 했다는 이야기도 전해진다. 세트는 자신의 정액을 호루스의 몸에 주입하려 했으나 호루스가 이를 손으로 받아내 모욕을 피할 수 있었다. 오히려 이시스가 아들 호루스의 정액을 상춧잎에 묻혀 세트에게 먹임으로써 호루스의 정액이 세트의 몸에 들어가게 되었다. 이 사건은 신들이 판결을 내릴 때 결정적 증거로 작용했고, 결국 오랜 싸움은 호루스의 승리로 끝이 났다.

세트는 오시리스를 살해한 신으로 묘사되지만 고대 이집트인들은 그를 악신이나 악마로 보지 않았다. 오히려 세트는 일부 지역에서 강력한 신으로 숭배되었으며, 제19왕조의 파라오 세티 1세(Seti I, 재위 기원전 1302~1290)는 세트를 신봉한 나머지 세트의 이름을 따 자신의 이름을 지었다. 또한 이집트 신화에서 세트는 태양신 라가 타는 배의 선봉에 서서 매일 밤 그 배를 공격하는 어둠의 뱀 아펩을 물리치는 역할을 맡기도 했다.

이집트와 교류하던 외국인들은 세트를 자신들이 섬기는 신과 동일시했다. 예컨대 기원전 1650년부터 1550년까지 이집트를 지배한 힉소스족은 세트를 자신들의 폭풍의 신 하다드(Hadad) 또는 바알과 같은 신으로 여겼다. 또 신왕국 시대에 이집트와 교류한 히타이트인들은 세트를 자신들의 신인 테슈브(Teshub)와 유사한 존재로 보았다. 한편 고대 그리스인들은 세트를 제우스에 맞서 싸운 괴물 티폰(Typhon)에 비유했다.

017 악어의 신, 소벡

소벡(Sobek)은 고대 이집트 신화에 등장하는 사람의 몸에 악어의 머리를 한 신이다. 인간과 동물이 합쳐진 모습의 신을 숭배하는 것은 이집트인들에게 자연스러운 일이었다.

소벡은 기원전 27세기 고왕국 시대부터 기원후 4세기 로마 제국 시대까지 오랫동안 숭배되었다. 소벡을 가장 열렬히 모신 지역은 오늘날 이집트의 수도 카이로 남서쪽에 있는 파이윰(Faiyum)이었다. 파이윰은 호수와 늪이 많은 지역으로 악어의 주요 서식지였기에 악어의 형상을 한 소벡의 중심지로 알맞았다. 파이윰 지역의 중심 도시는 그 이름도 '악어의 도시'라는 뜻인 크로코딜로폴리스(Crocodilopolis)였다.

파이윰 주민들은 악어가 죽으면 사체를 미라로 만들어 보관했다. 이는 훗날 영혼이 몸으로 돌아와 다시 살아난다는 믿음에 따른 것으로, 사람뿐 아니라 이집트인들이 신성시하던 고양이나 물고기 등도 사체가 썩지 않도록 미라로 만들었다. 소벡을 숭배하는 사제들은 악어 알까지 미라로 만들었다.

이집트가 그리스인들에게 지배받던 프톨레마이오스 왕조 시기에 프톨레마이오스 2세(Ptolemaios II, 재위 기원전 283~246)는 크로코딜로폴리스의 규모를 크게 확장했다. 크로코딜로폴리스에 있는 소벡 사원에는 '악어 신의 예언자', '악어 신의 시신을 매장하는 자'라고 불리던 사제들이 거주하며 신을 섬겼다. 또한 이집트 남부의 도시 콤 옴보(Kom Ombo)는 프톨레마이오스 왕조와 로마 제국 시기를 통틀어 소벡을 기리는 가장 큰 축제가 열린 곳이다. 이곳에 세워진 소벡 사원은 '소벡의 집'을 뜻하는 페르소벡(Per-Sobek)이라고 불렸다.

소벡은 사납고 공격적인 나일악어의 모습을 하고 있다. 그래서인지 '강도를 사랑하는 자', '짝짓기를 하며 먹는 자', '이빨이 뾰족한 자' 같은 별명이 있지만, 이집트 신화에서 소벡은 결코 사악한 신으로 묘사되지 않았다. 오히려 자비롭고 선량한 신으로 여겨졌다. 오시리스가 세트에게 살해당한 뒤 소벡은 이시스와 호루스를 세트의 위협으로부터 지켜주었다. 그가 없었다면 이시스와 호루스도 세트에게 살해당했을지도 모른다.

이집트인들이 소벡을 선한 신으로 여기며 숭배한 이유는 악어의 양면적 특성 때문이다. 악어는 사납고 난폭한 동물이지만, 동시에 강한 힘으로 알과 새끼를 외부 위협으로부터 지켜낸다. 그래서 이집트인들은 소벡이 강한 힘으로 악을 물리치고, 억울하게 죄인으로 몰려 위기에 처한 사람들을 보호해준다고 믿었다.

소벡을 섬기는 사제들은 악어를 사원에서 기르고, 죽으면 미라로 만들어 정성껏 예우했다. 그렇게 만든 악어 미라 중에는 주둥이나 등에 새끼 악어가 얹혀 있는 형태도 있다. 이는 악어의 모성적 특징을 형상화한 것으로, 이집트인들은 악어가 새끼를 지키듯 소벡이 자신들을 위험으로부터 지켜주길 바라며 그러한 미라를 만들었다.

하지만 현대의 대중 예술 작품에서는 이러한 소벡의 특성을 무시한 채 악어 머리를 가진 흉측한 모습에 집중해 소벡을 사악하고 잔인한 괴물로 묘사하곤 한다.

018 사랑의 여신, 하토르

하토르는 고대 이집트 신화에서 사랑, 기쁨, 춤, 성욕, 모성, 음악 등을 관장하는 여신이다. 이집트 미술에서 하토르는 커다란 눈을 가진 암소의 모습으로 자주 묘사된다.

하토르는 고왕국 시대 초기까지는 등장하지 않다가 기원전 27세기에 제4왕조 시대로 접어들면서 본격적으로 신격화되었다. 이후 파라오들은 하토르를 매우 중시하여 다른 어떤 여신보다 많은 사원을 하토르에게 바쳤다.

하토르 신앙의 중심지는 이집트 남부의 덴데라(Dendera)였다. 원래 이 지역에서는 악어의 모습을 한 신을 숭배했지만 하토르 신앙이 확산하면서 하토르가 덴데라의 수호신 지위를 차지하게 되었다.

고대 이집트 신화에서 하토르는 태양신 라와도 밀접한 관계가 있다. 라가 태곳적 이집트의 왕이었을 때 하토르는 그의 아내였다. 이후 라와 함께 하늘로 올라간 뒤 하토르는 파라오들의 신성한 어머니로 간주되었다.

하토르는 '하늘의 여주인' 또는 '별들의 여주인'이라고도 불렸다. 이집트 창조 신화에서 하늘은 태양신이 항해하는 물의 공간으로 여겨졌는데, 하토르는 이러한 우주의 어머니 여신으로 표현되었다. 하토르는 태양신의 아내이면서 동시에 어머니로도 묘사되었고, 하늘의 여신 누트처럼 매일 아침 태양을 낳는 존재로 설정되었다.

하토르라는 이름은 고대 이집트어로 '호루스의 집'을 뜻한다. 호루스는 매의 신으로, 태양과 하늘을 상징한다. 그래서 호루스의 집인 하토르는 호루스가 태어나는 장소, 즉 우주의 자궁으로 해석되기도 한다. 이런 이유로 이집트 신화에서는 땅이 아닌 하늘이 여성 신격으로 표현되었다.

하토르를 숭배하는 의식은 축제와도 같았다. 고대 이집트에서는 감각적 쾌락을 신이 인간에게 준 선물로 여겼기에 종교 의식은 먹고 마시고 춤추는 즐거운 유희의 형태로 진행되었다. 이집트인들은 향을 피우고 꽃을 장식해 제의 공간을 향기롭고 아름답게 꾸몄으며, 여러 악기를 연주하며 분위기를 고조시켰다. 의식에서 사용한 악기 중 특히 중요한 것이 시스트럼(sistrum)이었는데, 시스트럼은 딸랑이 모양의 금속 악기로 성적 에너지와 새로운 생명의 창조를 암시했다. 하토르는 음악과 춤과 술 취함의 여신이라고도 불렸다.

하토르 숭배 의식의 절정은 참가자들에게 엄청난 양의 포도주를 제공하는 순간이었다. 이는 하토르를 라의 명령으로 인류를 멸망시키려 했던 잔혹한 여신 세크메트와 동일시했기 때문이다. 신화에 따르면 세크메트의 살육으로 인류가 절멸당할 위기에 처하자 라가 붉은 맥주를 땅에 부어 피처럼 보이게 했고, 세크메트가 이를 인간의 피로 착각해 마시고 취하는 바람에 살육이 멈춰 인류가 살아남을 수 있었다. 이를 기념해 사람들은 포도주를 잔뜩 마시고 취한 채 춤추며 이러한 즐거움을 인류에게 준 하토르를 찬양했다.

하토르를 가장 열렬히 숭배한 이들은 아이를 원하는 여성들이었다. 그들은 사원에 제물을 바치고 하토르에게 출산을 기원했다. 하토르가 사랑과 성애, 다산을 관장한다고 믿었기 때문이다.

중왕국 시대부터 이집트의 영향권에 들어간 누비아(오늘날 수단 북부)와

가나안(오늘날 팔레스타인 지역)에서도 하토르를 숭배했다. 신왕국 시대에는 무트와 이시스 같은 여신들의 위상이 높아졌지만, 하토르는 여전히 널리 숭배되는 여신 중 하나였다. 이후 하토르의 역할은 점차 이시스로 대체되었지만, 기원후 5세기 기독교가 이집트에 자리 잡고 고대 이집트의 다신교가 완전히 사라질 때까지 하토르는 계속 숭배받았다.

019 전쟁의 여신, 세크메트

잔인한 폭력이 넘쳐나는 그리스 신화나 신들이 끊임없이 전쟁을 벌이는 북유럽 신화와 달리 이집트 신화는 대체로 평화로운 인상을 준다. 그러나 인간의 본성에는 폭력적인 면이 있기에 이집트 신화에도 잔인하고 폭력적인 신이 어느 정도 존재한다. 대표적인 예가 피와 살육을 즐기는 무시무시한 전쟁의 여신 세크메트다.

이집트 신화에서 세크메트는 태양신 라의 딸로, 라의 힘이자 눈인 동시에 라의 분노와 복수심을 구현한 존재다. 또한 세크메트는 불을 내뿜는 여신이어서 사막에서 불어오는 뜨거운 바람을 세크메트의 숨결에 비유하기도 했다.

세크메트가 전염병을 하인이나 사자처럼 부리면서 인류에게 퍼뜨린다는 전승도 있다. 이 점에서 세크메트는 그리스 신화의 태양신이자 전염병의 신인 아폴론과 유사한 면모를 보인다.

카이로에 보관된 고대 파피루스 〈운이 좋은 날과 운이 나쁜 날〉에는 세크메트가 인류를 공포에 빠뜨린 신화가 기록되어 있는데, 그 내용은 다음과 같다. 어느 날 인간들이 태양신 라에 대한 숭배를 멈추고 반역을 일으켰다. 이에 분노한 라는 인류에게 어떤 벌을 내릴지 고민하다가 딸 세크메트에게 "나를 대신해 저 반역자들에게 천벌을 내려라."라고 명령했다. 세크메트는 명령을 받고 사자의 모습으로 지상에 내려와 인류를 마구잡이로 학살했다. 순식간에 시체가 산처럼 쌓이고 온통 피바다가 되었다.

하늘에서 이를 내려다보던 라는 인류에게 동정심을 느껴 세크메트에게 "내가 인류에 대해 품었던 분노는 이제 다 사라졌다. 너도 할 만큼 했으니 더는 인간들을 죽이지 마라."라고 했다. 그러나 세크메트는 반역한 자들은 단 한 명도 살려둘 수 없다며 학살을 멈추지 않았다. 이대로라면 인류가 모조리 멸망할 판이었다.

인간이 전부 사라지고 나면 신들은 더는 숭배받지 못하게 되므로 라는 인간을 지키기 위한 계책을 고민했다. 세크메트가 술을 좋아한다는 점에 착안해 라는 그녀가 인간의 피 대신 마실 엄청난 양의 술을 준비했다. 라는 황토와 적철광으로 붉게 물들인 맥주를 땅에 비처럼 쏟아부었고, 세크메트는 그것을 피로 착각해 잔뜩 마셨다. 술에 취한 세크메트는 이제 충분히 죽였다며 학살을 멈추고 하늘로 돌아갔다. 그리하여 인류는 간신히 멸망의 위기에서 벗어났다.

한편 세크메트가 맥주가 피가 아님을 알아차리고 "왜 저를 속이셨습니까?"라고 분노하며 이집트를 떠났다는 전승도 존재한다. 이 전승에 따르면 세크메트가 떠나자 태양의 힘이 약해져 라는 곤경에 처했으며, 지혜의 신 토트가 세크메트를 설득하여 라에게 돌려보내 태양이 원래의 힘을 되찾았다고 한다.

세크메트가 인류를 멸망시킬 뻔한 신화는 이집트인들의 종교 의식에 영향을 미쳤다. 연초마다 이집트인들은 세크메트의 분노를 달래기 위해 춤과 음악으로 제의를 올리고, 세크메트가 술에 취한 일을 재현하고자 포도주를 실컷 마시는 축제를 열었다. 붉게 물들인 맥주보다는 포도주가 만들기 쉬웠기 때문이다.

세크메트는 전쟁과 치유의 여신으로도 숭배되었으며, 창조신 프타와의 사이에서 네페르툼(Nefertum)과 사자의 신 마헤스(Maahes)를 낳았다고 전해진다.

020 사라진 유일신, 아텐

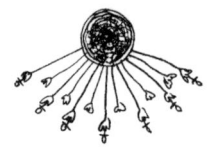

일반적으로 종교를 분류할 때 여러 신을 믿는 체계를 다신교, 하나의 신만 믿는 체계를 일신교라고 한다. 대표적으로 유대교, 기독교, 이슬람교는 오직 하나의 신만 믿으므로 일신교에 속한다. 그런데 《구약성경》이 편찬되기 훨씬 이전에 일신교적 성격을 가진 종교가 존재했다. 기원전 14세기경 고대 이집트에서 나타난 아텐 신앙이다.

원래 이집트 신화에서 아텐은 태양신 라의 한 측면이자 태양 그 자체의 원반 형태를 지칭하는 개념이었다. 그러나 제18왕조의 파라오 아멘호테프 4세가 아텐을 유일신으로 숭배하면서 상황이 급변했다. 그는 아텐 신앙을 국교로 격상시켰고, 나중에는 자신의 이름까지 '아텐을 섬기는 자'라는 뜻의 아케나텐(Akhenaten)으로 바꾸었다.

아텐은 빛과 힘으로 간주되었기 때문에 어디에나 존재하지만 형체가 없었다. 그래서 다른 이집트 신들처럼 인간이나 동물의 모습으로 표현되지 않고 둥근 태양과 거기에서 뻗어 나오는 햇살로만 묘사되었다. 이는 아텐이 다른 신들보다 훨씬 고차원적인 존재라는 점을 강조하기 위한 설정이었다.

아케나텐은 시간이 갈수록 더 강경해져 아텐 이외의 신들을 숭배하는 것을 금지했다. 또한 '신을 형태로 묘사하는 것은 신성 모독'이라고 생각해 신들을 묘사한 조각상이나 벽화를 모조리 파괴하도록 명령했다. 그는 아텐을 태양의 원반 형상으로 묘사하는 것조차 금지했다.

아케나텐은 아텐을 숭배하기 위해 새로운 수도 아케타텐(Akhetaten)을 건설하고 그곳에 아텐의 신전을 세웠다. 신전은 아텐의 상징인 햇빛이 건물 안으로 들어올 수 있도록 일부러 지붕을 열린 형태로 만들었다. 아텐에게는 과일, 꽃, 케이크 등을 제물로 바쳤고 다른 이집트 신들에게 제물로 바치던 술이나 고기는 바치지 않았다. 라, 오시리스, 이시스 등 다른 신들을 섬기는 사제들과 달리 아텐의 사제들은 신탁을 내리지 않았다. 하찮은 인간이 위대한 신의 뜻을 알 수는 없다고 믿었기 때문이다.

아텐을 숭배하는 의식은 하루 여러 차례 향을 피우고 하프를 연주하며 찬가를 부르는 방식으로 진행되었다. 다른 이집트 신들을 숭배할 때처럼 신성한 옷을 입거나 기름을 붓는 의식은 하지 않았다.

하지만 아텐 숭배는 어디까지나 아케나텐이 혼자 밀어붙인 강제적인 종교 개혁에 불과했으며, 그때까지 많은 신을 숭배해오던 사제들과 대다수 백성의 지지를 얻지 못했다. 그래서 아케나텐이 사망하자 곧바로 아텐 숭배는 폐지되었고, 이집트의 전통 신앙은 빠르게 복원되었다.

일각에서는 아텐 숭배가 유대교의 숨은 기원이라고 주장한다. 유일신 숭배, 다른 신에 대한 숭배 금지, 신상 파괴, 신의 형상화 거부 같은 아케나텐의 지침이 유대교의 교리와 매우 유사하기 때문이다. 초기 유대교는 다른 신들의 존재를 부정하지 않았지만 야훼가 그중 가장 우월한 신이므로 오직 야훼만을 숭배해야 한다는 입장이었다. 또한 유대교는 이집트 종교와 달리 신을 인간이나 동물의 형태는 물론이고 태양 같은 자연물로도 표현하지 않는데, 이 역시 아덴 신앙과 매우 흡사하다.

더욱이 유대인들이 이집트를 탈출했다고 전해지는 '출애굽' 사건은 아케나텐 사후에 일어났다. 그래서 "아텐 신앙을 간직한 무리가 박해를 피해 이집트를 떠나 유대 지역으로 가면서 그 신앙이 유대인들에게 전파되었고, 이를 토대로 유대교가 형성되었다."라는 설도 제기된다. 이 가설은 소설 《람세스》 등을 통해 널리 알려졌다.

021 그 밖의 이집트 신들

아케르(Aker)는 대지와 지평선의 신이고, 안후르(Anhur)는 전쟁과 사냥의 신이다. 수확과 풍요의 신 하피(Hapi)는 매년 반복되는 나일강의 홍수가 신격화된 존재로, 발기한 남성의 모습으로 표현된다. 크눔(Khnum)은 나일강의 범람을 통제하고 신과 인간에게 생명을 부여하는 신으로, 숫양의 머리를 한 모습으로 묘사된다.

몬투(Montu)는 테베에서 숭배한 전쟁과 태양의 신이고, 넴티(Nemty)는 중부 이집트에서 숭배한 매의 신이다. 네페르(Neper)는 곡식의 신이며, 그의 아내 네피트(Nepit)는 곡식의 여신이다. 토트는 지혜와 문자의 신으로, 이집트의 서기관들은 토트를 수호신으로 숭배했다. 아문네트(Amunet)는 바람과 창조의 신 아문의 아내다. 다만 테베에서는 아문의 아내가 무트 여신이라고 보았다. 하트메히트(Hatmehit)는 물고기의 여신이며, 헤케트(Heqet)는 출산하는 여성을 보호하는 여신으로 개구리의 모습을 하고 있다.

마아트는 진실, 정의, 질서를 의인화한 여신이며, 멘히트(Menhit)는 암사자의 모습을 한 여신이다. 네크베트(Nekhbet)는 독수리의 형상으로 표현되는 이집트 남부의 수호신이다. 케크(Kek)는 대초의 어둠을 의인화한 혼돈과 어둠의 신이며, 그의 아내는 카우케트(Kauket) 여신이다.

눈은 세계가 창조될 때 존재했던 무형의 물을 의인화한 신으로, 무질서의 상태를 상징하며 태양신 라의 아버지로 여겨진다. 타테넨(Tatenen)은 원초의 대지를 의인화한 신이다. 암헤(Am-heh)는 지하 세계의 신으로, 무척 위험한 존재로 여겨진다.

아멘호테프(Amenhotep)는 하푸(Hapu)라는 사람의 아들로, 아멘호테프 3세 시대의 궁정 서기관이자 건축가였으며 사후에 신격화되었다. 아니(Ani)는 축제의 신이며, 아페데막(Apedemak)은 이집트 남부에서 숭배한 사나운 사자의 모습을 한 신이다.

아펩은 혼돈을 상징하는 뱀의 신으로, 매일 밤 지하 세계에서 태양신 라와 싸운다. 아피스(Apis)는 이집트의 도시인 멤피스에서 숭배한 신성한 황소로, 창조의 신 프타가 황소의 모습으로 나타난 존재로 여겨진다.

아쉬(Ash)와 하(Ha)는 이집트 서부 리비아 사막을 다스리는 신으로, 사막에 오아시스를 만들어 목마른 이들에게 물을 준다. 바비(Babi)는 성욕과 공격성을 상징하는 신으로, 개코원숭이의 형상을 하고 있다. 바네브제데트(Banebdjedet)는 이집트의 도시 멘데스에서 숭배한 숫양 모습의 수호신이다.

베스(Bes)는 난쟁이의 모습을 한 신으로, 임산부와 아기를 보호하는 역할을 하여 출산을 앞둔 여성들은 그의 부적을 몸에 지녔다. 피라미드 건설에 동원된 노동자 중 집에 임신한 아내를 두고 온 사람들도 베스의 부적을 소지했다. 민(Min)은 정력의 신으로, 그의 상징물은 상추다. 이집트인들은 상추가 정력을 강화해준다고 믿었다.

하르데데프(Hardedef)는 기자의 피라미드를 세운 파라오 쿠푸(Khufu, 재위 기원전 2589~2566)의 아들로, 신과 관련된 책을 저술했고 사후에 지혜와 학문의 신으로 숭배되었다. 호레마케트(Horemakhet)는 '지평선의 호루스'라는 뜻의 신으로, 스핑크스와 동일시되었다.

022   타갈로그어를 쓰는
      필리핀 부족의 신들

필리핀은 7000개가 넘는 섬에 다양한 민족이 사는 나라여서 부족마다 서로 다른 신화가 전해진다. 필리핀 신화에서 신은 '디와타(Diwata)'라고 불리는데, 이는 힌두교에서 신을 뜻하는 산스크리트어 '데바타(Devata)'에서 유래한 말이다.

타갈로그어를 사용하는 필리핀 부족들이 믿던 최고신은 바탈라(Bathala)로, 인류와 지구를 창조한 신이다. 바탈라는 하늘나라인 칼루왈하티안(Kaluwalhatian)에서 다른 신들과 함께 살며, 일상에서 사람들을 돕기 위해 자신의 하인들인 아니토(Anito)를 보낸다. 16세기 스페인의 식민 통치와 함께 기독교가 전래되자 일부 필리핀 원주민은 기독교의 신을 바탈라와 동일시했다.

아마니카블레(Amanikable)는 사나운 파도와 폭풍을 일으키는 바다의 신으로, 원주민들은 그의 분노를 달래기 위해 아름다운 처녀를 바다에 던져 제물로 바쳤다. 이디오날레(Idyonale)는 노동과 선행을 관장하는 여신으로, 원주민들은 행운을 빌기 위해 그녀를 숭배했다. 이디오날레는 농사의 신 디망간(Dimangan)과 결혼해 두 자녀를 두었다.

라카파티(Lakapati) 혹은 이카파티(Ikapati)는 다산과 풍요, 농업을 다스리는 여신으로, 인류에게 농업을 가르쳐주었다. 그녀는 계절을 다스리는 신 마풀론(Mapulon)과 결혼해 딸을 낳았다.

달의 여신 마야리(Mayari)는 최고신 바탈라와 인간 여성 사이에서 태어난 세 딸 중 하나로, 가장 아름다운 여신으로 묘사된다. 나머지 두 자매는 별의 여신 탈라(Tala)와 아침의 여신 하난(Hanan)이다.

산을 지키는 신 두마쿨렘(Dumakulem)은 이디오날레와 디망간 사이에서 태어난 아들로, 라카파티와 마풀론 사이에서 태어난 잃어버린 물건을 보호하는 여신 아나골라이(Anagolay)와 결혼했다. 바람과 비를 다스리는 여신 아니온 타부(Anion Tabu)는 두마쿨렘의 누이로, 성격이 매우 변덕스러운 존재로 묘사된다.

아폴라키(Apolaki)는 전사와 태양의 수호신으로, 두마쿨렘과 아나골라이의 아들이다. 사랑과 임신, 출산의 여신 마폴란 마살란타(Mapolan Masalanta)는 두마쿨렘과 아나골라이의 딸로, 모든 신 중 가장 어리다.

시탄(Sitan)은 인간을 파멸시키는 사악한 신으로, 부하 넷을 이끌고 세상에 재앙을 퍼뜨린다. 그의 부하인 망가가와이(Manggagaway)는 질병을 퍼뜨리는 엉터리 의사이며, 마니실라트(Manisilat)는 가족 사이에 불화와 미움을 조장한다. 또 망쿠쿨람(Mangkukulam)은 시탄의 유일한 남성 부하로 나쁜 날씨와 화재를 일으키고, 후클루반(Hukluban)은 마음대로 모습을 바꾸며 사람의 생명을 앗아간다.

아만시나야(Amansinaya)는 어부들의 수호신으로, 항해와 고기 잡는 일을 돕는다. 날개 달린 신 갈랑 칼루루와(Galang Kaluluwa)는 사랑과 여행을 관장하는 신으로, 바탈라의 친구로 여겨진다. 울릴랑 칼루루와(Ulilang Kaluluwa)는 창조 신화에 등장하는 뱀의 신으로, 바탈라의 경쟁자였으나 결국 그에게 죽임을 당한다.

이 외에도 바다의 신 하이크(Haik), 작물의 수호신 라캄바코드

(Lakambakod), 식욕과 음식을 다스리는 신 라캄비니(Lakambini), 남성 성기의 수호신 링가(Lingga) 등이 있다.

023 비콜라노족과 비사야족의 신들

필리핀의 비콜라노족(Bicolano)이 믿던 신들 중 가장 높은 신은 구구랑(Gugurang)이다. 그는 마욘산 안에 살았는데, 사람들이 죄를 지으면 경고의 표시로 화산을 폭발시켰다. 아스왕(Aswang)은 사악한 신으로, 형인 구구랑이 지키는 마욘산의 성스러운 불을 훔치려 했다. 그는 마리나오산에 살며 사람들에게 불행을 퍼뜨리고 사람들이 죄를 짓게 만들었다.

할리야(Haliya)는 가면을 쓴 달의 여신으로, 다른 신인 바쿠나와(Bakunawa)의 적이다. 할리야는 주로 여성들이 숭배했으며, 일식이 일어나면 비콜라노족은 할리야를 위해 춤을 추는 의식을 거행했다. 바쿠나와는 거대한 바다뱀의 모습을 한 신으로, 해와 달을 삼켜 일식과 월식을 일으킨다고 여겨졌다.

비사야족(Visaya)이 믿던 신들 중 가장 높은 신은 카프탄(Kaptan)으로, 타갈로그어를 사용하는 부족이 믿던 바탈라와 동일한 존재로 여겨졌다. 그는 바람의 신 리항인(Lihangin)을 아들로 두었다.

마과얀(Maguayan)은 바다의 신으로, 그의 딸 리다가트(Lidagat)는 바다의 여신이다. 리항인과 리다가트는 결혼해 4명의 자녀를 낳았는데, 리카부탄(Likabutan)은 세계의 신, 리아들라우(Liadlaw)는 태양의 신, 리불란(Libulan)은 달의 신, 리수가(Lisuga)는 별들의 여신이 되었다.

아들라우(Adlaw)는 리아들라우와는 별개의 태양신이며, 알룬시나(Alunsina)는 동쪽 하늘의 처녀 여신이다. 반군(Bangun)은 시간과 우주의 움직임을 관장하는 신들의 무리이며, 바랑가우(Barangaw)는 무지개의 신이다.

불랄라카우(Bulalakaw)는 새의 모습으로 질병을 퍼뜨리는 신이고, 부리가당(Burigadang)은 탐욕의 여신이며, 달리카마타(Dalikamata)는 눈이 많은 여신으로 눈병을 치료해주었다.

칸라온(Kanlaon)은 네그로스섬의 칸라온산에 살던 비사야족이 숭배하던 최고신으로 바탈라와 동일시되었다. 카사라이사라얀 사 실간(Kasaraysarayan sa Silgan)은 강의 신이며, 랄라혼(Lalahon)은 불과 화산, 수확의 여신으로, 고대 비사야족은 작황이 좋지 않으면 랄라혼을 기쁘게 하려고 제물을 바쳤다.

루바이루비욕 항기눈 시 마후욕후요칸(Lubay-Lubyok Hanginun si Mahuyokhuyokan)은 밤바람의 여신이고, 루용 바이바이(Luyong Baybay)는 파도와 조수를 다스리는 여신이다. 막당 디리이닌(Magdang Diriinin)은 호수의 신이고, 마클리움 사 티완(Maklium sa Tiwan)은 계곡과 평야의 신이며, 마클리움 사 투빅(Maklium sa Tubig)은 바다의 신이다.

마과옌(Magwayen)은 지하 세계 술라드(Sulad)로 죽은 이의 영혼을 인도하는 신이고, 문사드 부랄라카우(Munsad Buralakaw)는 정치적 사건을 담당하는 신이다. 나기네드(Nagined), 아라파얀(Arapayan), 막바루박(Makbarubak)은 독한 기름을 만드는 이들을 지켜주는 신들이다.

낙말리통 야와 시낙말링 디와타(Nagmalitong Yawa Sinagmaling Diwata)는 굶주림과 사악한 마귀들의 여신으로, 부리가당 파다 시나클랑 불라완(Burigadang Pada Sinaklang Bulawan)의 자매다. 시다파(Sidapa)는 죽음의 신으로 야생 국화가 그의 상징이다. 퉁쿵 랑잇(Tungkung Langit)은 바탈라와 대응하는 지하 세계의 최고신이다.

이 외에도 계절의 신 파훌랑쿡(Pahulangkug), 사람들이 사는 중간 세계의 신 파이부롱(Paiburong), 운명과 기쁨의 신 판다키(Pandaki), 지진의 신 판리누군(Panlinugun), 천둥과 번개의 신 리붕 린티(Ribung Linti), 지하 세계의 신 시기나루간(Siginarugan), 저승의 신 수이무란(Suimuran)과 수이기나루간(Suiguinarugan), 축복의 신 산토닐요(Santonilyo), 폭풍의 신 사라간카 박요(Saraganka Bagyo), 어둠의 신 사랑나얀(Saragnayan), 가정의 여신 수클랑 말라욘(Suklang Malayon), 강과 바다의 신 수말롱손(Sumalongson), 내세의 신 숨포이(Sumpoy), 전쟁과 전투의 신 이나기니드(Ynaguinid)와 마칸두크(Macanduc) 등이 있다.

024 일로카노족의 신들

필리핀 루손섬 서부의 일로코스 지방에 사는 일로카노족(Ilocano)은 16세기 스페인의 식민 통치를 받아 기독교로 개종하기 전까지 고유한 신화를 가지고 있었다.

일로카노족 신화에서 카팜팡안(Kapampangan)은 하늘의 창조주로, '위대한 장로'로 불린다. 카팜팡안은 천을 짜는 여성으로 묘사되는데, 밤하늘의 별들은 그녀가 짜놓은 천의 구멍이라고 한다.

아링 시누쿠안(Aring Sinukuan)은 태양과 전쟁, 죽음의 신이다. 그는 인류에게 쇠와 나무, 쌀을 다루는 기술과 전쟁하는 방법을 가르쳤다. 아풍 말야리(Apung Malyari)는 달과 8개 강을 다스리는 신으로, 피나투보산에 산다고 전해진다. 탈라(Tala)는 빛나는 별의 신이며, 사람들에게 쌀을 먹는 문화를 전파한 존재로 여겨진다.

무낙 수말라(Munag Sumala)는 아링 시누쿠안의 자식 중 하나로, 황금빛 뱀의 모습을 하고 있다. 아링 시누쿠안의 아들인 라칸다눕(Lakandanup)은 정오의 태양을 상징하고, 갓파나푼(Gatpanapun)은 오후의 태양을 상징한다. 아풍 말야리의 딸 시실림(Sisilim)은 황혼을 상징하는데, 그녀가 나타나면 매미들이 노래하며 인사한다고 한다.

블라안(Blaan)은 일로카노족 신화에서 최고신이자 창조주로, 피부가 하얗고 이는 금빛이다. 루스 클라간(Loos Klagan)은 일로카노족 사이에서 가장 두려운 신으로 여겨져 그의 이름을 부르는 것조차 금기시된다. 마김바(Maguimba)는 오랜 옛날 다른 세상에서 이 세상으로 불려왔으며, 사람들에게 질병의 치료법을 알려준 의료의 신이다.

앙고로(Angoro)는 죽은 자들의 영혼이 가는 바사드(Basad)에 사는 저승의 신으로, 죽은 자의 영혼이 천국인 람파낙(Lampanag)으로 갈지, 아니면 불과 끓는 물의 고통으로 가득 찬 바사드의 심연으로 떨어질지를 판별한다.

암푸(Ampu)는 인류를 창조한 신으로 직조공이라고도 불린다. 암푸 앗 파라이(Ampu at Paray)는 쌀의 신이며, 리나민 앗 바랏(Linamin at Barat)은 몬순 바람의 여신, 리나민 앗 불락(Linamin at Bulag)은 건기의 여신이다. 우파 쿠야우(Upa Kuyaw)는 천둥의 신이다.

'만물의 지배자'로 불리는 마그바바야(Magbabaya)는 작은 신들과 여신들을 거느리는 서쪽의 수호신이다. 또한 도말론동(Domalondong)은 북쪽, 옹글리(Ongli)는 남쪽, 타골람봉(Tagolambong)은 동쪽의 수호신이다.

이바바속(Ibabasok)은 논 가운데 사는 신으로 작물의 생장을 다스린다. 다깅온(Dagingon)은 수확의 신으로, 농부들은 곡식을 수확하고 나서 아흐레 동안 춤을 추며 다깅온을 경배하는 축제를 벌인다. 부미기(Bumigi)는 벼룩을 다스리는 신이고, 루마다브(Lumadab)는 벼 잎을 말리는 신이다. 농부들은 한 해 농사를 망치지 말게 해달라고 두 신에게 기원한다.

마할 나 마카아코(Mahal na Makaako)는 생명의 신으로, 바라보는 것만으로 생명을 부여한다고 한다. 카다클란(Kadaklan)은 곡식을 수확하는 법과 악령을 물리치고 나쁜 징조를 극복하고 질병을 치료하는 법을 인류에게 가르쳐준 선한 신이다.

아파델(Apadel)은 오래된 나무나 숲에 사는 생물의 수호신이며, 나놀라이

(Nanolay)는 인류에게 문화를 가르쳐준 자비로운 신이다. 리둠(Liddum)은 신과 인간 사이에서 중재자 역할을 하는 신이다.

그 밖에 푸웍(Puwok)은 태풍의 신이고, 욕욕(Yogyog)과 알욕(Alyog)은 지하 세계에 사는 지진의 신이다. 오덴(Oden)은 비를 내려 생명을 주는 신이고, 세드세드(Sedsed)는 바다의 신이다.

025 인도네시아 바다의 여신, 냐이 라라 키둘

냐이 라라 키둘(Nyai Rara Kidul)은 인도네시아 자바족과 순다족의 전설에 등장하는 바다의 여신이다. 오늘날에도 자바족은 냐이를 부를 때 다양한 존칭어를 사용하는데, 가장 흔히 쓰는 표현은 '할머니'를 뜻하는 이양(Eyang)이다. 그녀의 가운데 이름인 라라는 로로(Roro)라고도 불리는데, 이는 고대 자바어 문헌에서 병과 슬픔을 뜻하는 말이었다.

인도네시아 예술에서 냐이는 사람의 상반신과 물고기의 꼬리를 가진 인어의 모습으로 자주 묘사된다. 인도네시아 전설에서 냐이는 원하는 사람의 영혼을 빼앗을 수 있다고 여겨진다. 남부 자바 해안 지역의 민담에 따르면 냐이는 종종 해변에서 목욕하는 어부나 방문객을 죽이는데, 특히 젊고 잘생긴 청년을 좋아한다고 한다.

냐이는 자바의 전통문화에서 자주 다루어지는 인기 있는 신이다. 냐이와 관련한 전설에 따르면 냐이는 하루에 여러 번 자유롭게 모습을 바꿀 수 있는데, 보름달이 뜨는 동안에는 젊고 아름다운 여성의 모습이었다가 그믐이 되면 할머니로 변한다고 한다.

냐이의 기원에 대해서는 여러 설이 존재한다. 그중 16세기 자바를 다스린 마타람 술탄국의 왕비가 죽은 뒤 민간에서 그녀를 신격화하여 숭배하기 시작했다는 주장이 가장 널리 알려져 있다. 실제로 인도네시아 전역에서 전해지는 냐이 관련 전설 대부분이 냐이를 마타람 술탄국의 왕비로 간주한다.

16세기의 자바 전설에 따르면 파넴바한 세노파티(Panembahan Senopati, 1586~1601) 왕자는 마타람 술탄국을 세우기 위해 코타 게데(Kota Gede) 남쪽의 파랑 쿠스모(Parang Kusumo) 해변에서 명상하며 수행에 몰두하고 있었다. 그의 강한 기운이 자바 남쪽 바다를 뒤흔들자 바다의 여신 냐이는 "누가 내 왕국을 위협하는가? 내가 직접 가서 봐야겠다."라며 해변으로 올라왔다. 그런데 잘생긴 왕자를 보자마자 냐이는 사랑에 빠졌다. 냐이는 왕자에게 명상을 멈추어달라고 요청하며 그 대가로 새 왕국을 세우는 것을 돕겠다고 약속했다. 그리하여 둘은 결혼했고, 냐이는 모든 백성이 숭배하는 여신이 되었다.

한편 순다족의 전승에서는 냐이를 파자자란(Pajajaran) 왕국의 공주였던 카디타(Kadita)로 묘사한다. 카디타는 뛰어난 미모로 이름났는데, 그녀를 질투한 여인이 마녀를 시켜 카디타에게 피부병을 일으키는 흑마술을 걸었다. 어떠한 약으로도 피부병을 치료할 수 없었던 그녀는 절망에 빠져 남쪽 바다에 몸을 던졌다. 그런데 놀랍게도 바다에 뛰어든 카디타는 죽지 않았고, 오히려 피부병이 나아 예전의 미모를 되찾았다. 그 미모에 감탄한 바닷속 정령들은 카디타를 자신들의 여왕으로 추대했다. 그리하여 카디타 공주는 바다의 여신 냐이가 되었다.

이와 비슷하지만 조금 다른 이야기도 전해진다. 카디타 공주를 외동딸로 둔 왕은 왕위를 계승할 아들을 얻기 위해 새 아내를 맞았다. 그런데 새 왕비는 자신보다 더 아름다운 카디타를 질투하여 "만약 당신이 카디타 공주와 함께 살기를 선택한다면 나는 이 궁전을 떠나 다시는 돌아오지 않을 것이고, 아들을 낳아도 당신에게 보내지 않을 것입니다. 나와 함께하고 싶다면 공주를 궁전에서 쫓아내고 태중의 우리 아들에게 왕위를 넘겨주십시오."라고 말했다.

고민하던 왕은 결국 아들을 선택하고 딸을 궁전에서 쫓아냈다. 그것도 모자라 마녀의 흑마술을 이용해 카디타가 피부병을 앓게 했다. 슬픔에 젖어 이리저리 떠돌던 카디타는 "병을 고치고 싶으면 자정 무렵 바닷속으로 뛰어들어라."라고 허공에서 울려퍼지는 목소리를 듣고 바다에 몸을 던졌다. 바닷속으로 사라진 카디타는 이후 냐이가 되었다.

자바섬 남부에서는 제비집을 채집하는 채집꾼들이 냐이를 수호신으로 섬긴다. 또한 자바섬의 작은 어촌 마을인 펠라부한 라투(Pelabuhan Ratu)에서는 매년 4월 6일 냐이를 기리는 축제를 열어 바다에 쌀과 채소, 닭고기를 띄워 보내며 풍어를 기원한다.

026 베르베르인의 신들

오늘날 아프리카 대륙 북부의 모로코, 알제리, 튀니지, 리비아에는 베르베르인(Berber)이라 불리는 토착민이 살고 있다. 이들은 사막에서 낙타, 말, 양 같은 가축을 기르던 유목민이었고, 고대 로마 시대에 뛰어난 기병으로 알려진 누미디아인(Numidia)의 후손으로 여겨진다.

아구르질(Agurzil)은 베르베르인이 믿던 전쟁의 신으로 황소 머리를 한 건장한 남성의 모습으로 묘사되는데, 이는 그리스 신화의 미노타우로스에서 영향을 받은 것으로 보인다. 7세기 말 아랍인들이 북아프리카에 침입했을 때 베르베르인을 이끌고 저항했던 여왕 알카히나(Al-Kahina)가 아구르질을 숭배했다고 전해진다.

안자르(Anzar)는 베르베르인이 비를 기원하며 제사를 올리던 신이다. 베르베르인은 주로 유목 생활을 했지만 농사를 전혀 안 지은 것은 아니었고 목축을 위해서도 풀이 어느 정도 자라야 했기에 반드시 비가 필요했다. 티슬리트(Tislit)는 안자르의 아내로, 비를 내리는 여신이다.

아이유르(Ayyur)는 베르베르인이 숭배한 달의 신이다. 이프리키시(Ifrikish)는 전설 속 왕으로, 그의 아버지는 카이스(Qays)라고 알려졌다. 일설에 따르면 이프리키시는 키가 매우 큰데, 고대 이스라엘이 여리고성을 무너뜨렸을 때 살아남은 거인족의 후손이라고 한다. 이는 유대교나 기독교의 전파로 《구약성경》의 내용이 베르베르인들에게 알려지면서 생겨난 전승일 가능성이 크다.

시니페르(Sinifer)는 루와타(Luwata) 지방에서 숭배한 전쟁의 신이다. 바카스(Bacax)는 로마 시대에 북아프리카에서 숭배한 신으로, 주로 동굴에서 숭배 의식을 치렀다. 오늘날의 알제리에 있는 누미디아 왕국의 수도 키르타(Cirta)에 세워진 비석에 그의 이름이 기록되어 있다. 본초르(Bonchor)는 튀니지 지역의 베르베르인이 섬긴 수호신이자 창조신이다.

약 6000년 전 베르베르인 일부가 대서양을 건너 현재 포르투갈령인 카나리아제도에 정착했는데, 훗날 유럽인들은 이들을 관체족(Guanche)이라고 불렀다. 관체족은 기독교로 개종하기 이전 고유한 신앙 체계를 가지고 있었다. 다음은 그들이 믿은 신들이다.

마게크(Magec)는 태양의 신 또는 태양의 여신이며, 차시라시(Chaxiraxi)도 태양의 여신으로 숭배되었다. 아보라(Abora)는 라팔마섬에서 최고신으로 여겨졌으며, 모네이바(Moneiba)는 히에로섬에서 여성의 수호신으로 숭배받았다.

아추후카나크(Achuhucanac)는 비의 신이고, 아추과요(Achuguayo)는 달의 신이며, 아차만(Achaman)은 테네리페섬의 최고신으로, 하늘의 신이자 창조주다. 과요타(Guayota)는 아차만의 적수인 악의 신으로, 테이데(Teide) 화산 안에 산다고 전해진다. 과요타는 검은 털을 가진 개의 모습으로 등장한다.

막시오스(Maxios)는 테네리페섬에서 숭배하던 자비로운 신들로, 차시라시와 인간 사이에서 중재자 역할을 한다. 티비세나(Tibicena)는 붉은 눈에 길고 검은 털로 덮인 들개의 모습을 한 괴물 또는 악령으로, 깊은 산속 동굴에 산다.

027 다약족의 신들

인도네시아 보르네오섬에 사는 원주민인 다약족(Dayak)은 다른 부족들과 전쟁을 벌여 목을 베어 가져오는 '머리 사냥' 풍습이 있는 잔인한 부족이었다. 이들은 19세기 이후 대부분 기독교나 이슬람교로 개종했지만, 일부는 여전히 전통 신앙을 지키고 있다.

다약족의 최고신은 분수 페타라(Bunsu Petara)다. 그는 세상을 창조한 신으로 여겨졌고, 다약족이 이슬람교로 개종한 뒤에는 알라와 동일시되기도 했다. 분수 페타라는 물을 만들 때는 세라긴디(Seragindi), 땅을 만들 때는 세라긴다흐(Seragindah), 하늘을 만들 때는 세라긴디트(Seragindit)라는 이름으로 불렸다.

분수 페타라는 여러 하위 신들을 거느리는데, 이들 중 가장 중요한 신은 전쟁의 신 셍갈랑 부롱(Sengalang Burong)이다. 다약족은 그를 분수 페타라 다음으로 열렬히 숭배했는데, 다약족에게 전쟁은 가장 중요한 일이었고 전사들이 사회적으로 우대받았기 때문이다. 머리 사냥 풍습에서 알 수 있듯 다약족은 매우 호전적이었으므로 전쟁의 신을 중요시할 수밖에 없었다.

비쿠 분수 페타라(Biku Bunsu Petara)는 주술을 관장하는 여신이자 다른 신들을 섬기는 대사제 역할을 하는 신이다. 셈풀랑 가나(Sempulang Gana)는 땅과 농경을 다스리는 신이고, 셀렘판다이(Selempandai)는 창조와 출산을 다스리는 신으로, 특히 임산부들이 출산의 고통을 덜기 위해 그를 숭배했다. 멘자야 마낭(Menjaya Manang)은 사람들의 건강을 지키며, 샤먼을 통해 신과 인간을 연결하는 역할을 한다. 이니 안단(Ini Andan)은 치료와 정의를 관장하는 여신이다.

다약족은 동물과 식물, 언덕이나 산 같은 자연에도 영혼이 있다고 믿었다. 동물의 영혼은 분수 젤루(Bunsu Jelu), 식물의 영혼은 안투 우타이 툼보흐(Antu Utai Tumboh), 언덕과 산의 영혼은 안투 메노아(Antu Menoa)라고 불렀다. 이들은 사람에게 이로울 수도 있지만, 병에 걸리게 하거나 심지어 정신이 나가게 할 수도 있어서 보통은 부정적으로 여겨졌다. 다약족은 죽은 조상의 영혼 또한 신으로 숭배했는데, 조상들이 묻힌 무덤을 찾아가 그들을 기리는 축제인 가와이 안투(Gawai Antu)를 열어 조상들에게 축복을 빌었다.

또한 다약족은 자연에 사는 여러 요괴의 존재를 믿었다. 숲속에는 사냥꾼에게 위협을 가하는 요괴 안투 그라시(Antu Grasi)가 살고, 높은 나뭇가지 위에는 부장 인인(Bujang Inin)이라는 요괴가 산다고 여겼다. 부장 인인은 처음에는 고양이의 모습으로 사람을 안심시키다가 이후 표범으로 변해 사람을 해친다고 한다. 동굴 속에는 호랑이의 모습을 한 부장 렘바우(Bujang Lembau)라는 요괴가 사는데, 이 요괴 역시 사람을 해친다고 여겼다.

다약족은 사람이 죽으면 그 영혼은 지하 세계인 세바얀(Sebayan)으로 간다고 믿었다. 그러한 저승의 왕국을 다스리는 왕은 라자 니람(Raja Niram)인데, '라자'가 산스크리트어로 왕을 의미한다는 점에서 이 개념은 고대 인도 문화의 영향을 받은 것으로 보인다.

028 튀르크족의 신들

튀르크어족에 속하는 아시아 내륙의 여러 부족은 10세기경 대부분 이슬람교로 개종했으나 시베리아의 사하족(Sakha)처럼 일부는 여전히 조상 대대로 믿어오던 토착 샤머니즘 신앙을 간직하고 있다.

튀르크 신화에서 최고신은 곡 텡그리(Gok Tengri)로, 하늘의 신이자 세계의 창조주다. 하지만 곡 텡그리가 유일한 창조주는 아니다. 그의 아들인 카이라(Kayra) 역시 창조신으로, 어떤 전승에서는 곡 텡그리보다 더 높은 존재로 묘사되기도 한다.

카이라의 세 아들은 자비의 신 울간(Ulgan), 지혜의 신 메르겐(Mergen), 그리고 4세기에 유럽을 침공한 훈족이 믿은 전쟁의 신 키작한(Kyzaghan)이다. 이 중 울간은 창조신으로 여겨지기도 한다.

에를리크(Erlik)는 죽음과 지하 세계를 다스리는 신으로, 종종 악령으로 묘사된다. 우마이(Umay)는 여성과 어린이를 지키는 다산과 순결의 여신이며, 쿠바이(Kubai)는 출산하는 임신부를 지켜주는 여신이다.

태양신 코야시(Koyash)는 곡 텡그리와 땅의 여신 사이에서 태어난 아들이며, 아크 아나(Ak Ana)는 튀르크족을 창조한 물의 여신이다. 아이 아타(Ay Ata)는 달의 신이며, 긴 아나(Gun Ana)는 카자흐스탄과 키르기스스탄 신화에서 태양의 여신이다.

이엘 아타(Yel Ata)와 이엘 아나(Yel Ana)는 바람의 신과 여신으로, 이들은 기독교가 유입되기 전까지 헝가리에서 숭배되었다. 물의 신 수 아타(Su Ata)는 개구리 같은 얼굴을 한 노인의 모습이며 수염이 많고 온몸이 긴 털로 덮여 있다. 물의 여신 수 아나(Su Ana)는 벌거벗은 젊은 여성의 모습으로 나타난다.

에투겐(Etugen)은 대지의 여신으로, 그녀의 이름은 고대 몽골 초원의 외투켄산에서 유래했다. 후르무즈(Hurmuz)는 영혼의 신으로, 몽골 신화와 샤머니즘에서 55명의 신을 다스리는 우두머리로 숭배받았다. 사냥의 여신 바이아나이(Baianai)는 사하족 신화에서 숲과 기쁨의 여신이다.

의학과 약의 신 아크부그하(Akbugha)는 고대 튀르크 신화에서 건강과 치유의 신으로, 하얀 뱀이 그의 상징이다. 자다(Zada)는 바람의 신인데, 고대 몽골인과 튀르크인은 소의 몸 안에 생긴 결석을 가지고 주문을 외우면 바람과 우박을 일으킬 수 있다는 '자다'라는 주술을 믿었다.

하늘의 신 코바크(Qovaq)는 매일 새로운 태양을 가져오는 신으로, 태양을 멈추고 어둠을 가져오는 옐베헨(Yelbehen)에게 위협당한다. 달라이(Dalai)는 대양의 신으로, 고대 그리스 신화의 대양신 오케아노스(Okeanos)의 영향을 받았을 가능성이 있다.

이 외에도 태양과 힘을 상징하는 독수리의 신 부르쿠트(Burkut), 시간의 신 오드 텡그리(Od Tengri), 땅의 신 보즈 텡그리(Boz Tengri)와 땅의 여신 예르 탄리(Yer Tanri), 사하족이 어머니로 숭배하는 미의 여신 아이시트(Aisyt), 몽골에서 숭배하는 불의 신 오드 아타(Od Ata)와 불의 여신 오드 아나(Od Ana), 튀르크족 신화의 불의 신 알라즈(Alaz), 산의 수호신 아다그한(Adaghan), 정의와 심판의 여신 자를리크(Zarlik), 기도하는 사람의 소원을 들어주는 여신 촉쿠(Chokqu), 강의 신 자이크(Jaiyk) 등도 중요한 신들이다.

029 오나족의 신들

아르헨티나와 칠레 남단에 있는 티에라델푸에고섬에 살던 오나족은 약 1만 년 전에 아시아에서 베링 해협을 건너 남미 대륙으로 이주한 것으로 추정된다. 오나족은 자연에 깃든 여러 신을 믿었으며, 샤먼을 통해 신들과 소통할 수 있다고 믿었다. 샤먼은 부족 사회에서 여러 일을 결정할 때 중요한 역할을 했다.

오나족의 최고신은 테마우켈(Temaukel)로, 세계를 창조하고 모든 신을 지배하는 영원한 존재다. 그는 눈에 보이는 형체가 없으며 지상과 지하 세계를 언제든 자유롭게 오간다. 오나족은 테마우켈을 매우 두려워했으며, 저녁 식사 전에 고기 조각을 집 밖으로 던져 그에게 바치는 의식을 행했다. 테마우켈을 섬기는 다른 신들은 하늘에 살면서 인간처럼 서로 싸우거나 결혼해 아이를 낳았다.

테마우켈은 케노스(Kenos)라는 부하 신을 통해 자신을 섬길 인간을 창조하게 했는데, 케노스는 땅과 생태계를 만든 뒤 진흙으로 남녀 한 쌍을 빚어 인간을 만들었다. 그는 일상에서 사용하는 각종 생활 도구를 만들고 사용법을 가르쳐준 문화와 지혜의 신이기도 하다. 케노스는 오나족 신화에서 최고신 테마우켈 다음으로 위대한 신이다.

바다의 신 코지(Kojh)는 고래를 포함한 모든 해양 생물의 아버지로, 해양 생물을 보호하기 위해 바다를 넓게 만들었다. 오나족은 바다에서 생선을 잡고 조개류를 채취하기 전 먼저 그에게 기도를 올리고 양해를 구했다. 폭풍의 여신 오오케(O'oke)는 코지의 누이인데, 관련된 전승이 거의 남아 있지 않다.

관입(Kwanyip)은 죽음의 신이다. 오나족 전설에 따르면 원래 세계는 밤보다 낮이 더 길어서 햇빛이 매우 강렬했는데, 그 열기를 참지 못한 관입이 밤의 시간을 늘려 낮과 밤의 길이가 같아졌다고 한다. 그는 인간을 습격해 잡아먹는 포악한 거인 차시켈(Chashkel)을 물리친 영웅으로도 숭배받았다.

힘과 폭력을 상징하는 센누케(Cenuke)는 가학적인 놀이를 즐기는데, 눈 깜빡할 사이에 사람을 죽이고 가을을 불러오는 능력이 있다. 그는 다른 신들과도 싸우길 좋아하는데, 특히 죽음의 신 관입과 자주 싸우는 신으로 그려진다.

태양신 크렌은 오나족 사회가 여성 중심에서 남성 중심의 가부장제 사회로 전환하는 데 기여한 신으로, 고대의 태양신 크라나카타이스(Kranakhataix)의 아들이다. 크렌은 지상에서 사냥꾼으로 살다가 아버지의 뒤를 이어 하늘로 올라가 새로운 태양이 되었다.

달의 여신 크레는 크렌의 아내이며, 바람의 신 센르(Shenrr)는 크렌의 형제다. 센르는 바다의 신 코지와 항상 격렬하게 충돌했는데, 둘이 싸울 때면 해협에 큰 폭풍이 일어나고 티에라델푸에고섬의 강과 개울이 범람했다고 한다. 눈과 추위의 신 조시(Josh)는 크레의 형제이고, 무지개의 신 아카이니크(Akainik)는 크레의 오빠다.

지하 세계의 여신 잘펜(Xalpen)은 주로 여성과 아이들이 믿었다. 잘펜은 사테(Sate), 요이시크(Yoisik), 와쿠스(Wakus), 케야이슬(Keyaisl), 탈렌(Talen), 파우스(Pawus), 사누(Sanu)라는 7명의 동료와 함께 지하 세계를 다스린다.

예베로피크(Yeberofik)는 사랑과 탄생, 고향, 사냥을 다스리는 신으로, 붉은 여우가 그를 상징하는 동물이다. 예베로피크는 가족을 배신한 자를 응징하는 무서운 신이기도 하다.

030 만주족의 신들

중국 동북부와 러시아 연해주 일대에 사는 소수 민족인 만주족은 과거에 숙신, 읍루, 말갈, 여진 등으로 불리며 농사와 사냥, 어업을 하던 부족이었다. 이들은 12세기에 금나라를 세워 중국 북부를 지배했고, 17세기에는 청나라를 세워 중국 전역을 통치했다.

청나라 시대에 만주족은 불교를 믿었으나 여전히 자신들의 전통 신앙도 간직했다. 청나라 황실은 정월 초하룻날에 하늘의 신들에게 제사를 지내는 제천(祭天) 의식을 거행했다. 이 제천 의식에서 숭배한 신들은 아부카허허를 비롯한 만주족의 여신들이었다. 만주족은 여신들의 이름 뒤에 '마마(媽媽)'라는 호칭을 붙였다.

아부카허허는 만주족 신화에서 가장 오래된 최고신으로, 창조와 하늘의 여신이다. 아부카허허는 '하늘의 어머니'로 불리며 39명의 부속 신을 거느린다. 만주족 창세 신화에 따르면 태초의 세상은 온통 물로 뒤덮여 있었고, 그 속에서 아부카허허가 나타나 하늘과 땅과 빛을 만들었다. 곧이어 그녀의 몸에서 바나무허허와 와러두허허가 태어났고, 이 세 여신이 힘을 합쳐 구름, 천둥, 계곡, 샘, 해, 달, 별을 만들었다. 아부카허허는 하늘의 여신, 바나무허허는 땅의 여신, 와러두허허는 별의 여신이 되었다.

세상을 만든 뒤 아부카허허는 지성과 신앙심을 지닌 생명체인 인간을 만들기로 마음먹었다. 당시 바나무허허는 깊은 잠에 빠져 있었기 때문에 아부카허허는 와러두허허와 함께 자신들의 모습을 본떠 인간을 만들었다. 그래서 처음 창조한 인간들은 모두 여자였다.

바나무허허는 아부카허허 다음가는 여신으로, 27명의 부속 신을 거느리며 대지와 생명을 관장한다. 잠자느라 인간 창조에 참여하지 못한 것이 못내 아쉬웠던 그녀는 새와 동물과 벌레를 만들었지만, 급히 만든 탓에 이들은 인간만큼 지혜롭지 못했다. 이후 아부카허허는 세상에 하나의 성만 존재하는 것은 불완전하다고 보고 바나무허허, 와러두허허와 남성을 창조했다. 그리하여 바나무허허도 비로소 인간 창조에 참여할 수 있었다.

와러두허허는 아부카허허와 바나무허허의 뒤를 잇는 여신으로, 42명의 부속 신을 거느리고 별을 다스린다. 와러두허허도 세상과 인간 창조에 참여했다.

더리게오무는 동해와 물, 수중 생물을 다스리는 여신으로 11명의 부속 신을 거느린다. 튀후리마마는 빛의 여신으로 3명의 부속 신을 거느린다. 차이펀마마는 인간과 동물을 관장하는 여신으로 7명의 부속 신을 거느린다. 아미타마마는 병과 출산을 담당하는 여신으로 19명의 부속 신을 거느린다. 허부리마마는 죽음과 영혼을 다스리는 여신으로 10명의 부속 신을 거느린다. 두카허는 생명의 여신이며, 순은 태양의 여신, 비아는 달의 여신, 타치마마는 시간의 여신이다.

동서남북과 중앙의 다섯 방위를 수호하는 여신들도 있다. 중앙은 두룬바, 동쪽은 더리거, 서쪽은 와러거, 남쪽은 주러거, 북쪽은 아마러거가 지킨다.

이 외에도 만주족 신화에 등장하는 여신들은 모두 300여 명에 이른다. 만주족은 일상에서 크고 작은 일이 있을 때마다 이들을 섬겼다. 여진족을 통일하고 청나라를 세운 누르하치는 1618년 명나라와의 전쟁을 앞두고 신들을 모신 건물인 당자(堂子)에 들러 치성을 드렸다. 효험이 있었던지 이듬해인 1619년 누르하치는 사르후 전투에서 명나라 군대를 상대로 대승을 거두었다.

031 시베리아 원주민의 신들 1

먼저 시베리아 동북부 캄차카반도에 사는 원주민인 코랴크족(Koryak)이 믿던 신들을 살펴보면, 나이니넨(Naininen)은 코랴크족이 섬기는 창조신으로, 이웃인 축치족은 같은 신을 나미넨(Naminen)이라고 부른다.

베아이(Veai)는 풀밭의 여신이고, 벨라우템틸란(Velautemtilan)은 늪과 동물의 신이다. 타트카히크닌(Tatqahicnin)은 식물의 신으로, 베아이와 유사한 기능을 한다고 여겨진다. 야할란(Yahalan)은 사랑과 청춘의 신으로, 코랴크족 청년들은 사랑을 이루기 위해 북을 치며 그의 이름을 부르는 풍습이 있었다.

야치나우트(Yachinaut)는 달의 여신이며, 토코요토(Tokoyoto)는 바다에 사는 커다란 게의 모습을 한 신이다. 테난톰완(Tenantomwan)은 또 다른 창조신으로, 코랴크족 신화에서는 그의 창조가 잘못되어서 세상이 매우 불완전하고 위험하게 되었다고 부정적으로 본다.

타얀(Tayan)은 최고신이지만 인간과 너무 멀리 떨어져 있어서 신화에서 별로 비중이 없다. 대신 까마귀 모습을 한 신 퀴킨나쿠(Quikinnaqu)가 그의 하인으로서 세상을 관리한다. 퀴긴니쿠는 테난톰완이 창조한 세상을 악긴 손보았는데, 그 결과 시베리아가 지금처럼 매우 춥고 황량해졌다며 코랴크족은 그를 매우 어리석은 신으로 여긴다.

타얀의 아내는 라프나우트(Lapnaut) 여신이며, 아들은 야할란이다. 타누타(Tanuta)는 땅과 땅에서 사는 생물을 다스리는 여신으로 야할란의 아내다. 케스키나쿠(Qeskinaqu)는 퀴킨나쿠의 아들로 햇빛의 신이며, 일레나(Ilena)는 비의 여신으로 테난톰완의 아내다. 이네아네우트(Yineaneut)는 퀴킨나쿠의 딸로, 지하 세계의 사악한 정령들인 칼라우(Kalau)와 계속해서 싸우는 여신이다.

다음으로 축치반도에 사는 축치족이 믿는 신들을 살펴보면, 누테누트(Nutenut)는 땅의 신으로, 쇠로 만든 거대한 저택에 산다.

나치트나이르긴(Nachitnairgin), 리에트나이르긴(Lietnairgin), 므라트나이르긴(Mratnairgin)은 새벽의 신들이고, 우스쿠스(Wusquus)는 밤의 신으로 나치트나이르긴의 형이다. 픽부킨(Picvucin)은 사냥꾼과 그들이 잡는 야생 동물의 신으로, 쥐들이 끄는 썰매를 타고 다닌다. 사냥꾼들은 개를 제물로 바치며 그에게 사냥의 성공을 빌었다.

테난톰니는 창조신인데, 까마귀 형상의 하인 쿠우르킬(Kuurkil)에게 세상의 보완을 맡겼다고 한다. 이는 코랴크족의 타얀과 퀴킨나쿠 신화에서 영향을 받은 것이다. 카브란나(Kavranna)는 태양의 여신 또는 태양의 아내로 묘사된다.

다음은 시베리아의 동쪽에 사는 퉁구스족(Tungus)의 신들이다. 마인(Mayin)은 퉁구스족 신화에서 가장 높은 신으로, 매우 자비심이 많아서 아이들에게 생명을 주고 죽은 자들의 영혼을 받아들인다. 다만 배우자가 없어서 외롭게 지낸다고 한다.

힌콘(Hinkon)은 사냥의 신이자 모든 동물을 다스리는 신으로, 퉁구스족 사냥꾼들은 사냥에 앞서 그에게 기도를 올리며 사냥의 성공을 기원했다.

캄차카반도와 알래스카 사이에 있는 알류샨열도에 사는 알류트족(Aleut)

은 아구국스(Agugux)라는 신이 세상을 창조했다고 믿었다. 이 신은 훗날 러시아인들이 시베리아와 알래스카를 정복하면서 들여온 러시아 정교회의 신 야훼와 동일시되었다. 원래는 다른 신이지만 서로의 문화가 뒤섞이면서 같은 신으로 간주된 것이다.

032 시베리아 원주민의 신들 2

다음은 시베리아 서부의 원주민인 유카기르족(Yukaghir)이 믿던 신들이다. 폰(Pon)은 유카기르족 신화의 창조신이다. 그러나 유카기르족은 그를 숭배하지 않았는데, 아마도 폰이 인간과 너무 멀리 떨어져 있어서 세상일에 관여하지 않는다고 여겼던 듯하다. 신화에 종종 나오는 일종의 게으른 창조주, 매우 소극적인 신으로 보인다.

레비엔포길(Lebienpogil)은 동물을 다스리는 신이며, 숲의 신 요빈포길(Yobinpogil)과 불의 신 로킨포길(Locinpogil)은 그의 친구다. 유카기르족 사냥꾼들은 레비엔포길을 특히 중요하게 여겼다. 로킨코로모(Locincoromo)는 가족을 지키는 화롯불의 수호신이며, 멤데예에키에(Memdeyeecie)는 또 다른 불의 신이다.

옐로제(Yeloje)와 푸구(Pugu)는 정의롭고 자비로운 태양의 신들로, 악한 자들을 처벌한다. 키니제(Kinije)는 시간의 신이고, 쿠주(Kuju)는 하늘에 살면서 사람에게 식량을 주는 선한 신이다. 유카기르족은 호수에서 물고기가 많이 잡히면 쿠주의 은혜로 여겼다.

다음은 시베리아 동부 사하공화국의 원주민인 사하족(야쿠트족)의 신들이다. 하야 이치타(Xaya Iccita)는 산의 수호신이며, 모든 산은 그의 소유로 여겨진다.

아르산 두올라이(Arsan Duolai)는 지하 세계의 지배자이며, 사악한 정령들인 아바시(Abasy)의 왕이다. 사하족은 아르산 두올라이를 두려워하여 소와 말의 고기를 제물로 바쳤다. 아지시트(Ajysyt)는 임산부와 아이의 영혼을 보호하는 여신이다. 아하(Aha)는 강에 사는 여신으로, 사하족은 그녀를 나이 든 할머니의 모습으로 묘사했다.

우룬 아지토욘(Urun Ajytoyon)은 동북쪽 하늘에 사는 신인데 간혹 태양신으로 묘사되기도 한다. 사하족은 말을 죽여서 우룬 아지토욘에게 제물로 바쳤다. 이남나우트(Yinamnaut)와 이남틸란(Yinamtilan)은 각각 안개의 여신과 안개의 남신으로, 둘은 부부다.

다음은 시베리아 동부 캄차카반도의 원주민인 캄차달족(Kamchadal)의 신들이다. 쿠트쿠(Kutkhu)는 창조의 신이자 최고신의 하인으로, 코랴크족의 퀴킨나쿠와 유사하다. 그의 아내는 일크숨(Ilksum)이고, 누이는 수틀리지크(Sutlizhik)다.

쿠트쿠는 성욕이 강해 여러 여성과 관계했고, 딸 시두쿠(Siduku)와 아들 티질쿠트쿠(Tizilkutkhu)를 비롯해 많은 자식을 두었다. 시두쿠는 티질쿠트쿠와 결혼해 아들 아믈레이(Amlei)를 낳았다. 아믈레이는 시두쿠의 딸과 결혼했는데, 둘 사이에서 캄차달족의 선조가 태어났다.

시베리아 서북부의 원주민인 네네츠족(Nenets)의 창조신은 눔(Num)으로, 하늘의 신인 그에게는 응가(Nga)라는 사악한 아들이 있다. 네네츠족 신화에 따르면 옛날에 세상이 스스로 무너질 위기에 처하자 주술사가 눔의 조언에 따라 응가의 영역으로 가서 그의 딸과 결혼해 세상을 구했다고 한다. 응가는 차가운 바람을 일으키는 신으로, 응일레카(Ngyleka)라고 불리는 악령들을 수하에 두고 있다.

타이미르반도의 원주민 응가나산족(Nganasan)은 모운야미(Mounyamy)라는 여신을 믿었다. 모운야미는 '땅의 어머니'라는 뜻으로, 응가나산족 신화에서 모든 생물의 조상이자 후원자다. 대개 풀과 이끼로 된 피부와 나무로 된 머리카락을 가진 거대한 노파의 모습으로 표현되며, 그녀의 피부 위에서 모든 생명체가 살고 있다고 여겨진다. 응가나산족은 봄마다 그녀의 피부가 새로 돋아난다고 믿었다.

응가나산족 사냥꾼들은 사냥한 짐승의 눈을 땅에 묻어 모운야미에게 바쳤는데, 이는 그녀가 모든 생명체에게 눈을 주었다는 믿음에서 유래한 의식이다. 모운야미는 사악한 지하 세계의 여신인 시라단야마(Syradanyama)와 적대 관계에 있는데, 시라단야마는 '땅속 얼음의 어머니'라는 뜻이다.

033 아이누족의 신들

아이누족(Ainu)은 일본 북부의 홋카이도와 러시아 동부의 사할린섬 등지에 사는 소수 민족이다. 한때 아이누족은 홋카이도를 비롯해 일본열도에 널리 분포했던 것으로 보이나 기원전 5세기경 한반도와 중국에서 건너온 도래인들한테 밀려나서 점차 북쪽으로 이동했다.

아이누족은 일반적인 일본인보다 수염과 털이 많고 얼굴 윤곽이 뚜렷한 외모여서 19세기 서양 인류학자들 사이에서는 아이누족이 백인종의 한 갈래일 수 있다는 가설이 제기되기도 했다. 그러나 현대 유전학 연구에서 아이누족은 유전적으로 동남아 계열 인종에 속한다고 밝혀졌다.

원래 아이누족은 문자를 사용하지 않았기 때문에 모든 지식이 구전되었으며, 현재 남아 있는 내용은 대부분 일본인과 서양인 연구자들이 채록한 것이다. 이들 기록을 통해 전해지는 아이누족 신화의 내용은 다음과 같다.

아이누족은 신을 '카무이(Kamuy)'라고 불렀는데, 이는 일본어의 '카미(神)'와 비슷하게 들린다. 아이누족 신화에 따르면 태초에는 물과 흙만이 진흙처럼 섞여 있었고, 구름 속에 머무는 천둥의 신과 최초의 카무이 말고는 아무것도 존재하지 않았다. 최초의 카무이는 새의 정령인 모시리고르 카무이(Moshiri-kor Kamuy)를 세상에 보내 사람이 살 수 있도록 만들었다. 모시리코르는 진흙투성이인 땅 위를 날며 발과 꼬리로 땅을 두들겼고, 마침내 마른 땅이 드러나 세상은 바다 위에 떠 있는 것처럼 보였다. 아이누족은 이 세계를 '떠 있는 땅'이라는 뜻의 모시리(Moshiri)라고 부른다.

아이누족은 곰을 신성한 존재로 여겨 숭배했으며, 이요만테(Iyomante)라는 의식을 통해 곰의 영혼을 신들의 세계로 돌려보내는 전통을 이어왔다. 이 의식을 위해 아이누족은 동면 중인 어미 곰을 사냥한 뒤 그 새끼를 마을로 데려와 정성껏 키웠다. 곰이 자라면 제단 앞으로 곰을 끌고 와 상징적인 화살 세례를 한 뒤 실제 화살로 죽이고 막대기로 곰의 목을 눌렀다. 이때 여성들은 눈물을 흘리며 곰의 죽음을 애도하고, 남성들은 춤과 노래로 넋을 달랬다.

의식이 끝나면 곰의 고기를 나눠 먹고 가죽은 따로 보관했다. 그리고 장식한 곰의 머리를 막대기에 걸어 동쪽 산을 향하도록 두었다. 이는 곰의 영혼을 하늘의 신들에게 돌려보내 다시 태어나 다음에도 사냥할 수 있게 해달라고 기원하는 의미다.

아이누족 신화에는 다양한 신이 등장한다. 아파삼 카무이(Apasam Kamuy)는 문지방을 지키는 신이며, 치캅 카무이(Cikap Kamuy)는 올빼미의 신이자 대지의 신이다. 치론넙 카무이(Cironnup Kamuy)는 여우의 신이며, 하시나우욱 카무이(Hasinaw-uk Kamuy)는 사냥의 여신이다.

호야우 카무이(Hoyau Kamuy)는 용의 신이고, 카무이후치(Kamuy-huci)는 난로의 여신이며, 칸다코로 카무이(Kandakoro Kamuy)는 하늘의 신이자 모든 신 중에서 가장 오래된 신이다. 칸나 카무이(Kanna Kamuy)는 천둥과 번개의 신이며, 케나스우나르페(Kenas-unarpe)는 인간의 피를 빨아먹는 괴물로, 주로 사냥꾼을 습격한다.

킴운 카무이(Kim-un Kamuy)는 산과 곰의 신이며, 키나수트 카무이(Kinasut Kamuy)는 뱀의 신이다. 코탄카르 카무이(Kotan-kar Kamuy)는 창조의 신이며, 쿤네쿰 카무이(Kunnecup Kamuy)는 달의 신이다.

누사코르 카무이(Nusa-kor Kamuy)는 죽은 자의 영혼을 저승으로 데려가는 저승사자이며, 파우치 카무이(Pauchi Kamuy)는 광기를 일으키는 악령이다. 레푼 카무이(Repun Kamuy)는 범고래의 형상을 한 바다의 신이며, 시람바 카무이(Shiramba Kamuy)는 곡식과 초목의 신이다.

이 외에도 태양의 여신 토캅쿰 카무이(Tokapcup Kamuy), 민물의 여신 와카우시 카무이(Waka-ush Kamuy), 거미의 여신 유시켑 카무이(Yushkep Kamuy), 두루미의 모습을 한 습지의 신 사로룬 카무이(Sarorun Kamuy) 등이 있다.

034 북미 대륙 북부 원주민의 신들

북미 대륙의 알래스카와 캐나다 북부처럼 북극과 맞닿은 지역의 원주민들은 오랫동안 샤머니즘을 믿으며 고유한 신앙을 지켜왔다. 이 지역의 여러 부족은 저마다 고유한 신들을 숭배했다.

북태평양 연안에 사는 칠카트족(Chilkat)은 고나카데트(Gonaqadet)라는 바다의 신을 믿었다. 고나카데트는 자신을 보는 모든 이에게 활력과 행운을 내려주는 존재로, 녹색 전복 껍데기와 커다란 물고기의 머리, 전투용 카누 등이 그의 상징이었다. 칠카트족은 그를 큰 머리에 팔과 다리, 지느러미가 달린 모습으로 그렸다.

북극 해안의 이누이트(에스키모)는 나나보조(Nanabozho)라는 사냥과 낚시의 신을 믿었으며, 바다에 사는 모든 생물을 다스리는 여신인 네리비크(Nerrivik)를 숭배했다. 에르킬레크(Erkileq)는 이누이트 신화에서 머리는 개이고 몸은 사람인 사냥의 신으로, 활과 화살을 가지고 다닌다. 토른가르수크(Torngarsuk)는 죽음과 저승의 신으로, 지하나 바닷속에 산다. 이누이트는 토른가르수크가 큰 곰이나 바다표범 또는 대왕오징어의 모습을 하고 죽은 자의 영혼을 먹는다고 믿었다.

캐나다 배핀섬의 이누이트는 세드나(Sedna)라는 바다의 여신을 숭배했다. 그래서 어부들은 바다에 나가기 전 세드나에게 기도를 올렸다. 임마프 우쿠아(Immap Ukua)는 그린란드의 이누이트가 믿는 바다의 여신으로, 어부와 사냥꾼을 지켜주는 존재다.

캐나다 북부 브리티시컬럼비아에 사는 칠코틴족(Chilcotin)은 랄라이아일(Lalaiail)이라는 신이 숲에 살면서 샤먼에게 축복을 내려준다고 믿었다. 또 개나 까마귀의 모습으로 둔갑해 사람들에게 지혜를 가르치는 신인 렌딕스 트쿡스(Lendix Tcux)도 믿었다.

역시 브리티시컬럼비아에 사는 누할크족(Nuxalk)은 하늘의 신이자 사냥꾼을 돕는 신인 세늑스(Senx)를 숭배하며 사냥한 짐승의 고기 일부를 불에 던져 제물로 바쳤다. 아나울리쿠차익스(Anaulikutsaix)는 강의 여신이다. 알쿤탐(Alkuntam)은 태양신으로, 모기로 둔갑하는 식인귀인 누누소미키코네임(Nunusomikeeqoneim)을 낳았다. 카마이츠(Qamaits)는 하늘에 살며 땅을 다스리는 여신으로 숭배되었다.

캐나다 서부 퀸샬럿제도의 하이다족(Haida)은 범고래 모습을 한 바다의 신 스가나(Sgana)를 믿었다. 신스 스가나그와이(Sins Sganagwai)는 하늘에 사는 신이며, 티아(Tia)는 죽음의 신으로 머리 없이 계속 피를 흘리는 시체의 모습으로 나타나 사람들을 공포에 떨게 한다. 실 스가나그와이(Xil Sganagwai)는 치료의 신으로, 까마귀의 모습을 하고 있다. 하일릴라즈(Haililaj)는 하이다족 신화에서 천연두의 신이다. 이는 과거 유럽인들이 북미 대륙에 전파한 천연두로 수많은 원주민이 사망했던 기억에서 비롯된 신으로 여겨진다.

캐나다 브리티시컬럼비아의 원주민인 마말릴리칼라족(Mamalilikala)은 천둥의 신 쿤쿤슬리가(Kunkunxuliga)를 믿었다. 그는 북미 원주민 전설에 등장하는 천둥새와 동일시된다.

캐나다 온타리오와 매니토바에 사는 오지브와족(Ojibwa)은 바람과 천둥,

지하수를 다스리는 신인 마니토(Manito)를 숭배했다.

미국의 모호크족(Mohawk)이 숭배한 태양신이자 창조신인 테하론(Teharon)은 사악한 어둠의 신 타위스카론(Tawiskaron)과 적대 관계다.

035 호주 원주민의 신들

호주의 원주민인 애버리지니(Aborigine)는 약 4만 년 전 동남아시아에서 호주로 이주한 이후 계속 호주에서 살아왔다. 이들은 검은 피부와 곱슬머리 때문에 종종 아프리카계 흑인과 동일시되었으나 유전적으로는 거리가 먼 인종이다. 애버리지니는 18세기에 영국인들이 이주해 오기 전까지 외부 문명과 거의 교류하지 않고 고립된 채 지내왔다.

뭉안 응구르(Mungan Ngour)는 호주 남동부 빅토리아주에 거주하는 쿠르나이족(Kurnai)이 숭배하는 창조신으로, 인간 사회에 법과 질서를 부여한 존재로 여겨진다. 그의 명령에 따라 툰둔(Tundun)은 소년들의 성인식을 주관했으며, 이 의식은 남성들만의 비밀로 유지되었다. 애버리지니 신화에서는 태초의 인간들이 '꿈의 시대'라 불리는 평화로운 시대에 살다가 '혼돈의 시대'로 접어들면서 세상이 어지러워졌다고 하는데, 일부 구전 자료에 따르면 성인식의 비밀이 여성에게 누설되었기 때문에 세상에 혼란이 닥쳤다고 한다.

우리우프라닐리(Wuriupranili)는 태양의 여신으로, 매일 떠오르는 태양은 그녀가 가지고 다니는 나무껍질에서 타오르는 불길이라고 한다. 우리우프라닐리는 매일 동쪽에서 떠올라 서쪽으로 이동하며, 저녁이 되면 지하 세계로 들어간다. 그녀는 몸에 붉은색 흙을 묻히고 있는데, 그것이 일출과 석양의 붉은 빛이라고 한다.

이히(Yhi)는 태양의 여신이자 인류를 만든 창조의 여신이다. 아득히 먼 꿈의 시대에 어둠 속에서 잠들어 있던 이히가 눈을 뜨자 그녀의 몸에서 눈부신 빛이 나오며 세상에 빛이 생겨났다. 또한 그녀가 땅에 내려와 걸어 다니며 남긴 발자국에서 식물과 동물, 사람이 태어났다.

에인가나(Eingana)는 모든 수중 생물과 인간의 어머니 여신으로, 커다란 뱀의 모습을 하고 있다. 원래는 꿈의 시대에 살던 죽음의 여신이었다. 에인가나는 음부가 없었기 때문에 몸속의 생명체들이 계속 커져감에 따라 고통에 몸부림쳤다. 그러다 하늘의 신 바라이야(Barraiya)가 그녀의 항문 근처를 창으로 찔러 구멍을 만들어주었고, 그 구멍을 통해 그녀가 임신한 생명체들이 비로소 몸 밖으로 나올 수 있었다.

구나비비(Gunabibi)는 호주 북부에서 숭배한 여신이다. 원래 강이나 바다를 다스리던 여신이었지만, 이후 메마른 사막과 황무지를 다스리는 여신으로 신격이 바뀌었다. 그녀의 상징은 율룽굴(Yulunggul)이라는 커다란 뱀이다.

누렐리(Nurelli)는 호주 남부 머리강 부근에서 살아가는 윌름바이오족(Wilmbaio)이 섬기는 신으로, 호주 대륙을 만든 창조신이자 인간에게 법률을 가르쳐준 문명의 신이다. 누렐리에게는 그나우데누르테(Gnawdenoorte)라는 아들이 있다.

카타잘리나(Katajalina)는 호주 북부 카펜테리아만 서쪽에 살던 빈빈가족(Binbinga)이 믿던 정령이다. 그는 개미집에 살면서 성인식에 참석하는 소년들의 영혼을 잠시 빼앗아 죽게 했다가 어른으로 되살려놓는다.

타이판(Taipan)은 호주 북동부 퀸즐랜드 지역의 애버리지니가 믿는 뱀의 모습을 한 신이다. 그는 삶과 죽음을 다스리며, 사람을 치료하거나 죽이는 권능이 있다. 꿈의 시대에 그는 생물들에게 피를 주어 살아가게 했다. 타이판은 뱀의 모습을 한 여신들인 만티야(Mantya), 투크남파(Tuknampa), 우카(Uka)를 아내로 두었다.

바마파나(Bamapana)는 세상에 불화를 일으키고 사기를 저지르는 짓궂은 신으로, 근친상간도 서슴지 않을 만큼 매우 음란한 신이다. 다칸(Dhakhan)은 커다란 물고기 꼬리를 가진 뱀의 신으로, 종종 무지개의 모습으로도 묘사된다. 그는 물웅덩이에 사는 뱀들의 창조주이기도 하다.

딜가(Dilga)는 다산과 성장의 여신이지만, 자신의 적들에게는 매우 잔혹하다. 그녀는 자신의 젖가슴에서 흘러나오는 젖에 적들을 빠뜨려 죽인다. 안제아(Anjea)는 퀸즐랜드 지역의 애버리지니가 믿는 출산의 신이다. 그녀는 진흙으로 아기를 만들어 임신한 여성의 자궁에 넣어 출산을 돕는다.

036 폴리네시아의 신들 1

폴리네시아인은 하와이, 이스터섬, 타히티, 통가, 뉴질랜드에 이르는 드넓은 태평양의 섬들에 사는 민족이다. 이들은 약 3000년 전 현재의 대만에서 출발하여 동남아시아를 거쳐 태평양으로 배를 타고 이주했다. 폴리네시아인은 석기와 나무만으로 길이가 30미터에 달하는 큰 배를 만들어 바다를 건넜는데, 그 뛰어난 항해술에 훗날 유럽인들조차 감탄을 금치 못했다.

폴리네시아인들은 18세기부터 유럽의 기독교 선교사들과 접촉하면서 대부분 기독교로 개종했지만, 본래는 자연 속에 존재하는 여러 신을 믿었다.

폴리네시아 신화에서는 라카(Laka)라는 이름을 가진 여신이 둘인데, 첫 번째 라카는 하와이에서 숭배한 춤과 노래, 성적 쾌락의 여신이다. 두 번째 라카는 쿡제도에서 숭배한 바람의 여신으로, 인간에게 중요한 지식을 가르쳐준 문명의 수호신이기도 하다.

랑기누이(Ranginui)는 뉴질랜드에 정착한 마오리족이 숭배한 하늘의 신이다. 그는 대지의 여신 파파투아누쿠(Papatuanuku)를 아내로 맞아 자녀를 여럿 낳았다. 이 아이들은 부모가 너무 밀착해 있어 숨 쉴 공간이 없다며 부모를 떼어놓았는데, 그래서 하늘과 땅이 지금처럼 분리되었다고 한다.

로노(Lono)는 하와이에서 숭배한 신으로, 빛의 신 카네(Kane)와 전쟁과 힘의 신 쿠(Ku)와 함께 중요한 신으로 여겨졌다. 로노는 카네, 쿠와 함께 태초의 어둠을 가르고 세상에 빛을 가져온 신이다.

롱고마이(Rongomai)는 고래의 신으로, 바다의 신 탕가로아(Tangaroa)의 아들이자 무지개의 신 카후쿠라(Kahukura)의 아버지다. 마오리족은 롱고마이를 마루(Maru)와는 다른 전쟁의 신이자 지하 세계의 신으로 여긴다. 다른 전승에서는 그를 하늘에 나타나는 혜성의 신으로 보기도 한다.

롱고마타네(Rongomatane)는 인류에게 고구마를 전해준 신으로, 고구마가 중요한 작물인 뉴질랜드에서는 매해 첫 수확물을 그에게 바치는 의식을 거행했다. 쿡제도에서도 롱고마타네를 숭배했는데, 여기서 그는 달의 신 바테아(Vatea)와 여신 파파(Papa)의 다섯 아들 중 하나다.

루아모코(Ruamoko)는 형제들이 부모인 랑기누이와 파파투아누쿠에게서 떨어지려 한 데 분노하여 지진과 화산을 일으켰다. 그래서 뉴질랜드와 하와이 등지에서는 그를 지진과 화산의 신으로 숭배했다. 폴리네시아인들이 사는 환태평양은 지진과 화산이 많은 곳이니 자연재해를 관장하는 신의 존재를 믿는 것은 자연스러운 일이었다.

마라마(Marama)는 달의 여신으로, 타히티에서는 바다의 신 탕가로아의 딸 히나(Hina)와 동일시된다. 마라마는 달이 기울어지는 시기에 힘이 약해지지만, 바다에서 몸을 씻음으로써 힘을 되찾는다.

마루는 마오리족이 숭배한 전쟁의 신이다. 마오리족은 씨족 간의 전쟁이 빈번했기에 마루를 열렬히 숭배했다. 일설에 따르면 마오리족이 전투나 운동 경기 전에 추는 춤 하카(Haka)가 마루를 위한 의식에서 유래했다고 한다.

마케마케(Makemake)는 이스터섬에서만 숭배한 바다의 신이다. 이스터섬 주민들은 내해 마케마케를 섬길 제사장을 선출했는데, 후보들은 맨몸으로 바다를 헤엄쳐 무인도 절벽 위의 바다제비 둥지에서 알을 가져와야 했다.

이 임무를 완수한 사람은 '새 사람'이라고 불렸다.

휘로(Whiro)는 죽음, 저승, 지하 세계의 신으로, 빛의 신 타네마후타(Tanemahuta)와 대립하는 존재다. 휘로는 원래 하늘의 신이었는데 타네마후타와의 싸움에서 져 지하 세계로 도망쳤고, 거기서 죽은 자들을 다스리게 되었다. 휘로는 인류에게 해악을 끼치는 모기나 박쥐 같은 생물을 만들어 낸 신이기도 하다.

마후이케(Mahuike)는 불의 신이며, 파파투아누쿠의 자식인 살레바오(Salevao)는 바위의 신이다.

037 폴리네시아의 신들 2

이카테레(Ikatere)는 바다의 신 탕가로아의 아들인 풍가(Punga)의 아들로, 바다 생물을 다스리는 신이다. 그의 형제 투테와나와나(Tutewanawana)는 파충류를 다스리는 신이다.

이호이호(Ihoiho)는 아득히 먼 옛날 세상을 가득 채운 물을 만든 창조주다. 그가 만든 물 위에는 인간을 창조한 신 티노타타(Tinotata)가 떠 있었다. 카후쿠라(Kahukura)는 뉴질랜드 마오리족이 숭배한 곡식의 신이다. 마오리족은 그에게 무사히 추수할 수 있게 해달라고 빌었고, 무지개를 그의 상징으로 여겼다.

케아웨(Keawe)는 남성과 여성의 성을 모두 지닌 양성의 신으로, 하와이에서 숭배받았다. 그는 혼돈으로 가득한 태초의 세상에 질서와 안정을 가져왔으며, 박으로 만든 호리병에서 흘러나온 물로 하늘을 만들고, 주황색 원반으로 태양을 만들어 하늘에 걸어두었다. 케아웨는 스스로의 힘으로 아들인 빛의 신 카네와 딸 나와히네(Nawahine)를 낳았으며, 나와히네와의 근친상간으로 카날로아(Kanaloa), 쿠, 로노를 낳았다.

다나오오(Tanaoo)는 마르키즈제도에서 어부를 보호하고 날씨와 바다를 다스리는 신으로 숭배받았다. 타네(Tane)는 랑기누이와 파파투아누쿠 사이에서 태어난 빛의 신으로, 나무와 숲, 조선공의 수호신이다. 그의 아내는 히네아후오네(Hineahuone) 또는 히네누이테포(Hinenuitepo)라고 전해진다.

타와키(Tawhaki)는 창조주 레후아(Rehua)와 천둥의 여신 와티티리(Whatitiri)의 후손이며, 부모는 헤마(Hema)와 우루통가(Urutonga), 형제는 카리히(Karihi)와 여신 푸푸마이노노(Pupumainono)다. 그는 여신 탕고탕고(Tangotango)와 결혼해 딸 아라후타(Arahuta)를 낳았다. 타휘리마테아(Tawhirimatea)는 바람을 다스리는 신으로, 랑기누이와 파파투아누쿠의 자식이다.

탕가로아는 폴리네시아 신화에서 매우 중요한 신으로, 일반적으로는 바다의 신으로 여겨지지만 다양한 지역에서 여러 역할을 한다. 하와이에서 탕가로아는 새의 모습으로 하늘과 땅이 들어 있던 알을 바다 위에 낳은 창조주다. 타히티에서는 거대한 홍합 껍데기 안에서 세상을 만들어냈다고 전해지며, 통가에서는 깊은 바다에서 섬들을 꺼내 육지를 만들었다고 전해진다. 탕가로아의 아들 필리(Pili)는 열대의 여신 시나(Sina)와 결혼해 다섯 자녀를 낳았는데, 이들은 폴리네시아인의 조상이 되었다.

탕고(Tango)는 쿡제도에서 숭배된 신으로, 오래된 여신인 바리마테타케레(Varimatetakere)의 셋째 아들이다. 그는 붉은 앵무새 깃털로 만들어진 땅인 에누아쿠라(Enuakura)에 사는데, 에누아쿠라는 물고기 신 티니라우(Tinirau)의 거처 아래쪽에 있다.

테마나바로아(Temanavaroa), 테아칼라로에(Teakalaroe), 테탕가엥가에(Tetangaengae)는 쿡제도에서 숭배한 신들로, 모두 커다란 벌레의 형상을 하고 있으며, 거대한 코코넛 껍질의 뿌리에 산다.

테코레(Tekore)와 테포(Tepo)는 마오리 신화에서 태초의 어둠과 밤을 상징하는 신들이다. 토우이아파투나(Touiafatuna)는 땅속의 바위와 철광석의 여신으로, 아버지는 진흙인 켈레(Kele), 어머니는 해초인 리무(Limu)다.

투마타우엥가(Tumatauenga)는 랑기누이와 파파투아누쿠의 자식으로, 부모가 너무 바싹 붙어 있어서 숨을 쉬기 힘들어지자 형제들에게 부모를 죽이자고 제안한 탓에 살육과 폭력의 신이 되었다.

티페누아(Tifenua)는 풍요의 신으로, 그의 아버지는 바다 암초에 사는 뱀장어의 모습을 한 푸시우라우라(Pusiuraura)다. 티노타타(Tinotata)는 소시에테제도에서 숭배한 인간을 창조한 신으로, 바다의 신 탕가로아와 동일시되기도 한다.

티니라우는 쿡제도에서 숭배한 물고기의 신으로, 바리마테타케레의 둘째 아들이다. 그는 수많은 물고기가 사는 호수를 가지고 있으며, 왼쪽은 물고기, 오른쪽은 인간의 형상인 반인반어의 모습을 하고 있다.

038 멜라네시아의 신들

아디 마일라구(Adi Mailagu)는 피지제도에서 숭배하던 하늘의 여신이다. 피지 신화에 따르면 그녀는 하늘에서 땅으로 내려와 쥐의 모습이 되어 강물로 뛰어들었다고 한다. 아디 마일라구는 처녀나 노인의 모습으로도 나타난다.

피지 신화에서 응엔디(Ngendi)는 인류에게 불 사용법을 가르친 신이다. 다쿠와카(Dakuwaqa)는 상어의 신으로, 바다로 나가 고기를 잡는 어부들을 상어 같은 위험으로부터 보호해주었기에 주로 어부들이 숭배했다. 다쿠와카는 과거 카다부섬을 정복하려다 문어 여신과 싸웠는데, 이 싸움에서 다쿠와카가 패배하여 카다부섬을 공격하지 않겠다고 약속함으로써 그 섬의 수호신이 되었다. 멜라네시아 예술에서 다쿠와카는 대개 건장한 근육질 남성으로 묘사된다.

다우치나(Daucina)는 항해의 신이다. 어린 시절 다우치나는 불꽃을 볼 때만 얌전하게 굴었기에 그의 어머니는 그를 진정시키려고 불붙은 갈대를 그의 머리카락에 묶었다. 어른이 된 이후 다우치나는 횃불을 들고 산호초를 떠돌면서 사람들을 지켜주었다. 피지 신화에서 다우치나는 간음하는 자들의 보호자이자 여자들을 유혹하는 바람둥이다.

데게이(Degei)는 세계와 인류의 창조자로, 죽은 자의 영혼은 치바치바(Cibaciba)와 드라쿨루(Drakulu)라는 동굴 중 하나를 지나 그에게 살아생전 행적을 심판받는다. 이때 좋은 평가를 받은 영혼은 피지 신화의 낙원인 부로투(Burotu)로 가고, 나쁜 평가를 받은 영혼은 호수 밑바닥으로 던져져 고통받는다. 데게이는 뱀의 모습을 하고 있으며, 지진과 폭풍, 계절을 다스린다. 데게이가 몸을 흔들 때마다 비가 내리고 맛있는 과일이 열리며 농작물이 풍성해지지만, 그가 분노하면 지진과 홍수를 일으켜 농작물을 파괴하고 인류를 위협한다. 그는 땅속에 살며, 오랫동안 굶주린 탓에 온 세상을 집어삼키고 싶어 한다. 데게이에게는 로콜라(Rokola)라는 아들이 있다.

라투마이불루(Ratumaibulu)는 농업을 다스리는 신으로, 특히 피지 주민의 주식인 빵나무를 자라게 한다. 주로 뱀의 모습으로 묘사된다. 레왈레부(Lewalevu)는 다산의 여신이다. 사물라요(Samulayo)는 전쟁에서 죽은 영혼을 다스리는 전쟁의 신으로, 지하 세계에 산다.

투이 델라이 가우(Tui Delai Gau)는 산의 신으로, 산 중턱에 앉아 낚시하는 모습으로 묘사되며 주로 나무에 산다. 울루포카(Ulupoka)는 사악함을 다스리는 신이다. 그는 신들과 싸워 패배한 뒤 목이 잘려 땅에 떨어졌으나 죽지 않았고, 잘린 머리는 인간 세상에 질병과 죽음을 퍼뜨렸다.

타그로아 시리아(Tagroa Siria)는 피지제도의 로투마섬에서 기독교가 전파되기 이전까지 최고신으로 숭배받았다. 그는 지하 세계에 살면서 다산과 풍작을 다스린다.

파푸아뉴기니 신화에서 아베구워(Abeguwo)는 하늘의 여신으로, 그녀가 하늘에서 싸는 오줌이 비가 되어 땅에 떨어진다고 한다. 아페칸(Afekan)은 창조와 지식의 여신으로, 인류에게 토란을 재배하고 돼지를 키우는 방법을 가르쳐주셨다. 그녀에게는 우모임(Umoim)이라는 형제가 있는데, 그는 최초로 죽은 남자였다.

말라라(Malara)는 파푸아뉴기니 신화에서 금성의 신으로, 태양신 마엘라레(Maelare)의 딸 에아우(Eau)와 하보아(Havoa)를 아내로 맞았다. 오아 로베(Oa Rove)는 무한한 생명력과 힘의 신으로, 자신의 모습을 마음대로 바꿀 수 있다.

나트마스(Natmas)는 바누아투 신화에서 숭배받던 영혼으로, 보통은 죽은 사람들의 영혼을 가리킨다. 죽은 자의 땅인 우마아트마스(Uma-atmas)에 사는 그들은 주로 돌의 모습으로 표현되는데, 바누아투 주민들은 조상 숭배의 일환으로 나트마스를 섬겼다.

039 소말리아의 신들

아프리카 동부의 소말리아는 7세기 이슬람교가 등장하면서 영향을 받아 12세기 무렵 전 지역이 이슬람으로 개종했다. 그러나 그 이전에는 고유한 전통 신앙과 신화가 있었다. 안타깝게도 오랜 내전과 사회 혼란으로 이 신화들에 대한 자료는 대부분 소실되어 지금은 단편적인 기록만 남아 있다.

전통적으로 소말리아인들은 자연 속에 다양한 신이 존재한다고 믿었다. 소말리아 신화에서 신은 에베(Eebe)라고 불렸는데, 원래는 최고신의 이름이었으나 점차 신이라는 개념 자체를 가리키는 말로 굳어졌다. 이를 근거로 소말리아인들이 이슬람교로 개종하기 전에도 유일신 신앙이 있었다고 주장하기도 하지만, 소말리아인들은 에베 외에도 다양한 신을 믿었다.

소말리아 신화에서는 거대한 황소와 암소 한 쌍이 우주를 지탱하고 있다고 보았다. 이 신화에 따르면 황소의 뿔에 우주가 매달려 있으며, 황소가 암소를 사랑할 때는 세상이 평화롭지만 사랑이 식으면 지진과 홍수, 가뭄 같은 재난이 발생한다고 한다. 이러한 믿음은 코끼리들이 우주를 떠받치고 있다는 고대 인도 신화나 거북이가 우주를 등에 지고 있다는 고대 중국 신화와 유사하다.

소말리아의 전통 사원은 타알로(taalo)라고 불렸고 사제는 칼루(qallu)라고 불렸다.

최고신 에베는 카시트족(Kassite)의 하늘신 와크(Waaq)와 같은 신으로 여겨지는데, 전승에 따르면 에베는 하늘에 거주하면서 유목민들이 기도할 때마다 비를 내려주었다고 한다. 카시트족은 에티오피아와 소말리아에 걸쳐 분포했으며, 소말리아는 4세기경부터 약 200년간 에티오피아의 지배를 받았기 때문에 이 두 지역에서 동일한 신을 숭배했을 수도 있다. 다만 에티오피아는 기독교가 강하게 정착하면서 전통 신화가 대부분 소멸했고 자료도 거의 남아 있지 않다.

와크는 물과 비, 다산, 신성한 나무, 동물, 자연, 평화와 조화를 주관하는 신으로, 소말리아 지명 중에는 바르 와코(Bar Waaqo), 실 와크(Ceel Waaq), 카부 와크(Cabu Waaq)처럼 와크에서 유래한 것으로 보이는 이름이 많다.

아야안레(Ayaanle)는 신과 인간 사이의 중재자이자 인간에게 행운과 축복, 기쁨을 가져다주는 존재다. 아야안레는 이슬람교, 기독교, 유대교의 천사 개념이 소말리아에 전해지면서 생겨난 것으로 여겨진다.

니다르(Nidar)는 '집행자'라는 뜻으로, 악을 징벌하고 억압받는 사람들을 보호하는 신이다. 이슬람교로 개종한 이후에도 소말리아에는 니다르에 대한 믿음이 남아 있어서 지금도 "니다르가 당신을 찾아서 벌할 것이다."라는 말을 사용한다. 후르 후르(Huur Huur)는 죽음을 알리는 일종의 저승사자로, 커다란 새의 모습을 하고 있다.

하바드 이나 카마스(Habbad ina Kamas)는 고대 소말리아를 절반이나 지배했다는 전설 속 거인으로, 인간을 잔인하게 다스렸다. 결국 그는 정의로운 거인 비리르 이나 바르코(Biriir ina Barqo)에게 패하여 죽임을 당했다.

비리르 이나 바르코는 친절하고 정의로운 통치자로, 새의 동굴인 심비라알레(Shimbiraale)에 살며, 아무도 들 수 없는 무거운 반지를 착용했다. 그는 하바드 이나 카마스의 폭정에 고통받던 사람들의 간청에 응하여 전쟁을 일으켜 그를 물리쳤다. 이후 자신의 영토와 하바드 이나 카마스의 영토를 하나로 통합하여 오랫동안 평화롭게 통치했다고 전해진다.

040 다호메이 왕국의 신들

　다호메이(Dahomey) 왕국은 1600년경 오늘날 서아프리카의 베냉에 폰족(Fon)이 세운 나라로, 1894년까지 존속했다. 주변의 이슬람 국가들과는 달리 다호메이 왕국은 조상 숭배와 정령 신앙을 계속 이어갔다.
　다호메이 신화에서 가장 오래되고 높은 신은 나나 불루쿠(Nana-Buluku)다. 나나 불루쿠는 태양의 신 리사(Lisa)와 달의 여신 마우(Mawu)를 낳은 어머니 신으로, 두 신에게 세상의 모든 권한을 넘겨주고 조용히 살아갔다.
　리사와 마우는 협력하여 세상을 창조했다. 이 과정은 나흘이 걸렸는데, 첫째 날에는 하늘과 인간을 만들고, 둘째 날에는 땅과 동물을 창조했다. 셋째 날에는 인간에게 지성과 언어, 감각을 주었고, 넷째 날에는 농경과 금속 세공 기술을 가르쳤다.
　이러한 창조 과정에서 남매는 아이다 웨도(Ayida-Weddo)라는 태고의 암컷 무지개 뱀에게 도움을 받았다. 마우는 이 뱀의 등에 올라 우주를 다니며 만물을 만들었으며, 아이다 웨도의 배설물이 멈춘 자리마다 산이 생기고, 그 안에 철과 금 같은 광물이 생겨났다. 또한 아이다 웨도의 구불구불한 몸 때문에 세상에 경사와 곡선이 많아졌다고 한다.
　창조를 마친 마우는 창조물들의 무게 때문에 지구가 무너지지 않도록 아이다 웨도에게 땅을 둘러싸고 있으라고 요청했다. 아이다 웨도는 꼬리를 입에 물고 지구를 단단히 감싼 채 서늘한 바닷속에서 쉬고 있는데, 가끔 아이다 웨도가 몸을 움직일 때마다 지진이나 해일이 일어난다고 한다. 다호메이 왕국에서는 아이다 웨도에게 흰 닭과 달걀, 쌀, 우유 등을 제물로 바쳤으며, 흰색의 목화를 그녀의 상징물로 여겼다.

리사와 마우가 하나로 합쳐져 남성과 여성의 성을 모두 지닌 마우 리사(Mawu Lisa)는 다호메이 신화에서 최고신으로 숭배되었다. 아게(Age)는 리사와 마우의 넷째 아들로, 사냥꾼과 황야에 사는 동물들의 수호신이다. 글레티(Gleti)는 모든 별의 어머니이며, 마우와는 또 다른 달의 여신이기도 하다.

오군(Ogun)은 전쟁과 철, 금속 세공의 신이다. 오군을 숭배하는 의식에서는 칼, 망치, 모루, 가위 같은 쇠붙이를 제물로 바쳤고, 그를 섬기는 사제들은 쇠사슬을 몸에 걸쳤다. 훗날 다호메이의 원주민들이 아메리카 대륙에 노예로 끌려가면서 오군은 흑인 노예들이 즐겨 마시는 술인 럼주의 수호신이 되었다.

그바두(Gbadu)는 리사와 마우의 딸로, 운명을 담당하는 여신이다. 그바두는 태어날 때부터 마우의 지시로 야자나무 꼭대기에서 세상을 관찰하는 임무를 맡았다. 또한 16개의 눈을 통해 미래를 예지하고, 사람들에게 점치는 법을 가르쳤다.

레그바(Legba)는 그바두의 남동생으로, 그바두와의 사이에서 딸 미노나(Minona)를 낳았다. 그는 너무 많은 눈을 가진 그바두가 주변 환경을 제대로 볼 수 있도록 돕는 역할을 맡았다.

샤포나(Shapona)는 천연두의 신으로, 샤포나를 섬기는 사제들은 그와의 친밀한 관계를 통해 천연두를 퍼뜨릴 수 있다고 믿었다. 그래서 그의 이름을 함부로 말하는 것 자체가 금기시되어 이름 대신 여러 별명으로 불렸다.

041 요루바족의 천둥신, 샹고

아프리카 서부의 나이지리아, 베냉, 토고에 사는 요루바족(Yoruba)은 오리샤(Orisha)라고 불리는 여러 신을 믿었다. 그들 가운데 하나가 천둥의 신 샹고(Shango)다. 샹고는 요루바족 신화에서 다소 특이한 존재다. 다른 신들처럼 처음부터 신이었던 것이 아니라 요루바족이 세운 오요(Oyo) 왕국의 세 번째 군주가 죽은 뒤 신격화된 사례이기 때문이다. 인간이던 샹고가 신이 된 배경에는 서로 다른 이야기들이 전해진다.

첫 번째 이야기에 따르면 샹고가 왕이었을 당시 오요 왕국은 국력이 가장 강해 주위로 영토를 넓혀갔다고 한다. 오요 왕국은 요루바족이 세운 나라 중 유일하게 기병대를 운용했는데, 무거운 창과 칼로 무장하고 큰 체구의 말에 올라탄 기병대는 주변 다른 나라와 부족들에게 공포의 대상이었다. 이러한 막강한 군사력을 바탕으로 팽창 정책을 펼쳤던 샹고는 죽은 뒤에도 외경의 대상이 되어 신으로 숭배받게 되었다는 것이다.

두 번째 이야기부터는 다소 민망한 내용이다. 샹고는 부하 장군 둘의 권력이 지나치게 커지자 그들이 반란을 일으키기 전에 미리 제거하겠다는 심산으로 두 장군이 서로 싸우도록 유도했다. 자신이 직접 나서 싸우면 다치거나 죽을 수도 있으니 그들끼리 서로 싸우게 하여 피해 없이 잠재적 위협을 제거하려는 계산이었다.

그러나 예상과 달리 싸움에서 살아남은 장군은 이 싸움의 배경을 곰곰이 생각하다가 '이것은 왕의 교활한 속임수다. 이렇게 비열한 술수를 부리다니 더는 충성하지 않겠다.'라고 결심하고 반란을 일으켰다. 예기치 못한 사태에 샹고는 당황했다. 더 큰 충격은 그의 신하 중 누구도 반란을 저지하려 하지 않고 오히려 적극 가담했다는 사실이었다. 완전히 고립된 샹고는 궁전을 탈출해 숲속을 헤매다가 결국 절망에 빠져 스스로 목숨을 끊었다. 이렇게 비참한 최후를 맞은 샹고의 영혼을 위로하고자 요루바족은 그를 천둥의 신으로 모시게 되었다고 한다.

세 번째 이야기는 조금 다른 내용이다. 샹고는 국왕이자 마법사였는데, 특히 천둥과 벼락을 조종하는 기술이 있었다. 그런데 어느 날 샹고가 마법으로 벼락을 조종하려다 그만 실수로 아내와 자식들에게 벼락을 내리쳐 모두 죽는 참사가 벌어졌다. 이에 샹고는 슬픔과 죄책감을 이기지 못해 스스로 목숨을 끊었는데, 백성들이 그의 영혼을 달래기 위해 천둥의 신으로 모시게 되었다고 한다.

나이지리아, 베냉, 토고 등 요루바족이 많이 사는 지역에는 여전히 샹고를 숭배하는 사람들이 있다. 이들은 샹고가 모든 오리샤 가운데 가장 강력한 존재라고 믿으며, 행여나 벼락이 내리칠까 봐 두려워하며 콩을 먹지 않는다.

숭배자들은 매주 금요일을 샹고를 기리는 성스러운 날로 여기고 금요일마다 축제를 연다. 이 축제에서는 샹고의 상징인 흰색과 붉은색 천을 입고, 말린 새우와 다진 오크라, 양파, 야자유로 만든 스튜인 아말라(amala)를 샹고에게 바친 뒤 나누어 먹는다.

요루바족이 16세기부터 백인 노예상들에 의해 아메리카 대륙으로 끌려가면서 샹고를 섬기는 신앙이 아메리카 대륙에 전파되었다. 요루바족이 많이 정착한 브라질과 카리브해 지역에서는 샹고가 로마 가톨릭교회의 성녀 바르바라(Barbara)와 동일시되었다. 성녀 바바라는 화약의 수호성인인데, 화약이 폭발할 때 나는 소리가 천둥과 비슷하다는 이유에서였다.

042 잉카의 신들 1

비라코차는 만물을 창조한 신이자 세계의 주인이다. 원래 그는 고대 안데스의 티티카카 호수 주변에서 숭배를 받던 창조신이었는데, 훗날 잉카 제국이 이 지역을 정복하면서 잉카의 만신전에 편입되었다. 잉카 신화에 따르면 비라코차는 물속에서 잠들어 있다가 깨어나 하늘과 땅을 창조하고, 인류에게 길을 닦고 농사를 짓는 법, 사원을 지어 신들을 숭배하는 법을 가르쳤다고 한다. 그에게는 콘(Kon), 말쿠(Mallku), 비차마(Vichama), 파차카막(Pachacamac) 등 여러 아들이 있었다.

인티는 태양신이자 잉카 제국의 수호신으로, 대개 비라코차의 아들로 여겨진다. 인티는 곡식을 자라게 하는 햇빛을 보내주는 존재였기에 농부들은 그를 극진히 숭배했다. 잉카 황제들은 자신이 인티의 후손이라고 주장하며 신성한 혈통을 근거로 통치의 정당성을 내세웠다.

이야파(Illapa)는 번개와 천둥, 비의 신으로, 비라코차와 인티 다음으로 중요한 신으로 여겨졌다. 가뭄이 들면 잉카인들은 검은 개를 이야파의 신전에 묶어두고 물을 주지 않았는데, 목마른 개가 울부짖는 소리에 이야파가 동정심을 느껴 비를 내려준다고 믿었기 때문이다. 또한 잉카인들은 개가 죽으면 개를 좋아하는 이야파가 분노해 벼락을 내리친다고 여겼다.

이야파는 황금과 보석으로 장식한 번쩍거리는 옷을 입은 남성으로 그려졌는데, 이는 그의 상징인 번개를 표현한 것이다. 또한 퓨마나 재규어, 매의 모습으로 묘사되기도 했다. 이야파는 전쟁의 신이기도 했는데, 잉카의 유명한 군사 요새인 삭사이와만(Sacsayhuamán) 안에는 이야파를 섬기는 사원이 있었다.

마마 킬라(Mama Killa)는 인티의 자매이자 아내로, 달의 여신이다. 인티의 신전에는 마마 킬라의 조각상이 있었는데, 여성 사제들이 그녀를 섬겼다. 잉카인들은 은을 마마 킬라의 눈물로 여겼으며, 그녀를 기리는 코야 라이미(Coya Raymi) 축제를 열었다.

파차마마(Pachamama)는 파종과 수확을 관장하는 대지와 다산의 여신으로, 하늘과 구름의 신 파차카막의 아내다. 이들 부부는 땅과 하늘의 결합을 상징한다. 잉카 예술에서 파차마마는 감자나 코카나무 잎을 나르는 여성으로 표현되었다.

파차카막은 하늘과 구름의 신이지만, 잉카에 정복된 친차(Chincha) 문화권에서는 불과 지진의 신으로 여겨졌다. 잉카인들은 그가 분노하면 지진이 발생해 세상이 멸망한다고 믿었다. 잉카 신화에 따르면 파차카막은 비라코차의 아들인 콘과의 싸움에서 승리한 뒤 콘이 창조한 인류를 원숭이, 여우, 새로 바꾸었다. 이후 새로운 인류를 창조하고 그들에게 땅을 경작할 능력을 주어 거기서 나온 수확물로 자신을 비롯한 신들에게 제사를 지내도록 했다. 잉카인들은 파차카막을 매우 두려워하여 그를 직접 쳐다보면 안 된다고 여겼고, 사제들도 그의 등 뒤에서 다가갔다. 그의 신전은 황족과 귀족 같은 고위 계층만 출입할 수 있었으며, 일반 백성은 광장에서 숭배했다.

마마 코차(Mama Cocha)는 '바다의 어머니'라는 뜻으로, 바다와 물의 여신이다. 일부 전승에서는 그녀가 비라코차와 결혼해 인티를 낳았다고 본다.

마마 코차는 젊고 아름다운 여성으로 묘사되며, 잉카인들은 샘물이 그녀의 자식이라고 믿었다. 어부들은 마마 코차가 파도로부터 자신들을 지켜주고 고기잡이를 도와주는 신이라고 여겼다.

콘은 바람과 비의 신으로, 원래 페루 해안의 나스카(Nazca) 문화권에서 숭배하던 신이었으나 잉카 제국이 이 지역을 정복하면서 잉카의 만신전에 편입되었다. 콘은 고양이의 얼굴을 지녔고, 날아다니는 고양이가 그의 상징이었다. 잉카 신화에 따르면 콘은 최초의 인류를 창조했는데, 사람들이 자신을 숭배하는 것을 잊자 페루 해안을 황량한 사막으로 만들어버렸다고 한다. 이후 콘은 파차카막과의 싸움에서 패해 쫓겨났다.

043 잉카의 신들 2

아마루(Amaru)는 비라코차의 명에 따라 무지개의 신 투루마니아이(Turumanyay)가 자신의 가슴을 찢고 낳은 지혜의 신이다. 아마루는 라마의 머리, 사슴의 뿔, 물고기의 꼬리, 새의 날개, 붉은 눈과 입을 가진 모습으로 묘사되며, 단순하게는 날개 달린 뱀으로 표현된다. 아마루는 지혜의 상징으로 여겨졌기에 잉카 제국의 교육 기관인 지식의 집 야차이 와시쿠나(Yachay Wasikuna)에는 아마루의 조각상을 두었다. 또한 아마루는 농경지에 물을 대는 농업의 신으로도 숭배되었다.

아푸(Apu)는 산의 신 또는 정령으로, 중요한 산마다 고유한 아푸가 있다고 여겨졌다. 잉카인들은 아푸가 동굴이나 바위에도 깃들어 있다고 믿고 아푸에게 제물을 바쳤다. 스페인이 잉카를 정복한 뒤 가톨릭 성직자들이 아푸를 숭배하던 장소들을 파괴하자 잉카인들은 "저 산도 내가 믿는 아푸이니 없앨 겁니까?"라며 반발했다고 한다.

아호 마마(Axo Mama)는 감자의 파종과 수확을 다스리는 여신으로, 땅과 풍요의 여신 파차마마의 딸이다. 감자는 잉카인들의 주식이기 때문에 아호 마마에게 감자 농사의 풍작을 기원하는 사원이 대부분 마을에 존재했다.

카테킬(Catequil)은 잉카 이전의 원주민들이 믿던 번개와 낮의 신으로, 이야파의 전신으로 여겨지기도 한다. 피키루(Pikiru)는 사악한 밤의 신이며, 쌍둥이 형제인 카테킬과 함께 활동했다.

카비야세(Cavillace)는 처녀 여신이었으나 달의 신 코니라야(Coniraya)가 자신의 정자를 과일로 둔갑시킨 것을 모르고 먹었다가 임신했다. 그녀는 수치심에 페루의 해안으로 달아났고, 그녀와 아이는 섬으로 변했다고 전해진다.

차스카(Chaska)는 새벽과 황혼의 여신으로, 젊고 아름다운 여성으로 묘사된다. 꽃과 처녀, 아름다운 여성들을 보호하는 신이기도 하다. 코이유르(Coyllur)는 별의 여신이며, 달의 여신 마마 킬라와 가까운 사이다. 에케코(Ekeko)는 가정과 부의 신으로, 잉카인들은 그의 인형을 집에 두고 가정의 평화와 풍요를 기원했다.

우아야요 카르윈초(Huallallo Carhuincho)는 불의 신이자 아이를 잡아먹는 사악한 존재로, 비라코차의 노여움을 사 정글로 추방되었다. 그러나 그곳에서도 사람과 동물을 잡아먹고 살다가 소년으로 변신한 태양신 인티를 보고 잡아먹으려다 또다시 비라코차에게 벌을 받아 손과 발이 묶인 채 섬에서 새들과 동물들에게 물리며 고통받는 형벌을 받았다.

다른 전승에 따르면 우아야요의 딸 우아이타파야나(Huaytapallana)가 폭풍의 신 파르야카카(Paryaqaqa)의 아들인 아마루(지혜의 신 아마루와는 다른 존재)와 사랑에 빠지자 화가 난 우아야요가 아마루를 살해했다고 한다. 이 소식에 격분한 파르야카카가 홍수를 일으켜 우아이타파야나를 죽이자 우아야요와 파르야카카 사이에 전쟁이 벌어졌고, 결국 파르야카카에게 패배한 우아야요는 분노를 이기지 못해 사람들을 잡아먹기 시작했다. 이에 분노한 비라코차는 우아야요와 파르야카카를 모두 눈 덮인 산으로 변하게 했다.

파르야카카는 원래 우앙카(Huanca) 문화권에서 숭배하던 물의 신이었으나 잉카가 이 지역을 정복하면서 폭풍의 신으로 바뀌었다.

우르카과리(Urcaguary)는 보물과 금속을 지키는 신이고, 카아타킬라(Ka-Ata-Killa)는 티티카카 호수에서 숭배받는 달의 여신이다. 콜라시(Kolash)는 새의 수호신이다. 코아(Qhoa)는 날개 달린 커다란 고양이의 모습을 한 신으로, 구름으로 뛰어올라 눈에서 번개를 일으키고 오줌을 싸면 비가 되어 하늘에서 땅으로 떨어졌다고 한다.

마마 알파(Mama Allpa)는 젖가슴이 여러 개인 다산의 여신이며, 마마 코카(Mama Koka)는 코카나무 잎과 건강의 여신이다. 이 외에도 불과 화산의 여신 마마 니나(Mama Nina), 곡물의 여신 마마 퀴노아(Mama Quinoa), 옥수수의 여신 마마 사라(Mama Sara), 공기와 바람의 여신 마마 와이라(Mama Wayra) 등이 있다.

044 아즈텍의 위대한 신, 테스카틀리포카

테스카틀리포카는 아즈텍 신화에서 최고의 신인 오메테오틀의 네 아들 가운데 하나로 밤하늘, 밤바람, 허리케인, 북쪽, 대지, 흑요석, 적대감, 불화, 통치권, 점술, 유혹, 재규어, 마법, 아름다움, 전쟁, 갈등, 태양을 다스리는 신이다. 그는 맡은 역할만큼이나 별명도 다양해 '가까운 것의 군주', '두 개의 갈대', '양쪽의 적', '하늘과 땅의 소유자' 등으로 불렸다. 가장 대표적인 별명은 '연기가 나는 거울'인데, 이는 흑요석을 뜻한다. 그래서 테스카틀리포카를 숭배하는 의식에서는 제기로 흑요석을 사용했다.

아즈텍 신화에서 테스카틀리포카는 또 다른 주요 신인 케찰코아틀과 경쟁 관계로 묘사된다. 아즈텍 창조 신화에 따르면, 첫 번째 태양의 시대는 테스카틀리포카가 통치했으나 케찰코아틀에 의해 전복되며 끝났다. 이어지는 두 번째 시대는 케찰코아틀이 지배했지만, 이번에는 테스카틀리포카가 보복하며 파괴해버렸다.

아즈텍 후기 신화에서는 테스카틀리포카, 케찰코아틀, 위칠로포치틀리, 시페 토텍을 각각 검은, 흰, 푸른, 붉은 테스카틀리포카라고 부르며, 이들을 세계와 인류를 창조한 신들로 여겼다. 이 네 신은 모두 오메테오틀이 아들이다.

아즈텍 후기에 테스카틀리포카는 가장 위대한 신으로 숭배되었다. 아즈텍의 수도인 테노치티틀란(Tenochtitlan)에는 그를 위한 신전이 있었는데, 이 신전은 80개의 계단으로 이어진 높은 건물로, 내부에는 넓은 방이 마련되어 있었다. 테스카틀리포카의 신전은 다른 여러 도시에도 존재했으며, 그곳에서는 하루에 네 차례 향을 피우며 제사를 올렸다. 그를 섬기는 사제들은 피부를 검게 칠하고 메추라기 깃털로 몸을 장식했다.

매년 아즈텍 달력의 다섯 번째 달인 톡스카틀(Toxcatl) 주간에는 테스카틀리포카에게 인신을 공양하는 의식을 거행했다. 사제들은 청년 한 명을 '이시프틀라(Ixiptla)'로 선택했는데, 이는 '신성함을 구현하는 자'라는 뜻으로 테스카틀리포카를 상징하는 존재였다. 때로는 노예를 이시프틀라로 선택하기도 했으며, 드물지만 여성이 희생되는 경우도 있었다.

보통 이시프틀라는 아즈텍 군대가 포로로 잡은 다른 부족의 전사 중에서 선택되었으며, 선택된 자는 목욕과 종교적 정화 의식을 거쳐 몸을 깨끗이 했다. 이시프틀라로 선정된 청년은 1년 동안 값비싼 장신구를 착용하고 8명의 시종을 거느리며 신의 모습처럼 화려하게 꾸민 옷을 입었다. 길을 지날 때마다 사람들은 그에게 경의를 표했다. 희생 의식 전 20일 동안 그는 4명의 젊은 여성과 결혼하고, 마지막 일주일은 성대한 잔치에 초대되어 온갖 음식과 술을 즐기며 신처럼 지냈다.

마침내 의식 당일이 되면 그는 스스로 신전의 계단을 올라 사제들에게 몸을 맡겼다. 사제들은 흑요석으로 만든 칼로 그의 가슴을 가르고 심장을 꺼내어 제물로 바쳤다. 이는 심장의 뜨거운 피가 태양에 활력을 불어넣어 세상을 계속 따뜻하게 비춘다는 믿음에서 비롯된 의식이었다. 또한 인신 공양을 받은 테스카틀리포카가 만족하여 이듬해에도 풍성한 수확을 보장해준다고 믿었다.

그런가 하면 아즈텍 황제들은 일정 기간 단식한 뒤 알몸으로 테스카틀리포카의 신상 앞에 서서 기도하는 의식을 치러야 했다. 이때 암송하는 기도문은 다음과 같다.

"오 주인이시여, 오 밤과 바람의 주인이시여. 제가 당신의 도시를 위해 어떻게 행동해야 하겠습니까? 신하들과 백성들을 위해 어떤 식으로 행동해야 합니까? 저는 눈이 멀고 귀가 먹었으며 어리석고 더럽습니다. 어쩌면 당신께서 저를 다른 사람으로 착각하셨을지도 모릅니다. 혹시 저 대신 황제 자격이 있는 다른 사람을 찾으시는 것이 어떻겠습니까?"

이 기도문은 아무리 막강한 권력을 가진 황제라도 테스카틀리포카 앞에 서는 한낱 종에 불과하다는 겸손의 표현이었다.

045 전쟁의 신, 위칠로포치틀리

아즈텍 신화에서 위칠로포치틀리는 전쟁과 태양, 인신 공양을 다스리는 신이다. 아즈텍족은 그를 제국의 수도 테노치티틀란을 지켜주는 수호신으로 여겼다.

위칠로포치틀리가 테노치티틀란의 수호신이 된 데에는 신화적 배경이 있다. 아즈텍의 건국 신화에 따르면 아즈텍족은 본래 오늘날 멕시코 북부에 해당하는 아즈틀란(Aztlan)이라는 곳에 살았는데, 어느 날 위칠로포치틀리가 그들에게 아즈틀란을 떠나 새로운 땅을 찾아 나서라고 명령했다.

아즈텍족은 남쪽으로 이동하다가 텍스코코 호수를 발견했고, 위칠로포치틀리는 자신의 심장을 꺼내 호수 한가운데에 던지며 "내 심장이 떨어진 그곳에 새로운 도시를 세워라."라고 지시했다. 그곳에서는 선인장 위에 앉은 독수리가 뱀을 잡아먹고 있었는데, 아즈텍족은 이를 길조로 여기고 도시를 세웠다. 그곳이 바로 테노치티틀란이었다. 오늘날 멕시코 국기에는 선인장 위에 앉은 독수리가 뱀을 잡아먹는 모습이 그려져 있는데, 이는 멕시코인들이 자신들을 아즈텍의 후손으로 여기기 때문이다.

아즈텍 신화에서 위칠로포치틀리는 무엇보다 전쟁의 신으로서 중요한 위치를 차지했다. 아즈텍족은 본래 13세기경 현재의 미국 남서부 사막 지대에서 유랑하다가 남쪽으로 이동해 멕시코 고원에 정착한 뒤 한동안 톨텍계 도시 국가의 용병 생활을 했기 때문에 전쟁은 그들 삶의 핵심 요소였다. 아즈텍족은 불의 뱀 시우코아틀(Xiuhcoatl)을 휘두르며 전장을 누비는 위칠로포치틀리를 열렬히 숭배했다.

위칠로포치틀리라는 이름은 일반적으로 '왼쪽 또는 남쪽의 벌새'라는 뜻으로 해석되는데, 이는 아즈텍 문화에서 왼쪽과 남쪽을 같은 방향으로 간주한 데서 비롯되었다. 신의 이름에 벌새가 포함된 이유는 아즈텍 문화에서 벌새를 중요하게 여겼기 때문이다. 아즈텍족은 벌새가 겨울에는 나무 속에서 자다가 봄이 되면 다시 살아나 움직인다고 믿었기에 벌새를 영원불멸의 상징으로 삼았다.

위칠로포치틀리의 기원에 대해서는 두 가지 전승이 전해진다. 하나는 그가 남성과 여성의 속성을 모두 지닌 창조신 오메테오틀에게서 태어났으며, 케찰코아틀, 시페 토텍, 테스카틀리포카와 함께 세계를 창조했다는 이야기다. 다른 하나는 더 널리 회자되는 전승으로, 다산의 여신 코아틀리쿠에(Coatlicue)가 코아테펙산에서 깃털 뭉치를 쓸다가 그것을 품에 넣자 남자 없이 임신하게 되었고, 그 아들이 바로 위칠로포치틀리라는 이야기다.

그러나 코아틀리쿠에에게는 이미 400명의 자녀가 있었는데, 그들은 어머니가 남자 없이 아이를 가졌다는 사실을 받아들이지 못하고 그 아이가 불륜으로 생겨난 부정한 아이라고 생각해 어머니와 태아를 죽이려 했다. 이에 위칠로포치틀리는 갑옷을 입고 무장한 채 어머니의 자궁에서 튀어나와 형제들을 죽이고 누이의 머리를 베어 산 아래로 던졌다. 이를 본 나머지 형제들은 두려워하며 하늘로 도망쳤다. 이 전승을 두고 아즈텍 신화에서는 "위칠로포치틀리의 형제들은 별이 되었고 누이는 달이 되었다. 그래서 태양이 위칠로포치틀리는 항상 달과 별을 쫓는다."라고 해석했다.

아즈텍족은 위칠로포치틀리가 계속 새 힘을 얻어 그의 형제늘로부터 세상을 지켜주길 기원하며 그에게 인간 제물을 바쳤다. 위칠로포치틀리가 싸울 힘이 없으면 그의 형제들이 세상을 파괴할 것이라고 믿었기 때문이다. 아즈텍족은 인신 공양을 함으로써 태양신 위칠로포치틀리가 새 힘을 얻어 세상을 유지하고, 궁극적으로 종말을 늦출 수 있다고 여겼다.

 아즈텍족은 전쟁터에서 죽은 전사와 아이를 낳다 죽은 여성의 영혼이 벌새가 되어 하늘로 올라가 위칠로포치틀리와 함께 천상에서 영원히 행복하게 살아간다고 믿었다. 이러한 믿음 덕분에 아즈텍 전사들은 죽음을 두려워하지 않고 용감하게 싸웠으며, 화약과 강철 무기로 무장한 스페인군이 침입하기 전까지 아스테카 제국은 중미 지역을 지배할 수 있었다.

046 아즈텍의 신들

아틀라코야(Atlacoya)는 가뭄의 여신이다. 센촌미미시코아(Centzonmimixcoa)는 북쪽 별들을 다스리는 400위(位)의 신이고, 센촌위츠나우아(Centzonhuitznahua)는 남쪽 별들을 다스리는 400위의 신이다.

콰우이틀리카크(Quauitlicac)는 북극성의 신이다. 그는 코아틀리쿠에의 아들이자 위칠로포치틀리의 형제로, 코아틀리쿠에의 아이 400명이 위칠로포치틀리의 탄생을 막기 위해 어머니를 죽이려 한 계획을 미리 알아차리고 코아틀리쿠에에게 경고했다.

이스타쿠카 신테오틀(Iztacuhca-Cinteotl)은 하얀 옥수수의 신, 틀라틀라우카 신테오틀(Tlatlauhca-Cinteotl)은 붉은 옥수수의 신, 코사우카 신테오틀(Cozauhca-Cinteotl)은 노란 옥수수의 신, 야야우카 신테오틀(Yayauhca-Cinteotl)은 검은 옥수수의 신이다.

파테카틀(Patecatl)은 전통 술인 풀케(Pulque)의 신이며, 마야우엘(Mayahuel)은 용설란의 여신이다. 시틀랄리쿠에(Citlalicue)는 은하수의 여신이며, 시팍토날(Cipactonal)은 낮의 신이다.

시우아코아틀(Cihuacoatl)은 임신과 출산의 여신이며, 찰치우토톨리(Chalchiutotolin)은 질병의 신이다. 찰치우틀리쿠에는 물, 호수, 강, 바다의

신들 143

여신이다. 치말마(Chimalma)는 코아틀리쿠에와 더불어 다산의 여신이고, 치코메코아틀(Chicomecoatl)은 농업의 여신이다.

코욜샤우키(Coyolxauhqui)는 달의 여신이고, 에에카틀(Ehecatl)은 바람의 신이다. 우에우에코요틀(Huehuecoyotl)은 늙음의 신이며, 우이시토시우아틀(Huixtocihuatl)은 소금의 여신이다. 이츠파팔로틀토텍(Itzpapalotltotec)과 이츠파팔로틀시우아틀(Itzpapalotlcihuatl)은 인신 공양을 주관하는 신과 여신이다. 이시틀릴톤(Ixtlilton)은 의학의 신이며, 이시퀴나메(Ixcuiname)는 성욕의 여신이다.

네코크야오틀(Necocyaotl)은 불화와 다툼의 신이며, 네소시초(Nexoxcho)는 공포의 여신이고, 네시테페우아(Nextepehua)는 잿더미의 신이다. 믹틀란테쿠틀리(Mictlantecuhtli)와 믹테카시우아틀(Mictecacihuatl)은 지하 세계의 신과 여신이고, 믹카페틀라칼리(Miccapetlacalli)는 죽은 사람의 무덤을 지키는 여신이다.

미시코아틀(Mixcoatl)은 전쟁과 사냥의 신이며, 미퀴스틀리테쿠틀리(Miquiztlitecuhtli)는 죽음의 신이고, 오포츠틀리(Opochtli)는 낚시의 신이다. 틀랄테쿠틀리(Tlaltecuhtli)와 틀랄시우아틀(Tlalcihuatl)은 땅의 신과 여신이며, 틀랄록(Tlaloc)은 천둥과 번개와 지진의 신이다.

오소모(Oxomo)는 밤의 여신이고, 필친테쿠틀리(Piltzintecuhtli)는 시간의 신이다. 테오틀랄레(Teotlale)는 사막의 신이며, 틀로시페우카(Tloxipeuhca)는 은 세공사와 보석 세공사의 수호신이다. 시우테쿠틀리(Xiuhtecuhtli)는 불의 신이고, 소알테쿠틀리(Xoaltecuhtli)는 꿈의 신이다.

소치필리(Xochipilli)는 사랑과 예술, 놀이, 아름다움, 춤, 노래, 꽃의 신이며, 소치쿠아(Xochcua)는 산림 벌채와 개척의 신이다. 솔로틀(Xolotl)은 일몰의 신이며, 야카테쿠틀리(Yacatecuhtli)는 상업과 물물교환의 신이다. 요알티시틀(Yoalticitl)은 요람을 지키는 여신이고, 사카촌틀리(Zacatzontli)는 밤길을 지켜주는 신이다. 시페 토텍은 힘, 전쟁, 농업, 초목, 질병, 재생, 사냥, 무역, 봄의 신이자 동방의 군주다. 토나카테쿠틀리(Tonacatecuhtli)와 토나카시우아틀(Tonacacihuatl)은 영양분과 음식을 주는 신과 여신이다. 말리날소치틀(Malinalxochitl)은 여성 사제와 뱀과 전갈과 사막 곤충들을 다스리는 여신이며, 아모소아케(Amoxoaque)는 나무의 정령이다.

047 무이스카족의 신들

콜롬비아의 원주민인 무이스카족(Muisca)은 16세기 스페인 군대가 쳐들어오기 전까지 고유한 신화를 가지고 있었다. 무이스카족 신화에서 가장 위대한 신은 빛과 세상을 만든 치미니가과(Chiminigagua)다. 무이스카족 신화에 따르면 태초의 세상에는 어둠만 있었고, 그 안에서 치미니가과가 잠들어 있었다. 그는 어둠을 싫어해 먼저 두 마리의 큰 검은 새를 만들어 허공으로 날려 보냈다. 두 새는 부리에서 빛을 뿜어 세상에 널리 퍼뜨렸고, 어둠이 걷히자 치미니가과는 달과 태양과 무지개 등 세상의 모든 존재를 만들어냈다.

치아(Chia)는 무이스카족 신화에서 달의 여신이다. 치아는 하얀 피부와 검은 머리카락을 가진 젊은 여성으로 묘사되며, 오늘날 콜롬비아의 수도인 보고타의 수호신으로 여겨졌다. 치아는 태양의 신 수에(Sue)와 결혼했으나 월식 이전까지는 떨어져 살았다.

수에는 태양의 신으로, 농작물이 자라는 데 필요한 햇빛을 주는 신이다. 태양의 도시로 알려진, 보고타 동북쪽의 소가모소에서는 수에를 수호신으로 숭배하여 수에를 섬기는 사원을 세웠다. 매년 하지마다 무이스카족 귀족들은 소가모소의 수에 사원을 방문해 풍년을 기원하는 제사를 지냈다.

그들은 몸에 여러 색을 칠한 채 치차(옥수수 알갱이를 처녀들이 씹고 침과 함께 그릇에 담아 발효시킨 술)를 잔뜩 마시고 취한 상태로 수에를 숭배하는 의식을 치렀다.

바추에(Bachue)는 인류의 조상인 어머니 여신이다. 그녀는 세 살짜리 소년(혹은 아들)을 품에 안고 이과크(Iguaque) 호수에서 걸어 나왔는데, 소년이 자라자 그와 결혼해 아이들을 여럿 낳았고 그 아이들은 무이스카족의 조상이 되었다. 아이들이 늙자 바추에와 남편은 큰 뱀으로 변해 이과크 호수로 돌아갔다. 무이스카족은 그녀가 호수 바닥의 지하 세계에 살다가 가끔 지상으로 돌아온다고 믿었다.

보치카(Bochica)는 하늘에서 내려온 치미니가과의 사자로, 무이스카족에게 옷감과 그릇을 만드는 법과 도덕을 가르친 문화 영웅이다. 주로 수염 난 노인으로 묘사된다. 보치카가 가르침을 전하고 떠난 뒤에 무이스카족이 그의 가르침을 잊고 향락에 빠지자 홍수가 일어났다. 겁에 질린 무이스카족이 살려달라고 빌자 보치카는 무지개를 타고 돌아와 지팡이로 테켄다마 폭포를 만들어 홍수를 끝냈다.

우이타카(Huitaca)는 쾌락과 성욕, 예술, 춤의 여신으로, 보치카의 가르침을 받던 무이스카족에게 도덕보다 쾌락이 더 중요하다고 가르쳤다. 그 말에 무이스카족이 넘어가 향락에 빠지자 보치카는 분노하며 우이타카를 하얀 올빼미로 만들어버렸다.

칩차쿰(Chibchacum)은 비와 천둥의 신이자 상인과 노동자의 수호신이다. 그는 화가 나면 폭우를 퍼부어 홍수를 일으키거나 지진을 일으켰다. 하지만 지나치게 재앙을 많이 일으킨 탓에 보치카에게 두 어깨로 하늘을 떠받치는 형벌을 받았다.

쿠차비라(Cuchavira)는 무지개의 신으로, 칩차쿰이 일으킨 홍수가 끝나면 나타났다. 무이스카족은 칩차쿰과 쿠차비라에게 홍수를 끝나게 해준 데 대한 감사의 표시로 황금과 구리, 에메랄드를 바쳤다.

차쿠엔(Chaquen)은 땅과 스포츠, 다산의 신이다. 군인과 농부는 그에게 전투의 승리와 풍작을 기원했다. 그를 섬기는 축제 기간에 무이스카족은 피리와 나팔을 연주하고, 남녀가 손을 잡고서 춤추고 노래했으며, 치차를 가득 마셨다.

넨카타코아(Nencatacoa)는 예술가, 화가, 건축가, 직물 노동자의 수호신으로, 금으로 만든 옷을 입은 여우나 곰으로 묘사된다. 치브라프루이메(Chibrafruime)는 재규어의 모습을 한 전쟁의 신으로, 차쿠엔에게 밀려 그다지 숭배를 받지 못했다. 과아이오케(Guahaioque)는 악과 도둑질, 거짓말, 죽음의 신이다.

048 타이노족의 신들

중남미 카리브해 지역에 거주하던 원주민 타이노족(Taino)은 15세기 말 콜럼버스의 신대륙 탐험 이후 유럽인들이 들여온 천연두 같은 전염병 탓에 급격히 인구가 줄어 거의 사라졌다. 그나마 타이노족과 접촉한 기독교 선교사들이 남긴 기록 덕분에 그들의 종교와 신화에 대해 조금이나마 알 수 있는 형편이다.

16세기경 스페인인들이 남긴 기록에 따르면 타이노족의 신앙은 최고의 창조신과 풍요의 여신을 중심으로 이루어졌다. 창조신은 유카후 마오로코티(Yucahu Maorocoti)로, 그는 타이노족의 주식인 카사바의 생장을 관장했다. 풍요의 여신은 아타베이라(Atabeyra)로, 강과 바다 같은 물을 다스렸으며 다산과 음악, 아름다움의 여신으로도 여겨졌다.

타이노족 신화에 따르면 아타베이라는 아들 유카후(Yucahu)와 과카르(Guacar)를 창조하고, 이들에게 세상을 생명으로 채우는 임무를 맡겼다. 유카후는 하늘을 만들기 위해 어두운 동굴에서 빛나는 보석을 모아 태양, 달, 별을 창조했다. 이후 유카후와 아타베이라는 식물과 동물을 만들어 세상을 채웠고, 그리하여 인류의 시조인 로쿠오(Locuo)가 태어났다.

유키후는 본래 바다의 신이었지만, 나중에는 하늘에 사는 신으로 여겨졌다. 그는 치유의 신 바이브라마(Baibrama)와 함께 카사바와 관련된 신으로 숭배받았는데 농부들은 풍작을 기원하며 밭에 바이브라마 조각상을 묻었다. 또한 바이브라마는 카사바를 너무 많이 먹어 중독 증세를 보이는 사람들을 치료해주는 신으로 여겨졌다. 그의 아들 보이나엘(Boinayel)과 마로후(Marohu)는 각각 비와 맑은 날씨를 맡아 작물의 생장을 도왔다.

한편 과카르는 어머니와 형이 각종 피조물을 만드는 것을 보고 질투심을 느꼈다. 그는 자신을 파괴적인 악령 후라칸(Juracan)의 모습으로 바꾸고, 아내인 폭풍의 여신 과반세스(Guabancex)와 두 아들인 천둥과 번개를 거느리고 강력한 폭풍을 일으켜 어머니와 형이 만든 피조물들을 파괴했다. 과카르가 일으킨 폭풍에 농작물이 망가지고 동물이 죽자 로쿠오는 신들에게 살려달라며 기도했다. 이러한 신화적 배경이 있어서인지 오늘날에도 타이노족의 후손인 카리브해 지역 주민들은 허리케인을 악령으로 여긴다.

이 외에도 제미(zemi)라고 불리는 하위 신들이 있다. 제미는 자연에 깃든 정령으로, 그들의 눈물이 곧 비가 되어 내린다고 믿었다. 타이노족은 사람이 죽으면 그 영혼이 제미가 된다고 믿었는데, 그래서 죽은 조상의 영혼을 제미라고 불렀다. 그들은 조상의 유골을 항아리에 담아 소중하게 보관했으며, 이를 나무로 만든 사원에 두고 음식과 같은 제물을 바쳤다.

타이노족의 제사장은 보후티(Bohuti) 또는 보후이투(Bohuithu)라 불렸는데, 이들은 제미와 소통하며 제미가 자손들에게 하는 충고를 전달해줄 수 있다고 주장했다. 이들은 문신이나 채색으로 몸을 장식해 악령으로부터 자신을 보호하고자 했다.

타이노족은 뼈, 진흙, 나무, 돌 등으로 제미의 형상을 만들었는데, 이는 쿠바, 도미니카 공화국, 아이티, 자메이카, 푸에르토리코 등지에서 발견된다. 그중에는 키가 1미터에 달할 만큼 큰 것도 있다. 제미는 대부분 사람의 모습을 하고 있지만 새나 뱀, 악어 등의 동물 형태도 있다.

049 과라니족의 신들

 브라질의 원주민인 과라니족(Guarani) 신화에서 가장 중요한 신은 투파(Tupa)다. 투파는 천둥의 신이자 모든 생물을 창조한 신으로, 달의 여신 자시(Jaci) 또는 아라시(Araci)의 도움을 받아 하늘에서 땅으로 내려왔다. 그는 땅에서 바다와 숲, 별, 동물을 포함한 세상의 모든 존재를 만들어냈다. 이후 투파는 신들과 닮았고 신들을 숭배할 지능이 있는 생명체인 인간을 정교하게 설계해 점토로 빚고 생명을 불어넣었다. 그런 다음 그들에게 선과 악이 무엇인지 가르친 뒤 떠났다.
 투파가 만든 최초의 인간은 '사람의 아버지'와 '사람의 어머니'를 뜻하는 루파베(Rupave)와 시파베(Sypave)였다. 부부는 세 아들과 많은 딸을 낳았다. 첫째 아들은 투메 아란두(Tume Arandu)로, 과라니족의 위대한 선지자이자 가장 현명한 사람이었다. 둘째 아들 마랑가투(Marangatu)는 백성을 관대하고 자비롭게 다스리는 지도자로, 전설적인 7위의 신을 낳은 여성 케라나(Kerana)의 아버지다. 셋째 아들 자페우사(Japeusa)는 태어날 때부터 거짓말쟁이이자 도둑, 사기꾼으로 여겨졌으며, 사람들을 혼란에 빠뜨리는 교활한 속임수를 일삼았다. 결국 그는 물에 빠져 자살했으나 게가 되어 살아났는데, 이후 모든 게는 자페우사처럼 뒤로 걸어야 하는 저주를 받았다.

루파베와 시파베의 딸 포라시(Porasy)는 7위의 신 중 하나인 모나이(Monai)와 싸우다 목숨을 희생했다. 마랑가투의 딸 케라나는 사악한 악마 혹은 정령인 타우(Tau)에게 겁탈당했고, 이에 충격받은 아라시가 저주를 내려 케라나는 7위의 신이자 괴물을 낳았다. 이 신들은 과라니족 신화에서 중요한 존재로, 다른 신은 잊혔어도 이들만큼은 오랫동안 기억되며 전해지고 있다.

첫째인 테주 자구아(Teju Jagua)는 동굴과 과일의 신이며, 둘째 음보이 투이(Mboi Tui)는 물길과 물속 생물의 수호신이다. 셋째 모나이는 열린 들판의 신으로, 포라시와의 싸움에서 패배했다. 넷째 자시 자테레(Jasy Jatere)는 사람들을 게으름에 빠지게 하는 낮잠의 신이며, 다섯째 쿠루피(Kurupi)는 성욕과 다산을 다스리는 신이다. 여섯째 아오 아오(Ao Ao)는 언덕과 산을 다스리는 신이고, 일곱째 루이손(Luison)은 모든 생명체를 죽게 하는 죽음의 신이다.

달의 여신 자시 또한 과라니족 신화에서 매우 중요한 신으로, 그녀의 위상은 이집트 신화의 이시스에 견줄 만하다. 자시는 친절하고 아름다운 여신이며 신들의 어머니로 여겨진다. 과라니족 신화에 따르면 태양신 과라시(Guaraci)는 영원히 빛을 내는 일을 하다 지쳐 잠들었는데, 자는 동안 세상이 어두워지지 않도록 밤에도 빛을 내는 달의 여신 자시를 만들었다. 잠에서 깨어난 과라시는 자시의 아름다움에 반해 그녀와 사랑에 빠졌는데, 과라니족 신화에서는 이 때문에 일식이 일어난다고 설명한다.

다른 전승에서는 자시가 과라시의 쌍둥이 누이이며 진짜 남편은 천둥신 투파라고 한다. 자시가 투파와 결혼해 최초의 부부가 되었다는 것이다. 또 다른 전승에서는 자시가 남성으로 변해 하늘에서 지상으로 내려왔는데 그때 나이아(Naia)라는 원주민 소녀가 아름다운 자시를 보고 반해 그를 쫓아갔다고 한다. 하지만 나이아는 달인 자시를 결코 붙잡을 수 없었다. 슬픔에 빠져 식음을 전폐한 나이아는 호수에 비친 달빛을 잡으러 뛰어들었다가 그만 빠져 죽고 말았다. 자시는 나이아의 사랑에 감동해 그녀를 하늘로 들어올려 별로 만들었다. 일설에 따르면 죽은 나이아는 자시에 의해 살아나 호수의 여신이 되었다고 한다.

폼베로(Pombero)는 장난을 좋아하는 정령으로, 과라니족 민담에서 인기 있는 존재다. 피타조바이(Pytajovai)는 과라니족 신화에서 전쟁의 신이다.

3
영웅과 악당

050 고대 이집트의 정복 군주, 투트모세 3세

흔히 고대 이집트에서 강력한 위세를 떨친 정복 군주라고 하면 람세스 2세를 떠올린다. 하지만 람세스 2세 이전에 그보다 더 강력했던 정복 군주가 있었으니 바로 투트모세 3세(Thutmose III)다. 고고학적 발굴과 이집트 왕실 연대기의 기록을 종합해보면 투트모세 3세는 기원전 1481년에 태어나 기원전 1425년에 56세의 나이로 사망했으며, 집권 기간은 기원전 1479년부터 1425년까지였다.

기원전 1479년부터 약 20년 동안은 투트모세 3세가 나이가 어려 나라를 다스리기 어렵다는 이유로 이모인 하트셉수트(Hatshepsut)가 섭정을 했다. 기원전 1458년 하트셉수트가 사망하자 투트모세 3세는 본격적인 통치자가 되었다. 오랫동안 이모의 그림자에 가려져 있던 울분을 풀기 위해서인지 하트셉수트의 업적을 새긴 비문들을 회반죽으로 덮어버렸다.

그는 직접 군대를 이끌고 전쟁터로 나가 싸웠는데, 20년 동안 누비아(수단 북부)에서 시리아에 이르는 지역에 열일곱 차례나 원정을 떠났다. 이는 훗날 람세스 2세보다 더 활발한 대외 원정이었다. 이집트를 연구한 미국의 고고학자 제임스 브리스티드(James Breasted)는 투트모세 3세를 '이집트의 나폴레옹'이라고 불렀다.

투트모세 3세는 통치 기간 열일곱 차례의 군사 작전을 벌여 누비아에서 유프라테스강에 이르는 지역의 도시 350곳을 점령했다. 그는 조상인 투트모세 1세 이후 최초로 유프라테스강을 건넌 이집트 군주였으며, 그의 정복 전쟁 덕분에 이집트는 중동의 판세를 주도하는 초강대국으로 도약했다.

이처럼 눈부신 성과는 군사 기술의 혁신 덕분이었다. 그의 시대보다 약 200년 앞선 기원전 1650년경 팔레스타인의 유목민인 힉소스족이 두 마리 말이 끄는 전차를 타고 이집트를 침공했다. 이들의 지배를 받으며 이집트인들은 말과 전차라는 새로운 문물을 접하게 되었고, 결국 이를 터득해 기원전 1539년 힉소스를 몰아냈다. 이후 이집트 군대는 말이 끄는 전차를 이용해 더욱 빠르게 이동하며 군사 작전을 수행할 수 있었다.

투트모세 3세의 대표적인 전투로는 메기도(므깃도) 전투가 있다. 기원전 1457년 시리아의 도시 카데시의 왕이 군대를 이끌고 메기도로 진격하자 투트모세 3세도 군대를 이끌고 인근의 작은 도시 예헴에 도착했다. 메기도는 험준한 산악 지대에 둘러싸여 진격이 어려웠지만, 그는 우회로를 제안하는 장군들을 겁쟁이라 비난하며 산길을 정면으로 뚫고 진격했다. 이 예상치 못한 진격에 카데시군은 당황했고, 치열한 전투 끝에 이집트군이 승리했다. 이후 투트모세 3세는 메기도를 점령하고 북부 가나안 전체를 장악했으며, 시리아 남부의 토호들은 자식들을 이집트에 인질로 보내야 했다.

두 번째로 중요한 전투는 시리아의 페니키아 도시들을 상대로 한 전투였다. 당시 페니키아 도시들은 이라크와 시리아 북부를 지배하던 미탄니(Mitanni) 왕국의 보호를 받고 있었다. 미탄니 왕국의 상류층은 후리족(Hurrian)이었는데, 이들은 인도계 민족으로 아마도 용병으로 중동에 왔다가 정착한 것으로 보인다.

투트모세 3세는 미탄니를 제압하기 위해 먼저 그들이 보호하던 페니키아 도시들을 공격해 밀밭을 불태우고 도시를 약탈했으며, 시리아 남부에 이집트 군대를 주둔시켰다. 이에 시리아에서 반란이 일어나자 투트모세 3세는 다시 군대를 이끌고 진압에 나섰다. 그런 뒤 북쪽으로 진격해 시리아 동부의 알레포와 카르케미시(Carchemish)를 거쳐 유프라테스강을 건넜는데, 미탄니의 왕은 이집트가 이렇게 빨리 침공하리라고는 예상하지 못해 미처 방어 태세를 갖추지 못했다. 미탄니의 왕과 귀족들은 동굴로 도망쳤고, 그 사이 투트모세 3세는 병사들에게 미탄니의 도시를 마음껏 약탈하라고 명령했다.

그 후 미탄니는 대규모 군대를 동원해 알레포 주변에서 이집트군과 전투를 벌였다. 전투가 끝난 뒤 투트모세 3세는 히타이트 왕국으로부터 조공을 받았는데, 이는 그의 승리를 보여주는 증거다.

이처럼 활발한 정복 전쟁 외에도 투트모세 3세는 50개가 넘는 사원을 건설한 위대한 건축가이기도 했다. 고대 이집트를 번영시킨 진짜 위대한 군주는 람세스 2세가 아니라 투트모세 3세였다.

051 알렉산드리아의 여성 철학자, 히파티아

히파티아(Hypatia, 360~415)는 동로마 제국 지배하의 이집트 알렉산드리아에 살던 여성으로, 뛰어난 철학자이자 천문학자, 수학자였다. 알렉산드리아는 대도서관으로 유명했고, 그래서 뛰어난 지식인과 학자가 많은 지성의 도시였다.

히파티아는 훌륭한 수학자인 테온(Theon, 335~405)의 딸이었다. 테온은 알렉산드리아의 고등 교육 기관인 무세이온(Mouseion)의 지도자로, 수학과 유클리드 기하학, 신플라톤 철학을 가르쳤다. 히파티아도 여기서 교육받았다.

히파티아와 동시대 역사학자인 소크라테스 스콜라스티코스(Socrates Scholasticus)는 저서 《교회사》에서 히파티아에 대해 다음과 같이 기록했다.

"알렉산드리아에 철학자 테온의 딸 히파티아라는 여성이 있었는데, 그녀는 문학과 과학에서 당대 모든 철학자를 능가하는 업적을 남겼다. 플라톤과 플로티노스 학파를 이어받아 많은 청중에게 철학을 가르쳤으며, 많은 사람이 멀리서 찾아왔다. 그녀는 남자들의 모임에 참석하는 것을 부끄러워하지 않았다. 그녀의 위엄과 미덕 때문에 모든 남자가 그녀를 존경했다."

또한 동시대 역사학자인 필로스토르기오스(Philostorgius)는 히파티아가

수학에서 아버지 테온을 능가했다고 말했고, 알렉산드리아의 사전 편찬자 헤시키오스(Hesychius)는 그녀가 천문학에도 뛰어났다고 기록했다.

히파티아는 결혼하지 않고 평생 홀로 지냈다. 그런데 한번은 그녀가 강연하고 있을 때 한 남성 수강생이 공개적으로 구애를 했다. 그의 구애를 원치 않았던 히파티아는 처음에는 하프를 연주하며 음악으로 그의 욕정을 달래려고 했다. 그런데도 그가 구애를 멈추지 않자 히파티아는 자신의 생리혈이 묻은 걸레를 보여주며 구애를 거절했다고 한다.

히파티아는 뛰어난 지성 때문에 기독교 광신자들로부터 미움을 받았다. "악마적인 계략으로 많은 사람을 현혹하고, 마법으로 도시의 관리들을 속인다. 그리하여 많은 기독교 신자를 교회가 아니라 강연장으로 불러들여 결국 신에게서 멀어지게 만든다."라는 이유에서였다. 당시 알렉산드리아의 주교였던 키릴(Cyril)은 그녀를 반기독교적 위험인물로 간주했다. 실제로 히파티아는 학생들에게 "신이나 종교에 맹목적으로 의존하지 말고 이성과 지성을 단련하여 그것을 등대로 삼아 현명하게 살아라."라고 가르쳤다.

결국 415년 3월 키릴의 추종자로 알려진 기독교인들이 강연을 마치고 집으로 가던 히파티아를 습격해 잔혹하게 살해했다. 그들은 그녀를 끌고 가 날카로운 굴 껍데기로 그녀의 피부를 갈가리 찢고 눈을 뽑아 잔인하게 죽인 뒤 시체를 불태웠다.

히파티아의 죽음은 철학과 지성의 도시인 알렉산드리아의 문화적 쇠퇴를 상징하는 사건이었다. 그녀가 처참하게 살해된 이후 알렉산드리아를 비롯한 이집트에서 고대 그리스 철학과 과학 전통은 점차 쇠락해갔다.

052 유럽인들이 고대한 사제왕 요한

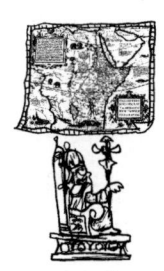

대략 12세기부터 17세기까지 유럽인들은 '사제왕 요한(Prester John)'이라는 전설을 믿었다. 동방 어딘가에 기독교를 믿는 요한이라는 사제이자 왕이 있는데, 엄청난 양의 금은보화로 가득한 풍요로운 나라를 다스리고 있으며 그의 백성 역시 기독교도라는 내용이었다. 그리고 이 사제왕이 머지않아 대군을 이끌고 나타나 유럽의 기독교 신자들을 도와 이슬람 세력을 멸망시킬 것이라는 기대도 함께했다.

처음에 유럽인들은 사제왕 요한이 인도에 산다고 믿었다. 이는 사도 도마가 인도에서 선교 활동을 했다는 초기 기독교 전승에서 비롯되었다. 하지만 인도의 기독교는 16세기에 포르투갈이 도착해 본격적으로 선교하기 전까지는 그 세력이 미약했다.

이후 사제왕 요한의 나라는 인도에서 중앙아시아, 더 나아가 몽골 초원으로 점차 이동했다. 1141년 중앙아시아의 사마르칸트 근처에서 벌어진 카트완 전투에서 동쪽에서 온 카라 키타이(서요)가 당시 이슬람 세계의 강국이었던 셀주크 제국을 물리치자 유럽인들은 드디어 사제왕 요한이 등장했다며 환호했다.

카라 키타이는 916년부터 1125년까지 중국 북부를 지배한 요나라가 여진족 금나라에 멸망한 뒤 요나라 왕족 야율대석(耶律大石)이 서쪽의 중앙아시아로 도망쳐 세운 왕조였다. 요나라는 불교를 신봉했으며, 야율대석 역시 불교 신자였다. 이렇게 기독교와는 아무런 관련이 없는데도 유럽인들은 왜 카라 키타이를 사제왕 요한의 나라라고 여겼을까?

이런 오해는 동방에서 활약한 네스토리우스파 기독교와 관련이 있다. 시리아의 주교 네스토리우스(Nestorius, 386~450)의 가르침을 따르는 이 종파는 예수의 어머니 마리아를 신의 어머니로 보지 않는다는 이유로 정통 기독교에서 이단으로 몰려 페르시아 지역으로 추방당했다. 그렇지만 그들은 중앙아시아와 몽골 초원까지 선교 범위를 넓혔고, 그 결과 10세기 무렵부터 이 지역에 네스토리우스파를 믿는 부족들이 나타났다. 실제로 야율대석을 따르던 이들 중 일부도 네스토리우스파 신자였는데, 이를 근거로 유럽인들은 그들을 사제왕 요한과 연결지은 것이다.

하지만 유럽인들이 애타게 기다린 사제왕 요한의 군대는 1141년 이후 다시는 모습을 드러내지 않았고, 십자군 전쟁의 전세도 유럽 측에 불리하게 흘러갔다. 그러던 중 1221년, 십자군이 점령한 중동의 아크레에서 활동하던 주교 자크 드 비트리(Jacques de Vitry)가 유럽의 군주들에게 편지를 보냈다.

"사제왕 요한의 후손인 인도의 다윗 왕이 사라센(이슬람) 세력에 맞서 군대를 일으켰습니다. 그는 이미 페르시아를 점령하고 바그다드를 향해 진군 중이며 예루살렘을 되찾으려 합니다."

이 소식을 들은 유럽인들은 다시금 커다란 희망에 부풀었다. 그러나 20년이 지난 1241년 유럽에 실제로 도착한 것은 유럽을 돕기 위해 온 사제왕 요한의 군대가 아니라 그들을 정복하러 온 몽골군이었다. 몽골군을 이끈 지휘관은 다윗 왕이 아니라 칭기즈칸의 손자 바투 칸이었다. 몽골 제국의 황제 오고타이 칸이 죽자 몽골군은 철군했지만, 하마터면 유럽이 송두리째 멸망할 뻔했다.

이후 로마 교황과 프랑스 국왕은 몽골 제국에 기독교 성직자들을 사절로 보내 사제왕 요한의 실체를 파악하려 했으나 몽골의 통치자들은 기독교와 아무런 관련이 없었다. 그리하여 14세기 이후로 사제왕 요한이 동방 어딘가에 존재한다는 유럽인들의 믿음은 점차 약화되었다.

대신 사제왕 요한의 나라가 아프리카 에티오피아에 있다는 새로운 전설이 등장했다. 실제로 에티오피아는 고대부터 기독교를 받아들인 나라였다. 1441년 에티오피아 황제 자라 야콥(Zara Yaqob)이 보낸 사절단이 이탈리아 피렌체에서 열린 공의회에 참석하자 유럽의 성직자들은 그들을 '사제왕 요한의 사절'이라고 불렀다. 그러나 정작 에티오피아인들은 그 호칭이 무슨 말인지 몰라 당황했다고 한다.

그런데도 유럽인들은 에티오피아를 사제왕 요한의 나라라고 여겼고, 16세기 에티오피아가 이슬람 세력인 아달 술탄국의 침공을 받자 포르투갈은 같은 기독교 국가를 돕는다는 명분으로 군대를 파견해 에티오피아와 힘을 합쳐 싸웠다. 이처럼 때로는 환상에 뿌리를 둔 믿음이 역사를 움직이기도 한다.

053 몽골군을 물리친 바이바르스

바이바르스(Baybars)는 오늘날의 우크라이나 지역에 살던 튀르크계 유목민인 쿠만족(Cuman) 출신으로, 1242년경 몽골의 침입 이후 이집트에 노예로 팔려갔다. 이집트에서 그는 맘루크(Mamluk) 부대에 편입되었는데, 맘루크는 주로 튀르크계와 캅카스 출신 노예 병사들로 이루어진 군사 집단이었다.

바이바르스가 역사에 처음 등장한 것은 1250년 4월 프랑스의 루이 9세가 이끄는 제7차 십자군이 이집트를 침공했을 때였다. 이집트군은 만수라(Mansurah) 전투에서 십자군을 격파하고 루이 9세를 포로로 잡았는데, 이때 바이바르스를 비롯한 맘루크 부대가 큰 역할을 했다.

그러다가 당시 이집트의 군주인 투란샤(Turanshah)가 맘루크 세력을 견제하려 하자 맘루크 부대원들은 1250년 5월 2일 반란을 일으켜 투란샤를 살해했다. 바이바르스도 이 암살에 가담했다고 알려져 있다.

그러나 그는 맘루크 부대의 사령관 아이바크(Aybak)와 부사령관 쿠투즈(Qutuz)와 갈등을 빚었고, 그들이 자신을 죽이려 하자 부하들을 데리고 시리아로 달아났다. 그사이 아이바크는 투란샤의 아버지 아스살리흐(As-Salih)의 아내인 샤자르 알두르(Shajar al-Durr)와 결혼하고 이집트를 다스리는 술탄에 올랐다. 이로써 맘루크 왕조가 시작되어 1517년까지 존속했다.

하지만 권력을 보고 한 결혼이었기에 아이바크와 샤자르의 관계는 곧 악화했고, 아이바크가 14세 소녀를 첩으로 들이자 샤자르는 남편을 단검으로 찔러 죽였다. 이후 그녀도 아이바크의 하녀에게 살해되었고, 맘루크 부대원들은 쿠투즈를 새로운 술탄으로 추대했다.

1260년 몽골군이 이집트를 위협하자 쿠투즈는 용맹한 바이바르스를 불러들여 함께 대응했다. 바이바르스는 맘루크 부대를 이끌고 시리아로 진군했고, 1260년 9월 3일 아인 잘루트(Ain Jalut) 전투에서 몽골군을 격파하여 몽골의 서진을 저지하는 데 성공했다. 그리고 전투 직후 바이바르스는 쿠투즈를 암살하고 술탄에 올랐다.

바이바르스는 맘루크 왕조에서 가장 위대한 영웅으로 꼽힌다. 그는 17년간 재위하며 십자군과 몽골군에 맞서 이슬람 세계를 지켜냈다. 그의 통치 아래 이집트는 중세 이슬람 세계의 중심지가 되었고, 유럽과 아시아를 잇는 중계 무역을 활발히 하며 눈부신 번영을 누렸다. 또한 바이바르스는 시리아 해안의 십자군 도시들을 정복하여 사실상 십자군의 시대를 끝내버렸다. 그는 재위하는 동안 수차례 원정을 이끌었으며, 전장에서 보인 용맹함으로 명성을 떨쳤다.

한편 바이바르스는 적과의 약속을 어기거나 민간인을 무자비하게 탄압하는 등 교활하고 잔혹한 면모도 보였다. 그래도 이집트를 중심으로 한 중세 이슬람 사회에서는 바이바르스가 가장 위대한 영웅으로 칭송받았고, 이집트에서는 오늘날까지도 그의 무용담을 담은 민담집인 《시라트 알자히르 바이바르스(Sirat al-Zahir Baybars)》가 전해질 만큼 인기를 누리고 있다.

바이바르스는 1277년 시리아에서 사망했는데, 사인은 명확하지 않으나 독살되었을 가능성이 제기된다. 그의 후계자들은 십자군의 마지막 거점인 아크레(Acre)를 정복하여 십자군의 숭동 침략을 완전히 종식했다.

054 유럽을 공포에 떨게 한 해적왕, 하이레딘

흔히 해적이라 하면 할리우드 영화에 나오는 것처럼 카리브해를 배경으로 활동했던 유럽인들만 떠올리기 쉽다. 그러나 유럽인을 상대로 해적질을 벌인 집단도 있었으니 바로 바르바리(Barbary) 해적단이다.

현재의 알제리, 튀니지, 리비아 등 북아프리카 지역을 근거지로 활동한 바르바리 해적단은 16세기에 가장 왕성하게 활동했다. 해적단을 이끈 인물은 그리스 레스보스섬에서 태어난 형제 오루크(Oruc)와 히지르(Hizir)였다. 당시 북아프리카는 스페인에서 추방된 이슬람 난민들이 넘쳐나 혼란스러웠는데, 1512년 두 형제는 이 지역으로 건너가 난민들에게 "너희의 재산을 빼앗고 추방한 유럽 기독교 세력에 복수하자."라며 선동했다. 분노에 찬 난민들은 두 형제의 말에 열광해 그들을 지도자로 받들었다.

오루크와 히지르는 알제리 해안에 정착해 대규모 조선소를 건설하고 선박을 제작한 뒤 해적질에 나섰다. 이들은 튀니지와 알제리 해안에 매복해 있다가 스페인이나 이탈리아 무역선이 다가오면 기습하여 배와 화물을 약탈하고 승객과 선원을 포로로 잡았다. 이들은 노획물을 알제리의 도시 알제의 시장에 팔아 자금을 마련했고, 탈취한 선박은 개조해 해적선으로 사용했다. 포로로 잡은 사람들은 노예로 팔거나 갤리선의 노 젓는 노예로 삼았다.

해적 활동으로 어느 정도 입지를 다진 두 형제는 더 대담한 행보에 나섰다. 오루크는 자신들의 해적질을 반기지 않던 알제의 통치자를 제거하고, 해적 세력을 동원해 알제의 권력을 장악했다.

그러나 1518년 스페인 군대가 알제리 서부 도시 오란을 공격한 전투에서 오루크는 전사하고 히지르는 가까스로 탈출했다. 위기를 모면한 히지르는 스페인의 적국인 오스만 제국에 의지하기로 했다. 그는 오스만 제국의 술탄 셀림 1세(Selim I)에게 사신을 보내 자신을 보호해준다면 모든 영토를 제국의 속령으로 바치고 충성을 다하겠다고 제안했다. 셀림 1세는 이 제안을 받아들여 히지르를 알제 총독으로 임명하고, 최정예 부대인 예니체리 2000명을 파견했다. 아울러 '정의'와 '은총'을 뜻하는 칭호인 하이레딘(Hayreddin)도 하사했다.

오스만 제국이라는 든든한 후원자를 얻은 히지르의 입지는 더욱 강화되었다. 그가 기독교 세력을 상대로 이슬람을 위한 성전(지하드)을 벌인다는 소문이 퍼지자 중동 지역의 수많은 추종자가 알제와 튀니지로 몰려들었다. 그들 역시 히지르처럼 해적질로 한몫 잡아보겠다는 야심을 품고 있었다. 1520년대 말 히지르는 셀림 1세가 보내준 예니체리 2000명 외에 4000명의 병력을 더 거느리게 되었고, 그를 따르는 해적 두목도 40명으로 불어났다. 그들은 약탈로 얻은 이익의 12퍼센트를 히지르에게 바치고, 그 대가로 그의 보호를 받았다.

1533년 히지르는 14척의 갤리선과 18명의 해적 두목을 이끌고 오스만 제국의 수도 이스탄불을 방문해 새로운 술탄 술레이만 1세(Suleyman I)에게 충성을 맹세했다. 술레이만 1세는 히지르를 오스만 제국 해군의 총사령관으로 임명하고, 그가 이끄는 바르바리 해적단을 오스만 제국 해군에 편입시켰다.

4년 뒤인 1537년 9월 28일 히지르가 지휘하는 오스만 해군은 그리스 서북부 프레베자에서 기독교 연합 함대와 싸웠다. 이 전투에서 히지르의 지휘 아래 오스만 해군은 승리를 거두었고, 34년 뒤인 1571년 레판토 해전에서 패배하기 전까지 오스만 제국은 지중해의 제해권을 장악했다.

히지르는 해군 총사령관이 된 이후에도 해적 활동을 멈추지 않았다. 1544년 77세의 고령에도 히지르는 이탈리아 서부 해안에서 대규모 약탈을 벌였다. 그가 이끄는 바르바리 해적들은 항구와 마을을 무자비하게 약탈하고 수많은 주민을 납치했다.

히지르는 1546년 이스탄불에서 사망했다. 이후 오스만 해군 장군들은 출정 전마다 그의 무덤을 찾아 참배하며 위대한 선배를 기렸다. 한편 히지르에게 시달려온 유럽인들은 그의 죽음을 선뜻 믿으려 하지 않았다. 심지어 이탈리아 남부에서는 밤이 되면 죽은 히지르가 무덤에서 나와 시체들과 함께 해적질에 나선다는 소문까지 나돌았을 정도로 히지르는 죽어서도 공포의 대상이었다.

055 사파비 왕조를 무너뜨린 마흐무드

중앙아시아에 있는 아프가니스탄은 18세기 초 민족적 정체성을 자각하게 되었는데, 당시 아프가니스탄 남부 지역은 약 200년간 지금의 이란 지역에 있던 사파비(Safavid) 왕조의 지배를 받았다. 사파비 왕조는 시아파를 국교로 삼았고, 아프가니스탄의 주요 부족들은 이슬람교 최대 분파인 수니파를 믿었다.

18세기에 들어 사파비 왕조가 아프가니스탄 지역 주민들에게 시아파 교리를 강요하고 무거운 세금을 부과하자 참다못한 길자이족(Ghilzai)과 발루치족(Baluch) 등이 반란을 일으켰다. 반란은 사파비 군대에 진압되었고, 길자이족의 족장 미르 와이스(Mir Wais)는 사파비 왕조의 수도인 이스파한으로 압송되었다.

미르 와이스는 이스파한에 머무는 동안 사파비 왕조가 사치와 부패로 쇠약해져 더는 두려워할 필요가 없다는 사실을 깨닫고 후사인(Husayn) 술탄에게 접근해 환심을 샀다. 미르 와이스는 후사인 술탄의 허락을 받고 이슬람의 성지 메카를 순례했는데, 그곳에서 수니파 율법학자에게 자문을 구해 "정통 수니파 신자는 이단으로 간주되는 시아파를 믿는 군주에게 복종할 의무가 없다."라는 답변을 받았다.

1709년 미르 와이스는 이스파한을 거쳐 아프가니스탄의 칸다하르로 돌아와 메카의 율법학자에게 받은 답변을 널리 알렸다. 그러자 가뜩이나 사파비 왕조의 폭정에 불만이 많던 길자이족과 발루치족은 다시 무장 반란을 일으켰다. 후사인 술탄은 사파비 왕조에 충성하는 압달리족(Abdali)과 그루지야인으로 구성된 3만 명 규모의 군대를 보내 반란을 진압하려 했지만, 칸다하르 전투에서 참패했다. 사파비군은 대부분 전사하거나 포로가 되었고, 일부만 겨우 살아 돌아왔다.

1715년 미르 와이스가 죽자 그의 아들 마흐무드 호탁(Mahmud Hotak)이 길자이족의 새로운 지도자가 되었다. 지도자가 된 마흐무드는 뜻밖의 행동을 취했다. 헤라트에서 봉기한 압달리족을 공격해 족장을 사로잡고, 그를 페르시아의 후사인 술탄에게 보낸 것이다. 당시 헤라트 지역의 소요를 걱정하던 후사인 술탄은 압달리족을 제압한 마흐무드에게 감사와 존경을 표했다.

그러나 이는 마흐무드의 계략으로, 페르시아에 맞설 의사가 없다는 인상을 심어주어 후사인 술탄이 방심하게 하려는 술수였다. 그의 속셈을 알아채지 못한 후사인 술탄은 마흐무드가 이끄는 길자이족이 국경을 넘어 침입하고 있다는 사실을 미처 인지하지 못했다. 2만 명의 기병으로 이루어진 길자이족 군대는 마흐무드의 지휘 아래 도시를 점령하거나 뇌물을 주는 방식으로 사파비 영토에 서서히 침투했다.

뒤늦게 사태의 심각성을 깨달은 후사인 술탄은 4만 2000명의 군사와 24문의 대포를 동원해 토벌에 나섰지만, 굴나바드(Gulnabad) 전투에서 길자이족의 기동력을 앞세운 공격에 대패했다. 패배한 사파비군은 수도 이스파한으로 퇴각했고, 마흐무드의 군대는 이스파한을 에워싸고 6개월 동안 공격했다. 포위 기간에 약 10만 명의 시민이 굶주림과 질병으로 사망했다.

1722년 9월 마침내 길자이족은 성문을 부수고 이스파한에 입성해 약탈과 방화를 자행했고, 후사인 술탄은 항복했다. 이로써 찬란한 근대 페르시아 문화를 꽃피웠던 사파비 왕조는 참혹하게 붕괴되었다.

그러나 마흐무드는 점차 불안정한 모습을 보였다. 그는 신과 만난다는 이유로 40일간 동굴에 들어가 칩거하며 명상에 잠겼는데, 동굴에서 나온 뒤에는 예전보다 격앙된 태도를 보였다. 이후 자해를 하는 등 비정상적인 행동까지 보였다. 이 때문에 일부 연구자들은 그가 매독에 걸려 정신질환을 앓았을 가능성을 제기한다. 사파비 왕조를 무너뜨린 지 3년 만인 1725년에 마흐무드는 과도한 폭정을 견디다 못한 측근들에게 암살당하고 만다.

056 이란의 나폴레옹, 나디르 샤

나디르 샤(Nadir Shah, 1688~1747)는 사파비 왕조 건국에 공헌한 튀르크계 일곱 부족 중 하나인 아프샤르족(Afshar) 출신으로, 이란 동북부 호라산 지방 다르가즈라는 시골에서 태어났다. 그는 가난한 집안 출신으로 어린 시절 아버지를 잃고 어렵게 살았다. 이후 호라산 지방의 실력자 바바 알리 베그(Baba Ali Beg)의 부하가 되었고, 나중에 그의 딸과 결혼했다. 바바 알리 베그가 사망하자 나디르 샤는 장인의 권력을 이어받았다.

1722년 사파비 왕조의 수도 이스파한이 마흐무드가 이끄는 길자이족 전사들에게 함락되었을 때 사파비 왕자 타마스프(Tahmasp Mirza)는 호위병을 이끌고 카즈빈으로 도망쳐 재기를 노렸다. 이때 나디르 샤는 타마스프에게 접근해 그를 사파비 왕조의 새로운 샤로 옹립하겠다고 제안했다. 독자적인 군사력이 부족했던 타마스프는 제안을 받아들였다.

나디르 샤는 타마스프를 위해 5000명의 군사를 일으켜 아프가니스탄 서부 헤라트 인근으로 진격했다. 그곳에서 그는 길자이족에게 제압당한 압달리족을 공격해 격파하고, 포로로 잡은 압달리족 중 일부를 자신의 군대에 편입시켰다. 이후 그는 북서쪽으로 이동해 오스만 제국과 싸워 승리를 거두었으며, 마침내 이스파한으로 진군했다.

당시 길자이족 지도자 아시라프 호탁(Ashraf Hotak)은 수많은 페르시아인을 학살하는 만행을 저질렀는데, 나디르 샤와의 전투에서 패해 이스파한에서 쫓겨났다. 아시라프는 1730년 나디르 샤의 추격군에 붙잡혀 처형되었다.

아프가니스탄 세력을 몰아낸 나디르 샤는 1732년 자신이 옹립한 타마스프를 퇴위시키고 타마스프의 어린 아들을 왕위에 올린 뒤 섭정으로 실권을 장악했다. 이후 사파비 왕조 출신 고관들은 아라스강 하류 모간 평야에서 회의를 열어 나디르 샤를 페르시아의 해방자이자 새로운 왕으로 추대했다.

나디르 샤는 아프가니스탄 세력을 몰아낸 뒤에도 그들을 잊지 않았다. 1739년 다시 아프가니스탄을 공격해 압달리족을 격파하고 그들을 자신의 군대에 편입시켰다. 그리고 아프가니스탄 보조병들과 함께 인도로 쳐들어갔다.

마침 당시 인도를 지배하던 무굴 제국은 쇠약해진 상태였다. 나디르 샤는 무굴 제국의 수도 델리를 공격해 무자비한 살상과 약탈을 저질렀다. 그는 무굴 황제가 사용하던 보석이 박힌 공작 옥좌와 '빛의 산'이라 불리는 거대한 다이아몬드 코이누르(Koh-i-Noor)를 손에 넣었다.

압달리족을 군대에 편입한 나디르 샤는 다시 헤라트를 점령하고, 아무다리야강 북쪽 부하라, 히바, 사마르칸트 등의 우즈베크인 도시를 공격했다. 이러한 눈부신 군사적 활약 때문에 이란인들은 나디르 샤를 '이란의 나폴레옹'이라고 부른다.

그러나 그는 말년에 폭력성과 의심이 심해져 극단적 행동을 보였다. 어느 날 마잔다란 숲속을 행군하던 중 나디르 샤는 아프가니스탄인의 저격을 받았다. 총알이 그의 오른팔을 스쳐 타고 있던 말의 머리에 명중했는데, 범인은 잡히지 않았다. 격분한 나디르 샤는 아들을 의심하고는 그를 고문하여 두 눈을 멀게 했다.

영웅과 악당 173

또한 페르시아의 새로운 수도 마슈하드에서 과도한 세금에 반발해 반란을 일으키자 이를 무자비하게 진압하고 많은 사람을 학살했다. 이후 페르시아 각지에서 나디르 샤의 탐욕과 폭정에 항거하는 민란이 꼬리를 물고 일어나 국정은 혼란에 빠졌다. 1747년에는 그의 고향 호라산에서도 반란이 일어났다.

이 반란을 진압하기 위해 출정한 나디르 샤는 쿠찬에 주둔하던 중 자신의 경비대 일부가 반란을 모의하고 있다고 의심했다. 그는 압달리족 출신 장교 아흐마드 칸(Ahmad Khan)에게 반란 혐의가 있는 병사와 장교들을 처형하라고 명령했다. 그러나 이 명령은 병사들의 반발을 불러왔고, 다음 날인 1747년 6월 20일 나디르 샤는 막사에서 암살된 채 발견되었다. 그가 죽자 군대는 와해되었고, 아프가니스탄 부족과 튀르크 전사들은 서로 싸우고 전리품을 챙겨 뿔뿔이 흩어졌다.

나디르 샤는 생전에 이슬람교 율법학자가 "천국에는 전쟁과 싸움이 없고 오직 평화만 있습니다."라고 하자 "그렇다면 아무런 즐거움도 없는 곳인데, 무엇하러 갈 필요가 있단 말이오?"라고 대답했다고 한다. 이처럼 나디르 샤는 전쟁 말고는 즐거움을 몰랐던 전쟁광이었다.

057 애버리지니의 저항을 이끈 페물우이

태평양 남쪽에 자리한 호주 대륙은 수만 년 동안 애버리지니라 불리는 원주민들의 터전이었다. 애버리지니가 언제부터 호주에 살기 시작했는지는 확실하지 않으나 호주 동남부 뭉고 호수에서 약 4만 년 전의 유골이 발견되었다. 최근의 고고학적 연구들은 애버리지니가 약 6만 5000년 전부터 호주에 거주해왔음을 보여준다. 이 정도라면 사실상 호주 토박이나 다름없다.

애버리지니는 일부 원시적인 농경 활동 외에는 농경이나 목축을 하지 않았다. 본래 호주는 국토 대부분이 사막이라 농경이 어려웠던 데다 소나 양처럼 사람이 길들일 수 있는 식용 가축도 살지 않았다. 물론 캥거루 같은 커다란 동물들이 살기는 했지만, 캥거루는 길들여 가축으로 삼기에는 성질이 너무 사나웠다. 그래서 애버리지니는 수렵과 채집 생활을 했다.

그러다가 18세기에 들어 애버리지니에게 전혀 예상치 못한 재앙이 닥쳐왔다. 1770년 영국의 제임스 쿡(James Cook) 선장이 호주에 도착한 이후 영국은 호주를 식민지로 삼으려 했다. 하지만 호주는 본토와 너무 멀고 날씨도 더운 데다 결정적으로 토지 대부분이 황량한 사막이어서 자발적으로 이주하려는 이들이 많지 않았다.

한편 당시 영국은 초기 자본주의가 막 시작된 시기로, 산업화에 적응하지 못한 많은 이들이 빈민이 되어 사회 문제로 대두하자 범죄자들을 본국에서 멀리 떨어진 호주로 보내자는 발상이 호응을 얻었다. 이러한 이유로 영국 정부는 본격적으로 호주를 식민지화하기 위해 1788년부터 죄수나 빈민을 강제로 호주에 보내기 시작했다. 이는 곧 수만 년 동안 호주 땅에서 살아온 애버리지니의 파멸을 알리는 신호탄이었다.

호주에 도착한 영국 이주민들을 관리하던 총독부는 호주의 토양이 농사보다는 목축에 적합하다고 판단해 소와 양을 방목하는 사업을 추진했다. 그러려면 넓은 땅이 필요했기에 총독부는 원주민들을 쫓아내고 그들의 터전을 빼앗았다.

물론 애버리지니도 조상 대대로 살아온 땅을 순순히 내주지는 않았다. 대표적인 예로 에오라 부족 출신 전사인 페물우이(Pemulwuy, 1750~1802)는 영국인이 호주에 들어온 지 2년이 지난 1790년 12월 영국인 정착민들을 공격했다. 또한 다룩, 타라왈 등 다른 부족도 영국인에 대한 공격에 참여하도록 설득했다. 1792년부터 페물우이는 자신을 따르는 여러 애버리지니 부족과 함께 현재의 뉴사우스웨일스주 보타니만 일대에서 영국인 정착민의 농작물을 불태우고 가축을 죽인 뒤 달아나는 식의 게릴라전을 벌였다.

그러나 그의 항쟁은 영국인의 이주를 막기에는 역부족이었다. 애버리지니는 통합된 국가 체계를 이루지 못한 부족 집단이었고, 무기라 해봐야 나무를 깎아 만든 부메랑이나 돌로 만든 창 정도였기에 총과 대포로 무장한 영국인의 상대가 되지 못했다.

결국 페물우이는 1802년 6월 2일 영국 선원인 헨리 해킹(Henry Hacking)이 쏜 총에 맞아 사망했다. 페물우이의 아들 테드버리(Tedbury)가 아버지의 뒤를 이어 싸웠으나 그 역시 1810년 영국인 정착민에게 살해당했다. 이후 영국에 저항하는 투쟁을 이끌 애버리지니 지도자는 다시 나타나지 않았다.

058 관체족의 지도자, 벤코모와 팅과로 형제

북아프리카 서쪽에서 약 100킬로미터 떨어진 대서양에는 카나리아제도라는 7개의 섬이 있다. 이들 섬에는 기원전 1000년부터 관체족이라 불리는 원주민이 살았는데, 이들은 북아프리카에 살던 베르베르인 계열로 추정된다. 실제로 2017년 관체족의 유전자를 분석한 결과 그들과 가장 유전적으로 가까운 인종이 베르베르인으로 확인되었다.

관체족은 섬 안에 고립되어 살았으며, 석기 시대 수준의 기술을 유지해 금속을 전혀 사용하지 못했다. 그런 와중에 페니키아와 카르타고, 로마와 아랍 같은 외부인들이 가끔 카나리아제도를 방문했지만 섬에 정착하려는 시도는 없었다. 그러나 14세기부터 유럽인들이 이곳을 장거리 항해의 중간 거점으로 삼고 관체족을 노예로 팔기 위해 침입하면서 관체족에게 재앙이 닥쳤다.

1341년 포르투갈 국왕 아폰수 4세(Afonso IV)의 명을 받은 제노바 출신 탐험가 니콜로소 다 레코(Nicoloso da Recco)가 군대를 이끌고 카나리아제도를 찾았다. 이어 1402년 노르망디 출신 프랑스 귀족 장 드 베탕쿠르(Jean de Béthencourt)가 섬을 정복하기 위해 원정대를 이끌고 출항했다. 베탕쿠르는 직물과 염색 공장을 운영하고 있었는데, 카나리아제도에는 이끼에서 추출

하는 염료 원료인 오르세인(orcein)이 풍부했기 때문이다. 그는 1402년 여름 란사로테섬에 도착했고, 원주민 족장 과다르피아(Guadarfia)는 저항이 무의미하다고 판단해 항복했다. 베탕쿠르는 섬에 요새를 세웠으나 곧 식량 부족과 내분으로 철수했다.

결국 카나리아제도를 정복한 것은 스페인의 전신인 카스티야 왕국이었다. 카스티야는 섬들이 서로 고립되어 동족 의식이 약하다는 점을 이용해 자신들에게 협조하거나 항복한 관체족을 앞세워 나머지 섬들을 점령해 나갔다.

물론 카스티야의 침략에 맞서 싸운 관체족 지도자들도 있었다. 대표적인 이들이 테네리페섬의 멘시(mencey, 부족장) 벤코모(Bencomo)와 그의 이복형제 팅과로(Tinguaro)였다. 이들은 1494년 5월 31일 1차 아센테호 전투에서 카스티야군 대부분을 섬멸하는 승리를 거두었다. 당시 카스티야군 1120명은 파르판 계곡에 들어섰다가 관체족의 기습 공격을 받았다. 관체족은 불에 달군 창 바노테(banote)와 돌팔매 같은 원시적 무기로 대포와 총을 가진 카스티야군을 상대했다. 울창한 숲과 좁은 지형 때문에 기병대가 힘을 쓰지 못했고, 900~1000명의 카스티야 병사가 전사했다.

그러나 같은 해 11월 14~15일 아구에레 평원 전투에서는 관체족이 참패했다. 평지는 기병이 활약하기 좋은 지형이기 때문이었다. 벤코모와 팅과로는 부상을 입고 산으로 후퇴했으나 매복 중이던 카스티야군에게 발각되어 벤코모는 현장에서 전사했고, 팅과로는 상처가 악화해 며칠 뒤 사망했다. 이 전투에 동원된 관체족 전사가 무려 1만 1000명에 달했으니 그만큼 피해도 막대했다.

이어 12월 25일에 벌어진 2차 아센테호 전투에서 마지막 멘시 벤토르(Bentor)가 이끄는 6000명의 관체족 전사도 카스티야군에 패배했다. 벤토르는 포로가 되지 않기 위해 절벽에서 뛰어내려 스스로 목숨을 끊었다.

이로써 카나리아제도는 카스티야 군대에 점령당했다. 저항하다 포로로 잡힌 관체족은 노예로 팔렸고, 카스티야에 협조한 소수만이 살아남았다. 이들은 이후 스페인인과 피가 섞이면서 고유의 언어와 종교를 모두 잃고 소멸했다.

059 베르베르인의 여왕, 알카히나

알카히나는 7세기경 현재의 알제리 지역에서 베르베르인을 이끌던 여왕이다. 본명은 디히야(Dihya)이며, 알카히나는 아랍인들이 '여성 사제' 또는 '점쟁이'라는 뜻으로 붙인 별명이다. 이는 디히야가 스스로 앞날을 보는 능력이 있다고 주장했기에 적대 세력이던 아랍인들이 그녀를 점쟁이나 사제에 빗대어 부른 것으로 보인다.

알카히나는 7세기 초 베르베르계 즈라와 제나타(Jrawa Zenata) 부족에서 태어났다. 성인이 된 그녀는 오레스산맥에서 가다메스의 오아시스에 이르는 지역에 사는 베르베르인들을 다스렸다. 그러다 680년대에 동쪽에서 아랍인들로 구성된 이슬람 제국의 군대가 침입하자 베르베르인의 족장 쿠사일라(Kusaila ibn Malzam)가 부족을 이끌고 맞서 싸우다 전사했다. 이후 알카히나는 쿠사일라의 뒤를 이어 아랍인들과의 투쟁을 이끌었다.

698년 알카히나가 이끄는 베르베르 부족 군대는 메스키아나 근처에서 하산 이븐 알누만(Hasan ibn al-Nu'man)이 지휘하는 아랍 군대와 전투를 벌였다. '낙타 전투'로 불리는 이 전투에서 알카히나가 이끄는 베르베르 군대가 승리했다. 하산은 철수하여 4~5년간 오늘날의 리비아인 키레나이카에 숨어 지냈다. 이는 아랍인들이 북아프리카를 정복하면서 겪은 가장 큰 패배로 기록되었다. 당시 아랍 군대는 동로마 제국과 사산 왕조 같은 강대국을 연이어 격파하며 무적의 위세를 떨치고 있었는데, 그런 아랍 군대를 상대로 알카히나는 국가도 아닌 부족 연맹에 불과한 베르베르인을 이끌고 승리한 것이었다.

하지만 알카히나는 아랍 군대를 결코 얕보지 않았다. 그녀는 아랍 군대의 재침입에 대비해 농경지와 작물 등을 모두 불태우는 청야 전술을 사용했다. 이는 아랍인들이 식량을 얻지 못하게 하여 굶주리다가 후퇴하게 하려는 전략이었다. 청야 전술은 한국사에서도 고구려가 중국을 상대로 여러 차례 사용한 바 있다.

그런데 이 청야 전술은 베르베르인의 민심을 잃는 역효과를 낳았다. 산이나 사막에서 유목 생활을 하는 베르베르인은 큰 피해를 입지 않았지만, 오아시스에서 농사를 짓는 베르베르인은 청야 전술 탓에 당장 먹을 식량과 생계 수단을 잃었다. 이로 인해 아랍인을 물리치는 것보다 생존이 더 큰 문제가 되었다.

이런 상황에서 하산이 아랍 군대를 이끌고 다시 침략했다. 그리하여 지금의 알제리 국경 근처 튀니지 지역인 타바르카(Tabarka)에서 알카히나가 이끄는 베르베르 군대와 하산이 이끄는 아랍 군대의 전투가 벌어졌다. 이 전투에 대한 상세한 기록은 없지만 이 전투에서 베르베르 군대가 패배하고 알카히나가 죽었다고 알려져 있다. 그녀의 사망에 대해서는 칼을 들고 싸우다 전사했다는 설과 아랍 군대에 붙잡혀 수모를 당하지 않기 위해 독을 삼키고 자살했다는 설이 있다. 타바르카 전투는 690년대 후반에서 703년경 사이에 벌어진 것으로 추정되지만 정확한 연도는 알 수 없다.

아랍 학자들에 따르면 알카히나는 유대교 또는 기독교를 믿었다고 한다. 그러나 그녀가 베르베르인의 전통적 다신교 신앙을 믿었다는 의견도 있다. 7세기 무렵의 베르베르 사회는 유대교, 기독교, 전통 다신교 신앙 등이 공존했기 때문에 알카히나가 무엇을 믿었는지는 단정하기 어렵다.

알카히나는 생전에 바가이(Bagay)와 켄츨라(Khenchla)라는 두 아들을 두었다. 많은 아랍 역사가들에 따르면 알카히나가 죽고 나서 두 아들은 아랍 군대에 항복하고 스페인 원정에 참여했다고 한다. 그러나 역사가인 이븐 알아티르(Ibn al-Athir)는 그들이 어머니와 함께 전사했다고 전한다.

알카히나는 알제리에서 매우 존경받는 여성 영웅이다. 특히 알제리가 프랑스의 식민 지배를 받던 시절에 그녀는 프랑스에 맞서 싸운 알제리 여성 독립투사들의 본보기였다. 1857년 반란을 일으켜 프랑스에 저항한 여성 족장 랄라 파트마(Lalla Fatma)도 알카히나를 존경했다. 오늘날 알제리 켄첼라에 있는 디히야 기념관에는 알카히나를 기리는 동상이 세워져 있다.

060 셀쿠프족의 영웅, 이치

셀쿠프족(Selkup)은 우랄어족에 속하는 민족으로, 러시아 북서부의 야말로네네츠 자치구와 중부의 튜멘주, 크라스노야르스크 변경주에 걸쳐 거주하고 있다. 이들은 17세기 초 러시아 제국의 확장 과정에서 복속되었지만 오랫동안 '이치(Ichi)'라 불리는 영웅의 전설을 믿어왔다. 이치는 이차(Icha), 이추(Ichu)라고도 불리며 그의 상징은 활과 스키다. 셀쿠프족 전설에 따르면 이치를 키운 할머니가 그에게 활과 스키를 선물했다고 한다.

셀쿠프족 신화에서 이치는 그들을 지켜주는 영웅이자 수호신으로 묘사된다. 이치는 자신이 타고 다니는 말 덕분에 거의 무적에 가까운 힘을 지니고 있다. 일부 전승에서 이치는 천둥의 신이며, 하늘에서 땅으로 내리꽂히는 번개와 비는 그가 사악한 신 키지(Kyzy)와 그를 섬기는 악령을 벌하는 무기라고 여겨진다. 셀쿠프족 신화에서 키지는 지하 세계 또는 북쪽의 추운 바다에 사는 사악한 어둠의 신으로, 악령을 다스리고 사람들에게 전염병을 퍼뜨린다.

이치와 키지의 관계에 관한 셀쿠프족의 전설은 다양하다. 어떤 전승에서는 키지가 영웅 카시(Kasy)와 이치의 이모 사이에서 태어난 이치의 사촌 형제로 묘사된다. 이치와 키지는 지상에서 싸우기 시작해 점차 하늘로 올라가 격돌했는데, 너무 높이 올라간 탓에 태양의 열기로 갑옷이 달아올라 움직일 수 없게 되었다. 이때 이치의 할머니가 나타나 둘을 자유롭게 해주었지만, 그들의 대결은 끝나지 않고 오늘날까지도 계속되고 있다고 전해진다. 그래서 세상에는 선(이치)과 악(키지)이 공존하게 되었으며, 둘의 끝없는 싸움을 통해 사람의 영혼이 순환하고 그렇게 삶은 끝나지 않고 영원히 이어진다고 한다.

셀쿠프족 신화에서 이치는 영웅으로 등장한다. 그의 영웅적인 면모를 보여주는 일화로 부모를 잡아먹은 거인 퓨네구세(Pyuneguse)와 싸운 이야기가 있다. 퓨네구세는 힘이 엄청나게 세고 쇠로 만든 외투를 입고 있었지만, 이치는 그를 속여 철제 외투를 벗게 한 뒤 불에 태워 죽였다. 이때 퓨네구세의 잿더미에서 모기, 거미, 지렁이 같은 혐오스러운 곤충과 동물이 태어났으며, 가시 달린 식물들이 그의 이빨에서 자라났다고 한다.

이치는 숲의 정령의 딸 셋을 납치한 범인을 찾아 그녀들을 구출한 뒤 모두 아내로 맞았다. 이들 중 한 명은 곰의 정령을 낳았는데, 이 곰의 정령은 훗날 셀쿠프족의 조상이 되었다. 이처럼 곰을 시조로 여기는 전승은 셀쿠프족을 포함한 시베리아 원주민 신화에서 흔히 나타나는데, 단군 신화 또한 이러한 시베리아 원주민 신화에서 영향을 받았다는 견해도 있다.

한편 셀쿠프족 전설에서 이치는 키지의 부하인 악령들과도 싸우는데, 이 악령들은 주로 숲과 저수지에 깃들어 살며 곰, 수달, 도마뱀, 뱀, 개구리, 학 같은 동물의 모습으로 나타나거나 사람을 닮은 괴물로 나타난다고 한다. 셀쿠프족은 이러한 악령의 존재를 진지하게 믿었으며, 이들이 끼치는 재앙으로부터 보호받기 위해 무당은 악령들에게 제물을 바치고 그들을 달래는 의식을 치렀다. 이는 한국 무속에서 무당이 귀신의 심술로부터 사람을 지키기 위해 음식을 성대하게 차리고 굿을 하는 것과 비슷하다.

이치는 트릭스터(trickster)의 면모도 보인다. 셀쿠프족 전설에서 그는 탐욕스러운 러시아인 상인과 총독을 속여 골탕 먹이는 역할을 자주 맡는다. 이는 셀쿠프족을 강압적으로 지배한 러시아인에 대한 반감의 흔적으로 여겨진다.

061 폴리네시아의 문화 영웅, 마우이

마우이(Maui)는 폴리네시아 신화에 등장하는 문화 영웅이자 트릭스터다. 폴리네시아계 민족들이 뉴질랜드, 하와이, 통가, 사모아에 이르는 방대한 남태평양 지역에 퍼져서 살고 있듯이 마우이에 관한 전설도 폴리네시아 전역에 널리 퍼져 있다. 전승의 내용은 지역마다 세세한 차이가 있을 뿐 대체로 비슷하다.

먼저 뉴질랜드의 마우이 전설에 따르면, 마우이는 어머니인 타랑가(Taranga)가 원치 않아 태어나자마자 바다에 버려졌지만 바다풀에 걸려 살아남았다. 이후 조부에게 발견되어 자라난 그는 할머니 무리랑가웨누아(Murirangawhenua)가 준 턱뼈로 만든 마법의 낚싯바늘을 가지고 낚시를 했다. 그 결과 그는 테 이카아마우이(Te Ika-a-Maui)라는 거대한 물고기를 잡았고, 이 물고기는 뉴질랜드 북섬이 되었다. 마우이가 타고 온 배는 남섬이 되었으며, 마우이의 형제들이 물고기를 자르면서 생긴 자국들이 뉴질랜드의 산과 계곡이 되었다. 이처럼 뉴질랜드의 전설에서 마우이는 국토를 창조한 존재로 여겨진다.

두 번째는 마우이가 세상에 불을 가져다준 이야기다. 원래 불은 불의 여신 마후이카(Mahuika)가 가지고 있었는데, 그녀는 땅끝에 있는 불타는 산의 동굴에 살았다. 사람들은 그녀로부터 불을 받아 사용했는데, 마우이는 불이 어디에서 나는지 알고 싶어서 일부러 마을의 모든 불을 꺼뜨리고는 마후이카를 찾아가 새로운 불을 달라고 요청했다.

마후이카는 마우이에게 자신의 불타는 손톱을 하나씩 떼어주며 그것으로 불을 피우라고 했지만, 마우이는 불의 기원을 알고 싶은 호기심에 일부러 손톱의 불을 꺼뜨리며 계속해서 손톱을 요구했다. 결국 손톱을 거의 다 잃은 마후이카는 분노하며 불길을 일으켜 마우이를 공격했고, 마우이는 날씨의 신 타위리마테아(Tawhirimatea)에게 비를 내려달라고 부탁해 불길을 피했다. 이후 마우이는 불이 나무 속에 남아 있다는 사실을 깨닫고, 나무를 마찰시켜 불을 얻는 방법을 사람들에게 전파했다. 그때부터 사람들은 스스로 불을 피울 수 있게 되었다.

세 번째는 마우이가 태양의 움직임을 느리게 했다는 이야기다. 예전에는 태양이 하늘을 너무 빨리 지나 낮이 매우 짧았기 때문에 사람들은 일하거나 음식을 준비할 시간이 부족했다. 마우이는 형제들과 함께 할머니가 준 신성한 턱뼈와 밧줄을 가지고 동쪽으로 향했고, 태양신 타마누이테라(Tamanuitera)가 밤에 쉬는 동굴을 찾아냈다. 그들은 동굴 주위에 밧줄로 올가미를 설치하고, 태양의 뜨거운 열기에 대비해 방어벽을 쌓았다. 다음 날 타마누이테라는 올가미에 걸렸고, 마우이는 턱뼈로 그를 계속 내리쳤다. 지친 타마누이테라는 천천히 하늘을 지나겠다고 약속했고, 이후로 오늘날처럼 낮이 길어지게 되었다.

네 번째는 마우이의 죽음에 관한 이야기다. 뉴질랜드를 만들고 불을 가져오고 낮을 길게 만든 마우이는 죽음마저 극복하려 했다. 그는 죽음을 피하기 위해 죽음의 여신 히네누이테포(Hinenuitepo)를 굴복시키려 했다. 마우이는 벌레로 변신해 몸속으로 들어가려 했으나 그녀의 음부에 흑요석으로 된 날카로운 이빨이 있어서 그만 그 이빨에 찢겨 죽고 말았다. 그리하여 죽음을 초월하려던 인류의 욕망은 좌절되었다.

마우이는 뉴질랜드와 같은 폴리네시아계 원주민들이 사는 하와이의 신화에도 등장한다. 하와이에서 마우이는 고대 족장 아칼라나(Akalana)와 그의 아내 히나(Hina)의 아들로 묘사된다.

하와이에서도 마우이는 섬을 만든 창조자로 여겨진다. 함께 낚시하던 마우이의 형제들이 마우이가 물고기를 낚지 못한다고 놀리자 그는 "내가 물고기는 못 잡지만 더 좋은 것을 낚아 올리겠다."라며 마법의 낚싯바늘로 하와이제도를 건져 올렸다. 그때 형제들이 놀라 소동을 피우는 바람에 다른 섬들은 제대로 건져 올리지 못했다고 전해진다.

062 바누아투의 영웅, 카트

카트(Qat)는 멜라네시아 북부 바누아투의 뱅크스제도 전승에 나오는 정령이자 영웅이다. 원래는 뱅크스제도 주민들이 숭배하던 신이었다는 견해도 있다.

뱅크스제도에서는 카트에 관한 다양한 이야기가 전해진다. 카트는 돌이 부서질 때 태어났으며, 그의 형제 11명은 '어리석은 타가로(Tagaro)', '지혜로운 타가로'처럼 타가로라고 불렸다.

카트는 형제들이 햇볕이 너무 강해 쉴 수 없다고 불평하자 그들을 위해 밤을 만들고 잠자는 법을 가르쳤다. 그리고 형제들이 잠든 사이에 카트는 먼저 일어나 붉은 흑요석 조각으로 밤을 잘라 새벽을 만들고, 이제 깰 시간이라고 알려주었다.

카트가 선녀를 아내로 맞았다는 이야기도 전해진다. 어느 날 카트는 하늘에서 목욕하러 내려온 아름다운 하늘의 처녀 무리를 보았고, 그중 한 명이 벗어놓은 날개를 훔쳐 땅속에 묻었다. 목욕을 마친 처녀들은 날개를 입고 하늘로 돌아갔지만 날개를 잃어버린 빈마라(Vinmara)는 하늘로 올라가지 못했다. 카트는 "당신은 이제 이곳에 살 수밖에 없습니다. 내가 짝이 되어 함께 살겠습니다."라고 말했다. 빈마라는 외로움과 두려움 때문에 그의 제안을 받아들였다. 그렇게 둘은 부부가 되었고, 카트는 그녀에게 로레이(Ro-Lei)라는 새 이름을 지어주었다.

하지만 카트의 어머니는 로레이를 좋아하지 않아 틈만 나면 야단치고 못살게 굴었다. 로레이는 계속되는 시어머니의 괴롭힘을 견디다 못해 눈물을 흘렸는데, 그 눈물에 흙이 씻겨 나가면서 땅속에 묻힌 그녀의 날개가 드러났다. 날개를 되찾은 로레이는 하늘로 날아갔다.

카트는 로레이를 따라가고자 밧줄을 묶은 화살을 하늘로 뻗은 거대한 나무에 쏘고서 밧줄을 타고 올라갔다. 그러나 나무가 부러지는 바람에 카트는 땅에 떨어져 죽고 말았다. 다른 전승에서는 아내가 떠나 슬퍼하던 카트가 언젠가 돌아오겠다는 말을 남기고 카누를 타고 바다로 떠나갔다고 한다.

그런가 하면 카트가 형제들과 함께 바누아투 북부 가우아섬으로 탐험을 떠나 그곳에서 거인 카사바라(Qasavara)와 맞닥뜨렸다는 전승도 있다. 카사바라는 섬을 방문한 카트와 형제들을 집으로 초대해 음식을 대접했고, 실컷 먹은 형제들이 잠든 사이에 그들을 잡아먹으려 했다. 그러나 이미 깨어 있던 카트는 기둥에 금을 그어 그 안에 형제들과 함께 숨어 있다가 집을 빠져나와 나무 위로 달아났다.

이를 눈치챈 카사바라가 나무 위로 쫓아오자 카트와 형제들은 나무를 이웃 섬까지 닿을 만큼 길게 휘게 만든 뒤 재빨리 아래로 뛰어내렸다. 그러나 이를 모른 채 계속해서 나무를 타고 올라가던 카사바라는 나무의 반동 때문에 땅에 떨어져 죽고 말았다. 그의 시신은 돌로 변했는데, 이후 뱅크스제도의 주민들은 마을 간 전투에서 승리를 기원하며 그 돌에 희생 제물을 바쳤다고 전해진다.

또 다른 전승에 따르면 카사바라는 저주받은 영혼을 모아 사악한 괴물에게 먹인다고 한다.

063 나바호족의 영웅, 나예네즈가니

나예네즈가니(Nayenezgani)는 미국 원주민인 나바호족(Navajo)의 전설에 등장하는 영웅이다. 그는 쌍둥이 형제인 토바치시니(Tobadzischini)와 함께 인간을 위협하는 사악한 괴물인 아나예(Anaye)들을 물리쳤다. 나바호어로 나예네즈가니는 '괴물을 죽이는 자'를 뜻하고, 토바치시니는 '물의 아이'를 뜻한다.

형제는 창조와 치유를 담당하는 여신 아스차 나들레헤(Asdzaa Nadleehe)의 아들이다. 그녀는 지하 세계에서 가져온 4개의 사슴 가죽 주머니에 담긴 흙으로 인간을 창조했다고 전해진다.

전승에 따르면 아스차 나들레헤가 목욕하며 햇볕을 쬐던 중 쌍둥이를 잉태해 낳았는데, 이들은 태어나자마자 움직이며 눈 위에 작은 발자국을 남겼다. 이때 괴물 예이초(Yeitso)가 땅을 울리며 나타나 아스차 나들레헤에게 아이들을 잡아먹게 내놓으라고 협박했다. 그녀는 "당신이 뭔가 잘못 안 겁니다. 나는 아이들을 낳지 않았습니다."라고 부인했다. 그러자 예이초는 "저 눈 위에 아이들 발자국이 찍혀 있는데 무슨 소리냐?"라고 추궁했다. 아스차 나들레헤는 "저 발자국은 내가 심심해서 찍고 놀던 것입니다."라고 둘러댔는데, 예이초는 그 말을 믿고 돌아갔다. 덕분에 형제는 목숨을 건질

수 있었다.
 자라난 형제는 예이초를 비롯해 아나예들을 모두 없애기로 마음먹고 여정을 떠났다. 나바호족 신화의 아나예는 남성을 혐오한 여성이 남성 대신 여러 도구와 성교해 낳은 괴물들이다. 형제는 여정 중에 만난 거미 할머니라는 현명한 노파에게 각종 위험으로부터 지켜주는 마법의 깃털을 받았다.
 형제가 처음으로 처치한 아나예는 '아이를 죽이는 자들'이라는 뜻의 바나예 아하니(Binaye Ahani)였다. 이들은 눈에서 번개를 쏘거나 눈으로 사람을 죽일 수 있는 괴물들인데, 사람과 외모가 비슷하지만 팔다리가 없었다. 형제는 그들의 눈에 소금을 뿌리고 화살을 쏘아 죽였는데, 그러자 그들의 시체는 선인장으로 변했다.
 두 번째로 만난 아나예는 '추격하는 곰'이라는 뜻의 사스날카히(Sasnalkahi)였다. 사스날카히는 동굴에 숨어 있다가 다가오는 사람을 죽이는 거대한 곰이었는데, 형제는 그의 머리가 나타날 때까지 기다렸다가 머리를 잘라 죽였다. 나예네즈가니가 곰의 머리를 세 조각으로 자르자 그것들은 유카(yucca, 북미 대륙에서 자라는 관목)로 변했다.
 세 번째 아나예는 '뿔이 달린 괴물'이라는 뜻의 틸겟(Teelget)으로, 수풀이 무성한 들판에 살면서 큰 뿔로 사람을 죽이는 괴물이었다. 형제는 땅굴을 파고 숨어 있다가 틸겟이 다가오자 아래에서 칼로 찔러 죽였다.
 네 번째 아나예는 '떠도는 돌'이라는 뜻의 체나가히(Tsenagahi)로, 지나가는 사람을 으깨 죽이는 바위였다. 나예네즈가니는 체나가히를 유인한 뒤 땅에 세워놓은 칼끝에 찔리게 하여 쓰러뜨렸다. 그의 시체는 샤이닝 록(Shining Rock, 미국 뉴멕시코주 북부의 커다란 바위산)이 되었다.
 다섯 번째 아나예는 '절벽에 사는 자'라는 뜻의 체타호칠탈리(Tsetahotsiltali)로, 거대한 다리로 여행자를 절벽 아래로 떨어뜨려 죽이는 괴물이었다. 형제는 그의 머리카락을 잡아 산 아래로 떨어뜨려 죽이고 그 자식들도 죽였는데, 그들은 모두 말벌이 되었다.

마지막으로 형제가 만난 아나예는 '곰 괴물'이라는 뜻의 예이초였다. 예이초는 아나예 중에서도 가장 크고 강한 존재로, 여자와 바위 사이에서 태어났다. 덩치가 너무 커서 사람이 해가 뜰 때부터 질 때까지 걸어야 하는 거리를 한 걸음 만에 걸었고, 호수를 네 모금에 다 마셨다.

형제는 예이초를 찾아가 "너는 우리를 죽일 기회가 있었지만 바보같이 놓쳤다. 이제 우리가 찾아왔으니 죽을 준비나 해라."라며 조롱하고는 번개를 던져 죽였다. 형제는 예이초의 머리 가죽을 잘라 호수에 던졌는데, 그곳이 바로 뉴멕시코주 북서부의 카베손 피크(Cabezon Peak)가 되었다고 전해진다.

4
요괴와 정령

064 이집트 신화의 심판자, 암미트

암미트(Ammit)는 고대 이집트 신화에 등장하는 괴물로, 몸의 앞부분은 사자(또는 표범), 뒷부분은 하마, 머리는 악어의 형태를 하고 있다. 고대 이집트인들은 이 세 동물을 사람을 잡아먹는 맹수로 여겼는데, 암미트라는 이름 자체가 '죽은 자를 먹는 자'를 뜻한다.

암미트는 이집트 신화에서 중요한 역할을 한다. 이집트의 저승인 두아트(Duat)에 거주하며 '정의의 저울' 근처에 있다가 죽은 자의 심장이 저울에 올려지는 순간을 지켜본다. 저울의 한쪽에는 죽은 자의 심장이, 다른 쪽에는 정의의 여신 마아트의 깃털이 놓인다. 생전 죄를 많이 지은 사람의 심장은 깃털보다 무거워 저울이 기우는데, 그러면 암미트가 그 심장을 삼켜버린다. 그 영혼은 '불의 연못'에 던져져 영원히 고통받는데, 고대 이집트에서는 이를 '두 번째 죽음'이라고 불렀다.

반면 생전에 선하게 산 자는 심장이 깃털보다 가벼워 저울이 반대 방향으로 기울고, 그의 영혼은 죽음의 신 오시리스가 있는 낙원으로 가서 행복하게 살 자격을 얻는다. 또한 오시리스에게로 간 선한 영혼은 훗날 다시 인간으로 환생할 수도 있다. 이러한 역할을 봤을 때 암미트는 단순한 괴물이 아니라 인간의 선악을 판단하는 저승의 심판자로 볼 수 있다.

흥미롭게도 암미트의 모습과 기능은 기독교 《신약성경》의 마지막 책인 〈요한계시록〉에 영향을 주었다. 먼저 암미트가 사자나 표범의 모습을 하고 있다는 묘사는 〈요한계시록〉 13장에 등장하는 짐승의 묘사와 유사하다. 이 짐승은 바다에서 등장해 사탄인 용으로부터 세상을 지배하는 권세를 부여받는다. 그러자 사람들은 "누가 이 짐승과 같은가? 누가 이 짐승과 맞서 싸울 수 있겠는가?"라며 짐승을 숭배한다. 〈요한계시록〉 13장 8절은 어린 양(구세주)의 생명책에 이름이 없는 자는 모두 이 짐승에게 경배한다고 전한다.

〈요한계시록〉 20장은 이 짐승과 그에게 권세를 준 사탄이 신의 군대와의 전쟁에서 패배해 사로잡히고, 결국 불의 연못에 던져져 영원히 밤낮으로 고통받게 된다고 이야기한다. 또 죽은 자들은 생전의 행위에 따라 심판을 받는데, 죄를 많이 지어 신을 두려워하는 자, 신을 믿지 않는 자, 흉악한 자, 살인자, 음행하는 자, 점술가, 우상 숭배자, 거짓말하는 자는 모두 불의 연못에 던져지며, 이를 '둘째 죽음'이라 부른다.

〈요한계시록〉에서는 짐승이 바다에서 나온다고 묘사하는데, 유대 문화에서 바다는 죽음의 장소, 곧 저승을 의미했다. 유대인들은 배를 타고 바다로 나갔다가 돌아올 때마다 정결 의식을 치렀는데, 이는 저승에서 묻은 부정한 것들을 털어내기 위해서였다. 따라서 짐승이 바다에서 나온다는 이야기는 암미트가 저승에 산다는 이집트 신화에서 영향받았을 수 있다.

짐승의 모습이 표범 같고 입은 사자 같다는 묘사 역시 암미트의 모습과 매우 유사하다. 또 죄지은 자들이 심판을 받고 불의 연못에 던져진다는 내용도 이집트 신화에서 죄인의 영혼이 불의 연못에 던져진다는 내용과 일치한다. 불의 연못에 빠진 자는 영원히 고통받으며 환생이나 구원의 가능성이 없다는 설정 또한 이집트 신화의 '두 번째 죽음' 개념과 정확히 대응한다.

결국 〈요한계시록〉에 등장하는 무시무시한 짐승은 고대 이집트 신화의 심판자 암미트에서 유래한 것으로 보인다. 실제로 〈요한계시록〉의 사탄이 고대 가나안 신화에서 하늘의 신 바알의 적이자 바다와 혼돈의 신인 머리가 7개 달린 괴물 로탄(Lotan)에서 유래했다는 점을 고려하면 〈요한계시록〉을 기록한 이들이 다양한 고대 근동 신화에서 영향을 받았음을 알 수 있다. 〈요한계시록〉이 기록된 시기는 1~2세기경으로, 당시 이집트에는 여전히 고대 신화에 대한 믿음이 남아 있었고, 암미트의 존재 역시 널리 알려져 있었을 가능성이 크다.

065 필리핀 신화의 요괴와 정령

필리핀 신화에서 카프레(Kapre)는 나무 거인의 모습으로 묘사되는 요괴로, 2미터가 넘는 키에 털이 많고 건장한 체구다. 또한 강한 체취를 풍기며 나뭇가지에 앉아 담배를 피운다.

카프레는 아카시아, 망고, 대나무, 바니안나무 같은 큰 나무에서 살며, 주로 나무 아래에 앉아 있는 모습으로 나타난다. 카프레는 필리핀 북부의 토착 의상인 바하그(bahag)를 입으며, 일부 전승에서는 허리에 두르면 투명해지는 마법의 허리띠를 지니고 있다고도 한다. 또한 일부 전승에 따르면 메추라기 알보다 작은 마법의 흰 돌을 들고 있는데, 그 돌을 손에 넣으면 카프레가 소원을 한 가지 들어준다고 한다.

카프레는 주로 밤에 활동하는 야행성에다 잡식성인 습성이 있다. 일반적으로 사악하지는 않으나 자신이 거주하는 나무를 베면 복수한다. 카프레는 나무의 정령이기에 나무를 베면 그만큼 생명력에 피해를 입기 때문이다.

카프레는 사람들과 접촉하기도 하는데, 친구가 되자거나 아름다운 여성에게 사랑을 느껴 애인이 되자고 제안하기도 한다. 일부 전승에서는 카프레가 사람과 친구가 되면 평생 일관되게 그 사람을 돕는다고 한다. 이는 한국 민담에서 사람과 친구가 된 도깨비가 평생 그를 위해 금은보화를 가져다주며 돕는다는 내용과 비슷하다.

반면 카프레는 장난을 좋아하는 짓궂은 성격이 있어서 산이나 숲에 들어온 사람들이 길을 잃고 헤매게 만드는 장난을 치기도 한다. 심지어는 익숙한 환경에서도 사람들을 혼란스럽게 만들어 자신이 집이나 정원에 있다는 사실을 잊어버리게도 한다. 또한 바람이 강하지 않아도 나뭇가지가 바스락거리거나, 불이 나지 않았는데도 나무 꼭대기에서 연기가 피어오르거나, 밤에 아무도 없는데 갑자기 웃음소리가 들려오면 이 역시 카프레의 장난으로 여긴다. 나무가 우거진 지역에서 보이는 반딧불이를 카프레의 담뱃불이라고 여기기도 한다.

알란(Alan)은 필리핀 신화에 등장하는 기괴한 모습의 정령으로, 손가락과 발가락이 뒤로 꺾여 있으며 등에 날개가 달려 날 수 있다. 이들은 유산된 태아를 주워 가거나 여성의 생리혈을 가져가 아기처럼 모습을 바꾼 다음 자기 자식처럼 키운다. 알란은 샘물 근처에서 귀금속으로 만든 매우 아름다운 집에 산다.

앙기타이(Anggitay)는 허리 위쪽은 아름다운 여성이지만 아래쪽은 말의 다리를 가진 요괴로, 그리스 신화의 켄타우로스와 비슷하다. 일부 전승에서는 이마 중앙에 유니콘처럼 뿔이 하나 달렸으며, 귀중한 보석을 보면 욕심이 생겨 달려든다고 전해진다.

베르베로카(Berberoka)는 연못의 밑바닥에 사는 정령으로, 연못의 물을 모조리 빨아들여 물고기들을 기진맥진하게 만든다. 이때 물고기를 잡으러 사람들이 오면, 베르베로카는 빨아들인 물을 한꺼번에 뿜어내어 그들을 물에 빠뜨려 죽인다. 흥미롭게도 베르베로카는 물에 사는 생물이면서도 게를 무척이나 두려워한다.

쿠마카톡(Kumakatok)은 '문을 두드리는 사람'이라는 뜻으로, 한밤중에 나타나 문을 두드려 죽음을 알리는 일종의 저승사자다. 보통 검은 옷을 입은

3명이 나타나는데, 젊은 여성과 중년 남성, 노인으로 구성되어 있다. 그들은 죽음을 알리는 불길한 존재라는 사실 때문에 얼굴을 두건으로 가린 채로 나타난다.

필리핀에 기독교가 전파된 이후에도 쿠마카톡에 대한 믿음은 사라지지 않아서 기독교 신자들은 그들의 방문을 막기 위해 문에 흰색 십자가를 그렸다. 그러자 재미있게도 쿠마카톡이 민가가 아니라 교회나 병원에 나타나 사람들에게 죽음을 예고하는 존재로 묘사되기 시작했다고 한다.

066 미노카와 티그마마누칸

　미노카와(Minokawa)는 필리핀 신화에 나오는 새로 마치 거대한 용처럼 생겼다. 필리핀인들은 미노카와의 몸이 너무 커서 태양을 삼키거나 덮어버려 일식이 발생한다고 믿었다. 미노카와의 몸은 섬처럼 거대하고, 부리와 발톱은 강철로 되어 있으며, 눈은 거울처럼 맑고, 깃털 하나하나가 칼날처럼 날카롭다.
　일반적으로 필리핀 신화에서 미노카와는 시간이 시작되기 훨씬 전부터 존재했다고 여겨진다. 이는 미노카와가 특정 신이 창조한 존재가 아니라는 뜻으로, 그만큼 고대 필리핀인들이 미노카와를 매우 중요하게 여겼음을 알 수 있다.
　미노카와는 태양뿐 아니라 달마저도 삼키려고 하는 매우 위험한 괴물이다. 필리핀 신화에서는 달이 미노카와를 무서워해 일부러 동쪽 지평선과 서쪽 지평선에 각각 8개의 구멍을 뚫고, 동쪽으로 들어가 숨어 있다가 몰래 나와서 다시 서쪽으로 들어간다고 한다. 하지만 미노카와는 달이 어디로 숨는지 정확히 알기 때문에 달을 삼켜버리고, 밤은 어둠에 휩싸인다.
　그래서 필리핀 신화에서는 월식이 일어날 때마다 사람들이 크게 소리 지르며 징을 친다. 그래야 미노카와가 그 시끄러운 소리에 놀라 달을 토해내기 때문이다. 이는 중국 신화에서 용이 달을 삼켜 없애려 하자 사람들이 크게 소리 질러 용을 놀라게 해 달을 토해 내게 했다는 전승과 비슷하다.

필리핀 신화에서 미노카와는 하늘 밖 동쪽 지평선에 산다고 한다. 비사야족은 하늘 위에 입구가 푸른 연기로 덮인 칼룰룬단(Calulundan)이라는 동굴이 있는데, 그 안에 미노카와가 산다고 믿었다.

한편 미노카와처럼 필리핀 신화에 등장하는 새 모습의 요괴로 티그마마누칸(Tigmamanukan)이 있다. 티그마마누칸은 주로 타갈로그어를 사용하는 부족들이 미래를 알려주는 새로 여겼다. 스페인의 식민지가 되어 기독교를 받아들이기 이전에 타갈로그족은 최고신 바탈라가 보낸 티그마마누칸이 태초의 대나무를 부수어 인류가 그 안에서 나올 수 있도록 도와주었다고 믿었다.

또한 타갈로그족은 파란 깃털을 가진 파랑새나 물총새가 티그마마누칸의 다른 모습이라고 믿었다. 그래서 무슨 일이 있어도 파랑새나 물총새를 죽이지 않았는데, 그렇게 하면 신들의 저주를 받을 것이라고 생각했기 때문이다.

티그마마누칸은 미래를 알려주는 능력이 있어서 타갈로그족은 먼 곳으로 여행을 떠나려 할 때 파랑새나 물총새가 자신의 경로에서 오른쪽으로 날아가면 여행에서 좋은 일이 생긴다고 믿었고, 왼쪽으로 날아가면 나쁜 일이 생긴다고 여겼다. 그래서 타갈로그족 여행자들은 파랑새나 물총새가 왼쪽으로 날아가면 불길하다고 여겨서 여행을 떠나길 꺼렸다고 한다.

067 필리핀 신화의 흡혈귀들

사람의 피를 빨아먹는 요괴인 흡혈귀는 동서고금을 막론하고 다양한 신화에 나타나는데, 필리핀 신화에서도 흡혈귀가 자주 등장한다.

아말란히그(Amalanhig)는 비사야족 신화에 나오는 요괴로, 평소에는 시체의 모습으로 무덤 속에 누워 있다가 사람이 다가오면 벌떡 일어나 목을 물어 죽인다. 다른 전승에서는 살아 있는 사람을 발견하면 쫓아가서 죽을 때까지 간지럽힌다고 한다.

아말란히그에게서 벗어나려면 지그재그로 달려야 한다. 이는 아말란히그가 이미 죽은 몸이라 몸이 뻣뻣해서 직선으로만 걸을 수 있기 때문이다. 또한 손이 닿지 않을 만큼 높은 나무나 지형에 올라가도 아말란히그가 따라오지 못해 안전하다고 한다.

아말란히그는 깊은 물을 무서워해 호수나 강으로 달아나면 쫓아오지 못한다고도 전해지는데, 이는 흐르는 물을 두려워해 다리를 건너지 못하는 유럽의 흡혈귀와 유사하다. 아말란히그는 위쪽 송곳니가 보통 사람보다 크다는 점을 제외하면 겉모습이 사람과 다르지 않아 구별하기 어렵다.

발발(Bal-Bal)은 시체를 훔쳐 먹는 괴물이다. 이들은 시체 냄새를 멀리서도 맡을 수 있을 만큼 후각이 발달했으며, 날카로운 이빨과 발톱으로 죽은 자의 옷을 쉽게 찢는다. 발발은 살아 있는 사람이 아닌 시체의 살점만 먹기 때문에 입에서 매우 불쾌하고 역겨운 악취가 난다.

발발은 시체를 먹은 뒤 바나나 나무의 줄기를 관 속에 남겨 시체가 여전히 있는 것처럼 보이게 만드는 버릇이 있다. 시체를 먹는다는 점 때문에 발발은 필리핀에서 가장 무서운 요괴로 여겨진다.

마나낭갈(Manananggal)은 대개 여성의 모습으로 묘사되는데, 밤이 되면 허리 위 상반신이 하반신과 분리되고 상반신에서 박쥐 같은 큰 날개가 돋아 하늘을 날아다니면서 잠자는 사람이나 임산부, 갓난아기의 심장을 기다란 혀로 찔러 피를 빨아 마신다. 밤에 몸 일부가 분리되어 돌아다닌다는 점은 고대 중국 남부 지역의 요괴인 낙두민(落頭民)이나 충락(蟲落)과 비슷하다.

마나낭갈의 하반신은 분리된 채 땅에 그대로 서 있는데, 상반신이 떨어져 나간 자리에 소금을 뿌리거나 다진 마늘이나 재를 바르면 상반신이 다시 결합하지 못하고 해가 뜨면 햇빛에 소멸하고 만다. 마나낭갈은 비사야족 전승에서 특히 자주 언급되며, 서양의 흡혈귀처럼 마늘과 햇빛을 싫어한다고 알려져 있다.

시그빈(Sigbin)은 밤에 사람을 덮쳐 피를 빨아먹는 요괴다. 시그빈은 머리를 뒷다리 사이에 두고 뒤로 걸으며, 사람 눈에 보이지 않는다. 전체적으로는 뿔 없는 염소를 닮았지만, 매우 큰 귀로 손처럼 박수를 칠 수 있으며, 길고 유연한 꼬리를 채찍처럼 사용한다. 시그빈이 개처럼 생겼다고 묘사하는 전승도 있다. 또한 시그빈은 몸에서 매우 역겨운 냄새가 난다고 전해진다.

필리핀 민담에 따르면 시그비난(Sigbinan)이라는 가족이 시그빈을 부린다고 한다. 시그비난은 '시그빈을 가진 사람들'이라는 뜻으로, 이들은 시그빈을 진흙 항아리에 넣고 마치 반려동물처럼 키우면서 명령을 내린다고 한다.

068 일로카노족의 요괴와 정령

필리핀 루손섬 서부의 일로코스 지방에 사는 원주민인 일로카노족은 16세기 스페인의 식민 통치를 받아 기독교로 개종하기 전 그들만의 고유한 신화를 가지고 있었다. 일로카노족 신화에는 여러 정령과 요괴가 등장한다.

망만킥(Mangmankik)은 숲과 나무에 사는 정령이며, 카이반(Kaibaan)은 개미집에 사는 난쟁이고, 안시시트(Ansisit)는 손가락만 한 크기의 난쟁이다. 박바구토트(Bagbagutot)는 관목에 사는 귀신으로 몸을 크게 부풀리고 있으며, 나마가약(Namagayak)은 쌀의 정령이다.

카타타오안(Katataoan)은 거인들이고, 푸고트(Pugot)는 일로카노족 조상들의 영혼으로 숨겨진 보물을 지킨다. 쿠마오(Kumao)는 아이들을 유괴해 파는 사악한 정령이며, 아스왕(Aswang)은 반은 새고 반은 짐승인 요괴다.

카르마(Karma)는 사람의 자아를 가리키는데, 사람이 죽기 전에 증기로 변해 몸을 떠난 뒤 곤충으로 변한다. 카라르와(Kararwa)는 사람이 죽은 뒤에도 존재하는 영혼이다. 라칸다눔(Lakandanum)은 물을 지배하는 뱀 요괴로, 힌두교와 접촉한 일로카노족은 그를 인도의 뱀 요괴인 나가(Naga)와 동일시했다.

피우웨(Fiuwe)는 하늘에 사는 정령이고, 타수 웨흐(Tasu Weh)는 사악한 정령이다. 폰 카유(Fon Kayoo)는 나무의 정령, 폰 일(Fon Eel)은 물의 정령, 폰 바투(Fon Batoo)는 바위와 돌의 정령이다.

타우 달롬 탈라(Tau Dalom Tala)는 지하 세계에 사는 영혼이고, 바퉁바야닌(Batungbayanin)은 산의 정령이며, 파글리무산(Paglimusan)은 작은 돌의 정령이다. 불랄라카우(Bulalakaw)는 어부의 어획량을 돕는 정령이고, 툼파 나나피아우(Tumpaa Nanapiyaw)는 지진으로 땅이 무너지시 않도록 지키는 성령이다.

안라반(Anlabban)은 사냥꾼을 야생 동물의 위험에서 지키는 정령이며, 바고(Bago)와 시리난(Sirinan)은 각각 숲과 강의 정령이다. 아루린(Arurin)은 수확의 정령으로, 농부들이 추수한 곡식 일부를 감사의 선물로 바치지 않으면 수확량을 줄이는 저주를 내린다.

다그다가미얀(Dagdagamiyan)은 추수를 방해하는 아이들에게 병을 내리는 여성 정령이고, 실다도(Sildado)는 집 밖에서 시끄럽게 노는 아이들을 죽이는 말의 모습을 한 정령이다. 알리푸그푸그(Alipugpug)는 불타버린 들판에서 나타나는 회오리바람의 정령으로, 풍성한 수확을 알리는 역할을 한다.

필라이(Pilay)는 쌀의 정령으로 가정집 난로 위의 선반에 산다. 농부들은 풍성한 수확을 기대하며 쌀로 만든 푸딩인 피시(pisi)를 만들어 그에게 바친다. 툴루스(Tulus)는 사람들에게 선물을 나눠주는 모든 선한 정령의 대장으로, 텔라키(Telaki)라는 부하 정령과 함께 다닌다.

비나이(Binayi)는 모든 영혼이 쉬는 정원을 가진 정령이다. 비나요(Binayo)는 벼 재배를 담당하는 여성 정령으로, 불룽가본(Bulungabon)과 결혼했다. 불룽가본은 사나운 개 12마리를 거느리는 무서운 정령으로, 나쁜 짓을 저지르다 죽은 사람의 영혼은 그의 개들에게 쫓기다 끓는 물이 담긴 가마솥에 빠져 죽는다.

다다구난 후 수구이(Dadagunan hu Suguy)는 집의 잔디를 지키는 정령이며,

아닐라우 하 수마그다(Anilaw ha Sumagda)는 집의 문을 지키는 정령이다. 신유다 카히부난(Sinyuda Kahibunan)은 거실을 지키는 정령이고, 디와타 하 마닐립(Diwata ha Manilib)은 집 안에 있는 사람들의 활동을 기록하는 정령이다. 디와타 피나탄라이(Diwata Pinatanlay)는 지붕에 살며 집을 지키는 정령이다.

069 인도네시아 신화의 요괴와 정령

젱글롯(Jenglot)은 인도네시아 전설에 등장하는 작은 생물로, 인간의 모습을 하고 있지만 크기는 10~15센티미터에 불과하다. 긴 머리카락은 가늘고 뻣뻣하며 손톱도 길다. 인도네시아 전설에 따르면 젱글롯은 원래 사람이었으나 흑마법 때문에 작아졌다고 한다. 젱글롯은 죽은 상태로 발견되는데, 염소 같은 동물이나 사람의 피를 그릇에 담아 젱글롯 근처에 놓으면 스스로 피를 마신다고 전해진다.

젱글롯의 시체를 가지고 있으면 흑마법이 깃들어 소유자를 보호하고 행운을 주며 적에게 복수할 수 있다고 한다. 그래서 인도네시아에서는 젱글롯 시체를 만들어 파는 일이 많은데, 상태가 좋으면 수천 링깃에 팔린다. 그러나 이런 젱글롯 시체는 어린 원숭이나 물고기의 사체를 실로 꿰매어 만든 가짜다.

토욜(Toyol)은 인도네시아 전설에 나오는 어린 언데드(undead)로, 흑마법을 부리는 사제인 두쿤(Dukun)을 돕는 하인이다. 토욜은 사람들의 재물을 훔치는 데 이용되며, 녹색 또는 회색 피부에 뾰족한 귀와 흐린 눈을 가진 벌거벗은 어린아이의 모습으로 묘사된다.

순델 볼롱(Sundel Bolong)은 긴 검은 머리에 흰 드레스를 입은 젊고 아름다운 여성의 모습을 한 유령이다. 결혼하지 않은 여성이 출산하다 죽은 아이, 또는 임신한 여성이 죽어 무덤에서 낳은 아이가 순델 볼롱이 된다. 순델 볼롱은 등에 구멍이 뚫려 있으며, 남자에 대한 복수심에 불타 남자를 유혹해 죽이고 거절당하면 성기를 잘라버린다.

웨웨 곰벨(Wewe Gombel)은 순델 볼롱처럼 복수심에 불타는 여성 유령이다. 순델 볼롱이 성인 남자를 노리는 반면 웨웨 곰벨은 어린아이를 납치한다. 웨웨 곰벨은 원래 유부녀였으나 몇 년이 지나도록 임신하지 못하자 남편이 다른 여자와 불륜에 빠졌고, 이에 분노해 남편을 죽였다. 그리고 이 사실이 발각되어 마을에서 쫓겨나자 자살하여 복수심에 불타는 유령이 되었다. 그녀는 야자나무에 살면서 학대받은 아이들을 납치해 정성껏 키우는데, 부모가 잘못을 뉘우쳐야 아이들을 돌려보낸다. 보통 길고 늘어진 가슴과 날카로운 송곳니를 가진 여성으로 묘사된다.

바비 응게펫(Babi Ngepet)은 멧돼지 요괴인데, 원래부터 멧돼지인 것은 아니고 사람이 흑마법을 사용해 변신한 요괴다. 인도네시아 전설에 따르면 순식간에 부자가 되는 마법을 쓰는 대가로 일정 기간 멧돼지 요괴가 되어야 하는데, 그것이 바로 바비 응게펫이라고 한다. 일부 전승에서는 바비 응게펫이 검은 로브를 입은 마법사가 변신한 것이며, 밤에 마을을 떠돌며 돈, 황금, 보석 등을 훔쳐 간다고 한다. 그래서 인도네시아 시골에서는 밤에 마을을 떠도는 멧돼지를 쫓아내거나 죽인다.

바비 응게펫으로 변하는 흑마법을 쓰려면 조수가 필요한데, 조수는 바비 응게펫의 집에 머물면서 물동이 위에 떠 있는 촛불을 지켜야 한다. 촛불이 흔들리거나 희미해지면 바비 응게펫이 위험에 처했거나 인간으로 돌아갔다는 신호다.

케옹 에마스(Keong Emas)는 황금 달팽이 껍질에 들어 있는 공주로, 한국 전설의 우렁이 각시와 비슷하다. 자신을 발견한 사람 집에서 음식을 차리고 청소를 대신 해주며, 일이 끝나면 달팽이의 모습으로 되돌아간다. 케옹 에마스가 다시 달팽이로 변하기 전에 달팽이 껍질을 부수면 마법이 풀려 계속 사람 모습으로 살아야 한다.

케옹 에마스가 어쩌다 황금 달팽이가 되었는지에 대해서는 여러 이야기가 전해진다. 한 전승에서는 왕자와 결혼하려던 케옹 에마스를 질투한 자매의 부탁으로 마녀가 그녀를 달팽이 껍질 안에 가두었다고 한다. 다른 전승에서는 케옹 에마스가 실수로 달팽이를 밟아 껍질이 부서지자 달팽이로 변장한 사악한 마녀가 저주를 내려 달팽이로 변했다고 한다.

케옹 에마스 이야기는 그녀가 늙은 과부에게 구출되고, 주기적으로 인간의 모습으로 변해 늙은 과부의 은혜에 보답하며, 마침내 남편과 다시 만나거나 왕자와 결혼해 왕비가 된다는 식으로 끝난다. 오늘날에도 인도네시아에서 케옹 에마스 이야기는 매우 인기 있는 동화다. 자카르타에는 그녀의 이름을 딴 영화관도 있다.

070 미국 뉴저지주의 괴물, 저지 데블

　미국은 1783년 영국으로부터 독립했기에 역사가 비교적 짧다. 그래서 신화가 거의 없는 나라로 여겨지지만 흥미로운 민담은 여럿 존재한다. 그중에는 저지 데블(Jersey Devil)이라는 괴물이 등장하는 민담도 있다.
　미국이 영국의 식민지였던 1735년, 뉴저지주 남부의 소나무 황무지(Pine Barrens)라는 숲에 리즈(Leeds)라는 여성이 살았다. 그녀는 12명의 자녀를 둔 상태에서 13번째 임신 사실을 알게 되자 더는 아이를 낳기 싫었던지 "내가 낳을 13번째 아이는 악마가 될 것이다!"라고 울부짖으며 아이를 저주했다.
　폭풍우가 치는 밤에 마침내 13번째 아이가 태어났는데, 염소 머리와 발굽, 박쥐 날개, 끝이 두 갈래로 갈라진 꼬리를 가진 괴물이었다. 이 괴물은 태어나자마자 으르렁거리고 비명을 지르더니 급기야 꼬리를 휘둘러 사람들을 공격한 뒤 굴뚝을 타고 올라가 소나무 숲으로 달아났다.
　이후 뉴저지 주민들은 소나무 숲 근처에서 뿔 달린 염소 머리와 날카로운 발톱을 가진 괴물을 목격했다. 괴물은 날카로운 비명을 질러댔고 그 소리를 들은 사람들은 피가 얼어붙는 듯한 두려움을 느꼈다. 주민들은 이 괴물을 뉴저지의 악마라는 뜻의 '저지 데블'이라 불렀다.
　저지 데블과 관련한 민담에는 리즈가 교회에서 금지한 사악한 주술을 사용하는 마녀였고 남편은 악마였으며, 그래서 성직자들이 둘의 결합으로 태어난 저지 데블을 쫓아내려 했다는 내용도 있다.

저지 데블 민담은 완전한 허구만은 아니다. 뉴저지주 애틀란틱 카운티 리즈 포인트 섹션의 기록을 보면, 저지 데블의 어머니로 추정되는 여성의 남편인 재펏 리즈(Japhet Leeds)의 1736년 유언장에서 12명의 자녀를 확인할 수 있다. 또 여성의 실제 이름은 데버라 리즈(Deborah Leeds)였다.

재펏 리즈의 조상인 대니얼 리즈(Daniel Leeds)는 인쇄업자였는데, 기독교 종파 중 하나인 퀘이커 교도였으나 1687년부터 점성술, 악마학, 천사학, 마법 관련 책을 출판했다. 이 때문에 그는 다른 퀘이커 교도들에게 신성모독을 저지르는 이단자라며 비난받았다. 더욱이 리즈 가문의 문장은 박쥐의 날개를 가진 전설 속 요괴 와이번(Wyvern)이었다. 그래서 지역 주민들은 리즈 가문을 악마와 연관 지어 두려워했는데, 바로 이러한 배경에서 저지 데블 민담이 형성된 것으로 보인다.

저지 데블 민담은 19세기부터 입에서 입으로 전해졌다. 프랑스 황제 나폴레옹의 형 조제프 보나파르트(Joseph-Napoléon Bonaparte)는 1820년 뉴저지 보든 타운에서 사냥하던 중에 저지 데블을 보았다고 주장했다. 또 1840년과 1841년 미국 각지에서 가축들이 이유 없이 죽는 사건이 발생했는데, 목격자들은 염소 발굽 같은 발자국을 보고 날카로운 비명을 들었다고 전했다.

1887년 애틀란타 지역 신문에는 "소나무 황무지 근처에서 괴물이 발견되었는데, 이 괴물이 나타나면 개들이 겁을 먹고 짖어댄다. 그것은 새도 동물도 아니며 악마다."라는 기사가 실렸다. 또한 1909년 1월 16일부터 23일까지 뉴저지 지역 신문들은 붉은 눈을 가진 저지 데블이 나타났다고 보도했는데, 이 때문에 많은 학교가 휴교하고 노동자들이 출근을 거부했다고 한다.

071 미국의 나방 인간, 모스맨

저지 데블 못지않게 미국에서 유명한 요괴가 모스맨(Mothman)이다. 모스맨은 이름처럼 거대한 나방과 사람이 합쳐진 모습의 요괴로, 그 유래는 그다지 오래되지 않았다.

모스맨은 미국 동부 웨스트버지니아주에서 전해 내려오는 민담에 등장하는데, 이 명칭이 처음 사용된 것은 1966년이었다. 그해 11월 15일, 웨스트버지니아주의 도시 포인트 플레전트에 살던 두 쌍의 젊은 부부, 로저(Roger Scarberry)와 린다 스카베리(Linda Scarberry), 스티브(Steve Mallette)와 메리 말레트(Mary Mallette)는 차를 타고 소풍을 나왔다가 이상한 괴물을 목격하고 경찰에 신고했다. 그들은 붉게 빛나는 눈을 가진, 날개 길이가 약 10피트에 달하는 커다란 괴물이 자신들의 차량을 따라다니며 하늘을 날아다녔다고 진술했다.

놀랍게도 이후 며칠간 유사한 목격담이 잇따라 접수됐다. 소방관 둘은 '붉은 눈을 가진 큰 새 같은 괴물'을 보았다고 증언했고, 메이슨 카운티 보안관 조지 존슨(George Johnson)은 "비정상적으로 큰 왜가리 같았다."라고 전했다. 또한 뉴웰 파트리지(Newell Partridge)라는 사람은 "들판에서 이상한 생물을 보고 손전등을 비췄더니 그 생물의 눈이 자전거의 반사경처럼 빛났다."라고 말했다. 그는 그 생물이 텔레비전에서 나는 듯한 웅웅거리는 소리를 냈고, 자신이 키우던 저먼 셰퍼드가 그 생물을 보고 크게 짖었다고 증언했다. 이러한 일련의 목격담을 바탕으로 웨스트버지니아 지역 신문인 《포인트 플레전트 레지스터(Point Pleasant Register)》는 1966년 11월 16일 '사람 크기의 날아다니는 괴물 목격'이라는 기사를 실었다.

그로부터 약 1년 후인 1967년 12월 15일 포인트 플레전트와 오하이오주의 갈리폴리스를 연결하는 실버 브리지(Silver Bridge)가 붕괴해 46명이 사망하는 참사가 발생했다. 이 사고 당시에도 기묘한 일이 있었는데, 생존자 상당수가 사고 직전에 사람 크기의 나방 같은 괴물을 목격했다고 증언했다. 그 괴물이 다리 입구에 서 있거나 다리 위를 날아다녔는데, 그 직후 다리가 무너져 내렸다는 것이다.

1970년 초자연적 주제를 다루는 작가 그레이 바커(Gray Barker)가 처음으로 이 괴물을 '모스맨'이라 명명했다. 실버 브리지 사고 이후 모스맨은 대형 참사를 예고하는 메신저라거나 참사로 사망한 이들의 영혼을 저승으로 데려가는 불길한 존재라는 추측이 제기되었다. 실제로 1986년 체르노빌 원전 사고, 1999년 모스크바 아파트 폭탄 테러 등의 사고 직전에도 모스맨을 연상시키는 괴물이 목격되었다는 이야기가 전해진다.

일각에서는 모스맨이 UFO와 관련 있다고 주장하기도 한다. 목격자 중 일부는 모스맨이 나타난 장소에서 UFO를 보았다고 했으며, 모스맨이 외계에서 온 생명체라는 의견도 제기되었다.

반면 회의적인 시각도 존재한다. 웨스트버지니아 대학의 야생생물학자 로버트 스미스(Robert Leo Smith)는 모스맨은 사람들이 두루미 같은 큰 새를 오인한 것에 불과하다고 말했다. 실제로 두루미는 눈 주변이 붉은데, 이를 놀란 사람들이 괴물의 붉은 눈으로 착각했다는 것이다. 또한 실버 브리지 붕괴 당시의 목격담도 집단 히스테리에 불과할 뿐이라는 견해도 있다.

어쨌든 모스맨은 오늘날까지도 실체가 밝혀지지 않은 수수께끼의 존재인 만큼 미국에서도 여전히 논란거리로 대중의 관심을 끌고 있다. 이러한 관심에 힘입어 2002년에는 리처드 기어가 주연한 영화《모스맨 예언(The Mothman Prophecies)》을 개봉했다. 영화에서는 모스맨이 사람들에게 미래를 예고하는 신비한 메신저로 등장하는데, 내용이 모호해서 그런지 별다른 흥행을 거두지 못하고 조용히 묻혀버렸다.

072 식인과 탐욕의 화신, 웬디고

웬디고(Wendigo)는 캐나다 동부와 미국 북동부 오대호 지역에 살던 알곤킨어족 원주민들인 오지브웨족(Ojibwe), 솔토족(Saultaux), 크리족(Cree), 나스카피족(Naskapi), 이누족(Innu)의 전설에 등장하는 괴물이다.

이들 부족의 전설에서 웬디고는 전체적으로 사람과 비슷하지만 사람보다 훨씬 크고 피부는 바싹 말라 뼈가 드러날 정도이며, 눈동자는 시체에서나 볼 것 같은 잿빛에 눈은 움푹 들어가 있고, 입술은 너덜너덜한 데다 피부는 곪아 있고, 몸에서는 썩는 냄새가 풍겨 마치 무덤에서 파낸 시체와 같다고 묘사된다.

그러나 웬디고의 가장 무서운 점은 그 식성이다. 웬디고는 사람을 잡아먹는 식인 괴물로, 탐식과 탐욕의 화신으로 여겨진다. 웬디고는 사람을 죽여 먹어치운 뒤에도 만족하지 않고 끊임없이 새로운 희생자를 찾아다닌다. 이러한 끝없는 굶주림 때문에 웬디고는 매우 마른 체구로 묘사된다.

일반적으로 웬디고는 말을 하지 못한다고 전해지지만, 일부 전설에서는 사람과 대화하거나 의사소통이 가능하며, 심지어 자신이 잡아먹으려는 사람을 조롱하기도 한다고 전해진다.

한 전설에 따르면 웬디고가 원주민 소년을 잡아먹으려고 납치했는데, 소년이 너무 말라서 '지금 죽여봐야 먹을 것이 없으니 데리고 있으면서 살을 찌운 다음에 먹어야겠다.'라고 생각했다고 한다. 그래서 웬디고는 소년을 데리고 다니면서 음식을 먹였다. 그러던 중 어느 마을 근처에 도착한 웬디고는 소년에게 "저 마을에 들어가서 먹을 것을 달라고 해라."라고 지시했다.

그러나 소년은 영리했다. 마을에 들어간 소년은 주민들에게 "저는 지금 웬디고에게 붙잡혀 끌려다니고 있습니다. 저를 도와 웬디고를 물리쳐주십시오."라고 알렸다. 주민들이 무기를 들고 웬디고를 공격하자 웬디고는 다리가 잘려 쓰러졌다. 주민들은 웬디고가 죽었다고 생각해 돌아갔다가 정말로 죽었는지 의심하여 곧 다시 돌아왔다. 와서 보니 웬디고가 잘려 나간 자기 다리를 들고 골수를 빨아먹고 있었다. 이에 주민들은 다시 웬디고를 공격하여 완전히 조각내어 죽였다. 이 전설은 웬디고가 불사신이 아니라 사람들의 대처에 따라 얼마든지 죽일 수 있는 존재임을 보여준다.

그렇다면 웬디고는 단순히 전설 속 허구일 뿐일까? 그렇지만은 않다. 북미 원주민들의 생활 양식과 문화를 오랫동안 연구해온 전문가들에 따르면 웬디고는 북미의 혹독한 자연환경이 만들어낸 산물이라고 한다. 특히 웬디고 전설이 많은 캐나다 지역은 겨울이 매우 길고 추워서 깊은 산이나 숲에 사는 사람들이 외부로부터 식량을 구하지 못하고 고립되기 쉬운데, 그럴 때면 굶주림을 견디다 못해 식인 행위가 벌어지기도 했다. 이러한 두려움과 죄책감이 웬디고라는 괴물을 만들어냈다는 해석이다.

현대 심리학에는 '웬디고 정신병(Wendigo psychosis)'이라는 용어가 있다. 이는 정신 이상 증세를 보이다가 다른 사람의 살을 먹고 싶다는 충동에 사로잡히는 증상을 일컫는 말이다.

그런가 하면 캐나다 원주민 부족들은 혼자서만 음식을 먹으려는 탐욕스러운 사람을 "웬디고가 되었다."라고 조롱하며, 웬디고가 되지 않으려면 음식을 다른 사람들과 나누어야 한다고 가르친다.

073 북미 숲속의 괴물, 빅풋

빅풋(Bigfoot)은 사스콰치(Sasquatch)라고도 불리는 괴물로, 미국과 캐나다의 깊은 숲에 산다고 전해진다. 특히 미국에서 매우 인기가 많은 괴물이어서 목격담도 대부분 미국에서 나온다. 목격담을 종합하면 빅풋은 키 1.8~2.7미터의 근육질 유인원 같은 생물로, 온몸에 검거나 짙은 갈색 혹은 붉은색 털이 나 있으며, 머리카락도 길게 자라 눈이 보이지 않을 정도라고 한다.

1971년 미국 오리건주 더 댈스(The Dalles)의 주민들이 경찰에 '육중한 원숭이'를 보았다고 신고했는데, 그중 한 주민은 소총의 조준경을 통해 본 얼굴이 동물보다는 사람에 가까웠다고 말했다.

빅풋의 눈이 밤에 노란색이나 붉은색으로 빛났다는 목격담도 있으나 이런 현상은 인간이나 유인원에게서는 나타나지 않는다. 이 때문에 회의적인 시각에서는 "올빼미나 너구리 혹은 주머니쥐 같은 야행성 동물의 눈빛을 보고 착각한 것"이라고 일축한다. 또한 빅풋의 존재 자체를 부정하는 쪽에서는 "빅풋은 사람들이 똑바로 서 있는 큰 곰을 보고서 착각한 것일 뿐"이라고 주장한다.

하지만 미국에서 빅풋의 인기는 여전하다. 캘리포니아주 북부에는 빅풋 관련 자료만 모아놓은 빅풋 디스커버리 박물관(Bigfoot Discovery Museum) 이라는 별도의 시설까지 있다. 이 박물관의 소유주인 마이클 러그(Michael Rugg)는 자신이 직접 빅풋의 냄새를 맡았다고 주장하는데, 그 냄새가 '죽은 동물 위에서 뒹굴고 쓰레기장 주변을 돌아다닌 스컹크' 같다고 묘사했다.

빅풋이 단순히 현대 미국인의 상상에서 나온 허구만은 아니라는 주장도 있다. 유럽에서 온 백인들이 북미 대륙에 정착하기 훨씬 전부터 원주민들 사이에서도 '사람과 비슷하지만 덩치가 훨씬 큰 숲에 사는 신비한 생물'에 대한 이야기가 존재했다. 캘리포니아 툴리강 인근 요쿠트족(Yokut)의 암각화 에는 빅풋과 유사한 존재가 묘사되어 있다. 캘리포니아 원주민들 사이에서 도 '털 많은 숲의 남자'에 대한 민담이 전해지는데, 그 기원은 500~1000년 사이로 추정된다. 이는 유럽인이 캘리포니아에 들어오기 전 시기이므로, 빅풋 전설이 토착 문화에도 뿌리를 두고 있음을 시사한다.

한편 1721년 미시시피주 지역에서 나체즈(Natchez) 부족과 함께 지내던 프랑스 예수회 선교사는 '큰 소리로 비명을 지르며 가축을 훔쳐가는 털 많은 숲속의 괴물' 이야기를 들었다고 기록했다. 또 미국 북동부의 이로쿼이 족(Iroquois)은 '돌의 거인'을 뜻하는 오트네야르헤(Otne-yar-heh)라는 괴물의 존재를 믿는데, 오트네야르헤는 성격이 사납고 공격적이며 피부가 바위처 럼 단단하고 얼굴이 온통 머리카락으로 뒤덮였다고 한다. 보통은 제노스콰 (Genoskwa)라고 불린다.

1840년 개신교 선교사 엘카나 워커(Elkanah Walker)는 워싱턴주 스포캔 근 처 원주민들과 대화하던 중 산에 사는 거인이 어부의 그물에서 연어를 훔 쳤다는 이야기를 들었다고 기록했다. 1924년 7월 16일 일간지 《오레고니 안(Oregonian)》은 워싱턴주에서 광부들이 '원숭이 인간'과 충돌했다고 보도 했는데, 이를 현대 빅풋 전설의 시초로 보기도 한다.

074 천둥새와 파몰라

북미 원주민 부족들의 전설에는 하늘을 날아다니며 천둥을 일으키는 신비한 존재인 천둥새(Thunderbird)와 파몰라(Pamola)가 등장한다.

천둥새는 미국 남서부, 동부 해안, 오대호 및 대평원 지역에 거주하던 원주민 부족들 사이에서 초자연적 존재로 숭배되었다. 이들은 천둥새가 날개를 퍼덕이면 천둥이 치고, 눈을 깜빡이면 번개가 친다고 여겼다. 또한 미국 북동부와 캐나다 동부에 살던 이로쿼이족 신화에서 천둥새는 하늘을 다스리는 신으로, 지하 세계를 지배하는 커다란 뿔 달린 사악한 뱀과 맞서 싸우기 위해 날개를 퍼덕이며 번개를 던지는 모습으로 묘사된다.

오지브웨족 신화에서는 천둥새가 물속의 사악한 정령과 싸우기 위해 나나보조가 창조한 존재로 등장한다. 나나보조는 오지브웨족 신화에서 세계 창조에 기여한 신이자 문화 영웅으로, 주로 까마귀나 코요테의 모습으로 나타난다. 천둥새는 도덕을 어긴 자를 처벌하는 심판자 역할도 하며, 물의 정령이 힘을 발휘하는 여름이 끝나고 가을이 되면 다른 새들과 함께 남쪽으로 이동하는 습성이 있다.

북부 위스콘신의 메노미네족(Menominee)은 천둥새가 서쪽 하늘의 큰 산에 살고 있으며, 비와 우박을 내리게 한다고 믿었다. 이들은 천둥새가 세상을 지배하고 사람을 잡아먹으려는 뿔 달린 뱀 미시키누빅(Misikinubik)에 맞서 싸운다며 천둥새를 인류의 수호자로 여겼다. 메노미네족 신화에서 천둥새는 선한 신인 태양의 위대한 사자로 등장한다. 호청크족(Ho-Chunk)은 더 높은 깨달음을 얻기 위해 단식하며 기도하는 전통이 있었는데, 그 과정에서 천둥새의 환영을 본 사람은 부족의 지도자가 된다고 믿었다.

북미 원주민 전통에서 천둥새는 보통 날개를 펼친 독수리의 모습으로 그려진다. 일부 연구자들은 천둥새 전설이 대략 1만 년 전까지 북미에 존재했던 아르겐타비스(Argentavis)와 같은 거대한 새의 유골에서 비롯되었을 가능성을 제기한다. 아르겐타비스는 날개를 펼쳤을 때 길이가 약 6미터에 달했고 북미와 남미에 널리 서식했으므로 원주민들이 그 유골을 보고 천둥새를 상상했을 수도 있다는 주장이다.

한편 미국의 민속학자 에이드리엔 메이어(Adrienne Mayor)와 영국 역사학자 톰 홀랜드(Tom Holland)는 천둥새 전설이 원주민들이 발견한 익룡 화석에 기반한 것일 수 있다는 가설을 제기했다. 하지만 전설 속 천둥새의 모습은 익룡보다는 독수리에 가깝다.

북미 원주민 전승에서 천둥새는 거대한 뱀과 적대 관계다. 특히 머리가 둘 달린 뱀이 천둥새의 새끼를 잡아먹기 위해 호수에서 기어 나오는 이야기가 전해지는데, 이는 인도 신화에서 하늘의 신 가루다(Garuda)와 뱀의 신 나가 사이의 적대 관계와 유사하다.

천둥새와 비슷한 전설적 존재로 파몰라가 있다. 파몰라는 아베나키족(Abenaki) 신화에 등장하는 새의 정령으로, 추운 날씨를 상징하는 존재다. 파몰라는 세상에서 가장 높은 산으로 여겨지는 카타딘(Katahdin)에 사는 천둥의 신이자 산의 수호신이다.

페놉스콧족(Penobscot)은 파몰라를 큰사슴의 머리, 인간의 몸, 독수리의 날개와 발을 지닌 존재로 묘사한다. 이들은 파몰라를 경외하며, 그를 존중

하는 의미로 산꼭대기에 오르는 것을 금기시했다. 페놉스콧족 전설에 따르면 파몰라는 산 아래에서 올라와 정상을 침범하는 이들에게 화를 낸다고 한다. 또 파몰라는 자신을 적대하는 사람을 붙잡아 산속에 영원히 가두는 존재로 묘사되기도 한다. 이러한 이유로 페놉스콧족은 파몰라의 분노를 두려워해 산에 오르기를 꺼렸다.

075 북미 원주민 벽화 속 괴물, 피아사

피아사(Piasa)는 미국 미시시피강 절벽에 그려진 북미 원주민 벽화에 등장하는 전설 속 괴물이다. 피아사는 사람 얼굴에 사슴뿔이 달렸고, 독수리의 발톱과 날개, 전갈의 꼬리를 가진 모습으로 묘사되는데, 페르시아 전설에 나오는 괴물인 만티코어(Manticore)와 비슷하게 생겼다.

피아사의 벽화는 대략 1200년경 미시시피강 유역에 약 3만 명이 모여 살던 카호키아(Cahokia) 문명 시대에 제작된 것으로 추정된다. 카호키아 문명에서는 천둥새, 새의 모습을 한 인간, 거대한 뱀 같은 온갖 신화 속 존재들이 자주 묘사되었다.

프랑스 예수회 선교사 자크 마르케트(Jacques Marquette) 신부는 1673년 미시시피강 지역을 탐험하던 중 석회암 절벽에 그려진 피아사 그림을 발견하고 다음과 같은 기록을 남겼다.

"우리는 높고 길어 경외심을 자아내는 바위 옆을 지나던 중 처음에는 우리를 두렵게 했고 가장 대담한 야만인조차 오래 바라보지 못하는 두 개의 그림을 보았다. 그것들은 송아지만큼 크고, 머리에는 사슴처럼 생긴 뿔이 있으며, 무시무시한 외모에 붉은 눈, 호랑이 같은 수염, 사람과 비슷한 얼굴, 비늘로 덮인 몸을 가지고 있었다. 꼬리는 매우 길어 몸 전체를 휘감고 머리 위를 지나 다리 사이로 돌아가 물고기의 꼬리로 끝나 있었다. 그림은 녹색, 붉은색, 검은색의 세 가지 색으로 칠해져 있었다. 이 두 괴물은 너무나 정교하게 그려져 있어서 어떤 야만인이 그렸다고는 믿기 어려웠으며, 프랑스의 훌륭한 화가들도 그 절벽 위에 그리기 어려웠을 것이다."

프랑스의 지도 제작자 장 루이 프랭클린(Jean-Baptiste-Louis Franquelin)은 1682년 제작한 지도에서 미주리강 동쪽과 일리노이강 남쪽 지역에 표범과 비슷한 짐승의 그림이 있다고 기록했다. 그러나 1699년 이후 이 지역을 방문한 프랑스 탐험가들은 "원주민들이 괴물 그림에 돌이나 화살을 쏘아대는 바람에 그림이 심하게 훼손되었다."라고 전했다.

1836년 미국 일리노이주 블러프 데일의 고전어 교수 존 러셀(John Russell)은 해당 벽화의 괴물을 처음으로 '피아사 새(Piasa Bird)'라고 불렀다. 러셀에 따르면 원주민 전설에서 피아사는 절벽에 사는 거대한 새였는데, 어느 날 부족들끼리 싸운 전쟁터에서 우연히 시체를 먹다가 사람 고기에 맛을 들여 인근 마을을 습격해 사람들을 잡아먹게 되었다고 한다.

이에 한 부족의 추장이 피아사를 물리치기 위해 용감한 전사들을 선발해 피아사가 사는 동굴 근처에 잠복시켰고, 자신이 미끼가 되어 동굴로 다가갔다. 그리고 피아사가 추장을 덮치려 날아오르자 숨어 있던 전사들이 독화살을 쏘아 피아사를 쓰러뜨렸다. 이 승리를 기념하고자 원주민들은 절벽에 피아사의 모습을 그렸다고 한다.

다만 이 이야기가 실제 원주민 신화에 기반한 것인지는 명확하지 않다. 이 이야기는 러셀이 재미 삼아 창작한 허구라는 견해도 있기 때문이다. 여하튼 현재 피아사와 관련한 이야기는 대부분 러셀의 기록에 의존하고 있으며, 피아사 그림이 있는 절벽을 찾는 관광객들 또한 그가 남긴 이야기를 전설처럼 받아들이고 있다.

076 그린란드 이누이트의 요괴, 아들렛

아들렛(Adlet)은 그린란드 원주민인 이누이트의 신화에 등장하는 요괴다. 이누이트어에서 '아들렛'은 캐나다에 사는 다른 원주민 부족 또는 상반신은 사람이고 하반신은 개의 다리를 가진 전설상의 부족을 지칭하는 단어로도 쓰인다. 이는 이누이트 신화에서 아들렛이 낳은 괴물 종족이 캐나다 래브라도와 허드슨만 인근의 북미 원주민 부족들과 동일시되었기 때문이다. 이누이트는 혹독한 자연환경 때문에 외부와의 교류가 거의 없었기에 다른 부족들을 반쯤 요괴 같은 존재로 여겼다.

이러한 사고방식이 현대인에게는 낯설 수도 있겠지만, 과거 고대 사회에서는 자신들만 진정한 인간이고 다른 부족이나 인종은 요괴나 괴물로 여기는 인식이 드문 일이 아니었다. 실제로 많은 원시 부족 명칭이 그냥 '사람'이라는 뜻이다. 예컨대 유럽인들을 공포에 떨게 한 유목민 훈족의 이름 '훈'은 몽골어로 단순히 '사람'을 의미한다.

이누이트 신화에서 아들렛은 상반신은 인간과 같고, 하반신은 개의 다리를 가졌으며, 입에는 송곳니가 길게 자라 있다. 이들은 개처럼 빠르게 달리며, 인간과 종종 갈등을 일으키고, 이누이트나 백인보다 키가 크다고 여겨진다. 아들렛은 사람을 잡아먹는 식인종으로 묘사되기도 한다.

이들의 기원에 대해서는 다음과 같은 신화가 전해진다. 니비아르시앙(Niviarsiang)이라는 여자는 아버지 사비르콩(Savirqong)과 함께 살면서 결혼하지 않겠다고 선언했다. 놀란 사비르콩이 딸에게 여러 남자를 소개했지만 그녀는 마음에 들지 않는다며 모두 거부했다. 그러다 니비아르시앙은 어느 날 흰색과 붉은색 반점이 있는 개 이지르캉(Ijirqang)을 보고는 사랑에 빠져 결혼해버렸다. 사비르콩이 말려도 소용이 없었다.

니비아르시앙과 이지르캉 사이에서 10명의 아이가 태어났는데, 절반은 개였고 나머지 절반은 상반신은 사람이고 하반신은 개인 아들렛이었다. 졸지에 사위와 손자들까지 떠안게 된 사비르콩은 사냥을 나가 온 가족을 먹여 살려야 했다. 그런데 이지르캉은 사냥에 전혀 참여하지 않았고, 아이들은 늘 배고프다며 시끄럽게 울어댔다. 결국 참다못한 사비르콩은 딸과 사위, 손자들을 배에 태우고 작은 섬으로 데려간 뒤 "이제부터 너희가 바다를 건너와 내가 주는 음식을 먹어라."라고 말했다.

그러자 니비아르시앙과 이지르캉은 헤엄쳐서 사비르콩의 집으로 왔다. 사비르콩은 딸에게는 고기를 주었지만 마음에 안 드는 사위에게는 고기를 주지 않고 대신 그의 신발에 돌을 넣었다. 되돌아가던 이지르캉은 수영하다 바다에 빠져 죽고 말았다.

이 사실을 알게 된 니비아르시앙은 아버지가 아이들까지 해칠까 두려워 아들렛들을 캐나다 내륙으로 피신시켰고, 개들은 배에 태워 동쪽으로 보냈는데 이 개들이 바다를 건너 유럽인의 조상이 되었다고 한다.

신화학자들은 이 이야기에 이누이트가 유럽 백인들을 만났을 때의 경험이 반영되어 있다고 본다. 즉 이지르캉은 유럽인을 상징하며, 이누이트 여성이 백인 남성에게 성적 호의를 제공한 대가로 유럽인들의 물자를 받았던 과거가 니비아르시앙 이야기로 풍자되었다는 것이다. 이런 관점에서 보면 아들렛과 개는 백인과 이누이트 사이에서 태어난 혼혈아를 상징한다.

077 태평양 전설의 요괴, 상어 인간

 사람이 짐승의 모습으로 변하고 짐승처럼 잔인해져 사람을 습격해 잡아먹는 요괴 이야기가 곳곳에서 전해져 내려온다. 유럽에서는 늑대로 변하는 늑대 인간을, 동아시아에서는 호랑이로 변하는 호랑이 인간을 두려워했다.
 태평양 지역은 바다로 둘러싸인 섬들이 많아 육지 동물보다 바다 동물을 접할 기회가 많다 보니 지역 주민들이 가장 두려워한 짐승은 상어였다. 그래서 이 지역에는 상어로 변해 사람을 해치는 상어 인간에 대한 전설이 전해져 내려온다.
 하와이 전설에 등장하는 상어 인간 나나우에(Nanaue)는 상어의 왕 카모호알리(Kamohoalii)와 와이피오(Waipio) 계곡의 처녀 칼레이(Kalei) 사이에서 태어난 아들이다. 나나우에는 달빛조차 들지 않는 아주 어두운 밤에 태어났다. 완전한 암흑 속에서 태어난 것을 불길하게 여긴 카모호알리는 칼레이에게 당부했다.
 "이 아이에게 절대 고기를 먹이지 마시오. 만약 고기를 먹게 되면 이 아이는 인간에게 아주 위험한 존재가 될 것이오. 반드시 내 말을 명심하시오."
 칼레이는 그 당부를 지켰고, 나나우에는 채소와 과일만 먹으며 자랐다. 그러나 성장하면서 나나우에의 몸에 이상한 특징이 드러났다. 그의 등에는 상어의 입이 달려 있었는데, 항상 입을 벌린 채 날카로운 이빨을 드러내고 있었다. 칼레이는 이 모습을 다른 사람들에게 들키지 않기 위해 옷으로 가리려고 애를 썼다.

하지만 나나우에가 성인이 될 무렵 칼레이는 그만 실수를 저지르고 말았다. 나나우에가 다른 사람들과 크게 다르지 않게 자라자 카모호알리의 당부를 대수롭지 않게 여기고 식탁에 고기를 내놓고 만 것이다. 고기를 먹은 이후로 나나우에는 이전까지 먹던 채소나 과일을 더는 먹을 수 없게 되었다. 나나우에는 핏물이 흐르는 싱싱한 고기를 먹고 싶어서 미칠 지경이 되었다.

결국 그 충동을 참지 못한 나나우에는 해안가로 나가 수영하는 사람들을 보고 알 수 없는 욕망에 사로잡혀 그들을 잡아먹었다. 그 후로 나나우에는 남들의 눈을 피해 수영하는 사람들을 몰래 잡아먹는 일이 일상이 되었다.

마을 사람들은 나나우에가 다른 사람들과 함께 식사하는 모습을 본 적이 없었기에 이상하게 생각했다. 그런 와중에 그의 등에 상어의 입이 달렸다는 사실이 밝혀지자 나나우에는 마을 사람들을 피해 마우이섬으로 도망쳤다. 마우이섬에서 나나우에는 여자 추장과 결혼했는데, 거기서도 식인 충동을 억누르지 못하고 어린 소녀를 잡아먹었다가 발각되어 다시 몰로카이 섬으로 달아났다.

하지만 상어 입이 달린 식인 괴물에 대한 소문이 섬들에 퍼져서 나나우에는 숨을 데가 없었다. 게다가 사람들 앞에서 상어로 변신하는 모습까지 보이는 바람에 나나우에는 사람들의 몽둥이에 맞아 죽고 말았다.

2021년 개봉한 영화 《더 수어사이드 스쿼드(The Suicide Squad)》에 등장하는 킹 샤크(King Shark)의 본명이 나나우에인데, 이는 말할 것도 없이 하와이 전설의 상어 인간에서 따온 이름이나.

나나우에와 유사한 상어 인간에 대한 전설이 솔로몬제도에 전해지는데,

여기서는 아다로(Adaro)라는 사악한 바다 괴물이 등장한다. 아다로는 귀 뒤에 아가미가 있고, 발에 지느러미가 달렸으며, 등에 상어의 등지느러미가 돋아 있고, 머리에 황새치나 톱상어처럼 길고 뾰족한 창이 자라 있다. 아다로는 바다를 떠돌다가 어부를 발견하면 달려들어 죽인다고 한다.

078 호주의 수수께끼 요괴, 버닙

    버닙(Bunyip)은 호주 남동부의 애버리지니 신화에 등장하는 요괴다. 버닙이라는 단어는 일반적으로 애버리지니 언어에서 '악마' 또는 '악령'을 의미한다.
    18세기 말부터 영국인이 호주로 이주하면서 버닙에 대한 전승도 서양 세계에 알려지기 시작했다. 1812년 영국 언론인 제임스 아이브스(James Ives)는 버닙을 "물개처럼 크고 검은 짐승이며, 흑인(애버리지니)들 사이에서 공포를 불러일으키는 끔찍한 소리를 낸다."라고 묘사했다.
    애버리지니 신화에 따르면 버닙은 습한 환경을 좋아해 늪, 개울, 강바닥, 물웅덩이에 숨어 산다고 한다. 또 물속에만 머무는 것이 아니라 뭍으로도 올라와 활동할 수 있다고 여겨진다.
    버닙의 생김새는 전승이나 목격담에 따라 크게 다르다. 어떤 전승에서는 불가사리처럼 생겼다고 하고, 다른 전승에서는 올빼미 같은 야행성으로 묘사된다. 그런가 하면 버닙을 보았다는 목격자들은 물개나 개와 닮았다고 말한다. 구체적으로 머리는 불도그를 닮고, 뾰족한 귀에 꼬리는 없으며, 물개나 수달처럼 입가에 수염이 나 있다고 한다. 또 목이 길고 온몸은 검은색이나 갈색 털로 덮여 있다고 한다. 반면 머리는 말이나 에뮤(호주에 사는 커다란 새)처럼 생겼고 목에 갈기가 있으며, 피부에 주름이 많고, 말처럼 털투성이 꼬리가 달렸다는 목격담도 존재한다.

1933년 버닙을 연구한 찰스 페너(Charles Fenner)는 버닙 전설이 강을 오가는 물개를 오인한 결과라고 보았다. 그는 호주 내륙의 강에서 발견되는 물개들이 부드러운 털을 지니고 울부짖는 소리를 내는데, 이런 특징이 버닙에 대한 묘사와 일치한다고 주장했다.

버닙의 생김새만큼이나 논란이 되는 것이 버닙의 습성이다. 애버리지니 신화에 따르면 버닙은 지느러미나 물갈퀴를 갖고 있어서 물속을 빠르게 헤엄칠 수 있고, 시끄럽게 울부짖는 소리를 내며 가재 같은 갑각류를 잡아먹는다고 한다. 그러나 일부 전승에서는 버닙이 사람, 특히 여성이나 어린이를 납치해 피를 마신다고 한다. 그래서 호주에 정착한 유럽인 이주자들과 애버리지니 사이에서는 버닙이 위험한 요괴인지, 아니면 이상한 동물에 불과한지를 두고 논란이 이어졌다.

또한 애버리지니 전설에 따르면 버닙은 원래 물의 정령으로, 너무 많은 물고기를 잡은 사람이나 물에 너무 가까이 다가간 아이를 납치한다고 한다. 이런 이야기는 물고기의 씨가 마르지 않도록 지나치게 물고기를 남획하지 말라거나 아이들에게 물가에 너무 가까이 가면 위험하니 조심하라는 경고를 하기 위해 꾸며낸 이야기로 보인다.

다른 한편 버닙이 사람과 싸웠다는 이야기도 있다. 1851년 《더 오스트레일라시안(The Australasian)》에는 빅토리아주 아라랏(Ararat) 근처에서 버닙이 원주민을 죽였다가 원주민의 창에 찔렸다는 기사가 실렸다. 그리하여 1850년대 중반까지 일부 애버리지니는 해마다 아라랏을 찾아가 버닙의 발자국이 있다는 곳을 방문했다고 전해진다. 그 발자국은 길이 약 11보, 폭은 4보 정도였다고 한다.

호주에 정착한 유럽계 백인들도 일찍이 버닙에 큰 관심을 가졌다. 1818년 탐험가 해밀턴 흄(Hamilton Hume)은 뉴사우스웨일스주 바서스트(Bathurst) 근처 호수에서 큰 동물의 뼈를 발견하고 그것이 하마나 바다소처럼 생겼다고 묘사했다. 그 소식을 들은 사람들은 그것을 버닙의 뼈라고 믿었다.

1857년 에드윈 스토클러(Edwin Stocqueler)는 호주의 머리강을 여행하면서 긴 목이 백조처럼 생기고 머리는 개처럼 생겼으며 온몸이 털로 뒤덮인 생물을 보았는데, 이를 그림으로 그려 애버리지니에게 보여주자 모두가 버닙이라고 답했다고 한다.

079 호주의 기이한 생물, 요위

요위(Yowie)는 애버리지니 전설에 등장하는 괴물이다. 일반적으로 키는 2.1미터에서 3.6미터 사이이며, 두 발로 서고 온몸이 털로 덮인 원숭이와 비슷한 모습으로 묘사된다. 요위의 발은 사람보다 훨씬 크다고 알려져 있는데, 발자국 모양을 보면 사람의 발가락 수와 일치하지 않는다는 이야기도 있다. 또 코가 사람보다 넓고 평평하다는 목격담도 전해진다.

요위가 사람에게 위협적인 존재인지에 대해서는 의견이 갈린다. 일부는 요위가 소심하고 수줍음을 많이 탄다고 주장하지만, 다른 이들은 요위가 폭력적이고 공격적으로 행동한다고 본다.

요위라는 단어가 처음 등장한 문헌은 1875년 윌리엄 리들리(William Ridley) 목사가 쓴 《카밀라로이어 및 기타 호주 언어》인데, 여기서 요위는 "밤에 땅을 돌아다니는 정령"이라고 기록되어 있다. 한편 1987년 《시드니 모닝 헤럴드(Sydney Morning Herald)》 칼럼에서 마거릿 존스(Margaret Jones)는 요위를 목격한 최초의 기록이 1795년으로 거슬러 올라간다고 언급했다.

1882년 아마추어 박물학자인 헨리 제임스 맥쿠이(Henry James McCooey)는 〈호주의 유인원〉이라는 기사에서 뉴사우스웨일스주 남쪽 해안에서 "토착 원숭이"를 보았다고 주장했다. 그에 따르면 키는 약 5피트이며, 꼬리가 없고 목과 가슴 주위에 털이 덮여 있으며, 작고 불안해 보이는 눈은 헝클어진 머리카락에 가려 잘 보이지 않았고, 돌을 던지자 바로 도망쳤다고 한다. 맥쿠이는 자신에게 40파운드를 주면 이 기이한 생물을 포획해 호주 박물관에 기증하겠다고 제안했으나 그 생물은 두 번 다시 맥쿠이 앞에 나타나지 않았다.

1912년에는 뉴사우스웨일스주의 금광 근처에서 요위를 보았다는 소문이 퍼졌다. 사람들은 개가 이유 없이 공격받아 죽는 일이 종종 발생한다며, 그것이 요위의 짓일 수 있다고 주장했다.

1977년 《시드니 모닝 헤럴드》에는 뉴사우스웨일스주의 옥슬리섬 주민들이 밤에 동물의 비명 소리를 들었다는 기사가 실렸다. 이를 계기로 사람들이 주위를 수색했으나 요위는 발견되지 않았다. 당시 요위를 잡으면 20만 호주 달러의 보상금을 준다는 제안도 있었으나 보상금을 받은 이는 아무도 없었다.

호주 퀸즐랜드주 남동부 스프링브룩은 요위 목격담이 유독 많이 전해지는 지역이다. 1977년에는 전 퀸즐랜드 상원의원 빌 오치(Bill O'Chee)가 이 지역을 여행하던 중 키가 3미터가 넘는 요위를 보았다고 밝혔다.

1990년대 후반 노던 준주의 아카시아 힐스에서도 요위에 대한 목격담이 이어졌다. 특히 1997년 망고 농장을 운영하던 카트리나 터커(Katrina Tucker)는 온몸이 털로 덮인, 사람과 비슷하지만 사람은 아닌 기이한 생물을 불과 몇 미터 거리에서 목격했다고 주장했다. 그녀는 요위의 발자국이라며 직접 찍은 사진도 공개했다.

이처럼 요위를 보았다는 목격담은 많지만 실제로 포획했다는 사례는 전무하다. 호주의 기이한 생물인 요위의 정체는 무엇일까? 아직 인류가 알지 못하는 유인원의 일종일까? 아니면 석기 시대의 문화를 간직한 원시인의 일부일까? 진실은 요위가 그 모습을 드러낼 때에야 비로소 밝혀질 것이다.

080 호주 원주민 전설의
   요괴와 정령 1

　아르카루(Arkaroo)는 호주 남부 프롬 호수의 물을 모두 마셔버린 거대한 뱀이다. 호숫물을 모두 소화한 아르카루는 서쪽으로 가서 낮잠을 청했는데, 그대로 플린더스산맥 북부에 있는 개먼(Gammon)산맥이 되었다. 아르카루가 신비한 짐승들에게 공격을 받아 몸을 이리저리 뒤틀자 그로 인해 산맥 곳곳에 물웅덩이가 생겼다. 애버리지니는 개먼산맥에서 지진이 발생하면 아르카루가 깨어나려고 몸을 뒤척이는 것이라고 여긴다.
　보비보비(Bobbi-Bobbi)는 아득히 먼 옛날인 꿈의 시대에 하늘에 살던 거대한 뱀이다. 그는 인간에게 호의적이어서 인간이 생존하려면 사냥 도구가 필요하다고 생각해 자신의 갈비뼈 중 하나를 떼어 부메랑을 만들고 사용법을 알려주었다. 그런데 두 남자가 이에 만족하지 못하고 천국이 어떻게 생겼는지 보고 싶어서 보비보비에게 감사를 표하는 척하며 부메랑을 던져 구름에 구멍을 냈다. 놀란 보비보비가 땅으로 떨어지는 부메랑을 잡지 못한 탓에 두 남자는 부메랑에 맞아 죽었다. 이후 보비보비는 인간이 어리석고 배은망덕하다고 판단해 더는 인간을 돕지 않았다.
　가르카인(Garkain)은 노던 준주의 리버풀강 주변 정글에 서식한다고 전해지는 괴물이다. 가르카인은 길을 잃은 여행자가 나타나면 나무 위에서 내려와 가죽 같은 날개로 그를 휘감고, 몸에서 풍기는 지독한 악취로 질식시킨 뒤 날카로운 이빨로 살을 먹어치운다. 가르카인에게 잡아먹힌 사람의 영혼은 영원히 정글을 떠돌게 된다고 한다.

이필야(Ipilya)는 비와 천둥의 창조자인 거대한 도마뱀붙이로, 누마리카(Numarika) 늪지대에서 가족들과 함께 산다. 이 늪은 애버리지니에게 신성한 장소로, 이곳의 물을 마시면 죽는다고 믿어 함부로 다가가지 않았다. 이필야에게는 아내 구루이나(Guruina)와 한 명의 자녀가 있다. 부부 모두 100피트에 달하는 몸에 긴 머리카락과 수염을 지녔다. 우기가 되면 이필야는 늪 가장자리에서 풀을 뜯고 물을 마신 뒤 이를 하늘에 뿌려 구름을 만들고 비와 번개, 천둥을 일으킨다. 우기가 끝나면 이필야는 늪으로 숨어들고, 이후에는 침입자를 처벌하는 일을 제외하면 다음 우기까지 조용히 지낸다.

키니 게르(Kinie Ger)은 머리와 몸통은 쿼울(quoll, 호주 토종 주머니고양이), 팔다리는 사람처럼 생긴 반인반수 요괴다. 키니 게르는 창으로 사람, 새, 동물을 닥치는 대로 죽이는 무자비한 살인마다. 자신의 모습을 투명하게 만들 수 있어 더욱 두려운 존재였다. 키니 게르는 웅덩이에 고인 물을 마시다가 자신을 미워하는 올빼미와 까마귀에게 죽임을 당했다. 그러자 그의 시체에서 최초의 쿼울이 태어났다고 전해진다.

말린지(Malingee)는 어두운 밤에 출몰하는 사악한 정령으로, 불타는 숯처럼 이글거리는 눈과 돌로 된 무릎을 지녔다. 보통은 사람을 피하지만, 자극을 받으면 돌칼로 사람을 잔인하게 살해한다.

미미(Mimi)는 가늘고 길쭉한 몸을 가진 요정이다. 몸이 너무 가늘어 거센 바람에 부러질 수 있어서 대부분 바위틈에서 지낸다. 미미는 인간의 모습을 하고 있으며, 원주민이 호주 북부로 오기 전에 처음으로 암벽화를 그린 존재로 여겨진다. 또한 미미는 사람들에게 그림 그리는 법과 캥거루를 사냥하고 요리하는 법을 가르쳤다. 장난을 좋아하지만 사람에게 해를 끼치지는 않는다.

　민카(Minka)는 남부 머리강 인근에 서식하는 올빼미와 비슷하게 생긴 새인데, 죽음을 예고하는 불길한 짐승으로 여겨진다. 민카는 어두운 곳을 좋아해 으슥한 곳에서 산다.

081 호주 원주민 전설의
         요괴와 정령 2

　모코이(Mokoi)는 호주 원주민 전설에서 사악한 흑마법을 사용하는 악령으로, 밤에 아이들을 납치해 잡아먹는 식인 습성이 있다. 모코이에게 저주를 받은 사람은 편하게 늙어 죽지 못하고 무서운 질병이나 치명적인 사고로 불행하게 생을 마감한다고 한다. 그래서 애버리지니는 병이나 사고로 죽은 사람을 보고 모코이에게 저주를 받았다고 여긴다.
　멀제왕크(Muldjewangk)는 호주 남부의 머리강, 특히 알렉산드리나 호수에 산다고 알려진 요괴다. 애버리지니는 해가 진 뒤에 강변 근처에서 놀고 싶어 하는 아이들에게 "그러면 멀제왕크가 잡아간다!"라고 겁을 주었다. 애버리지니 전설에서 멀제왕크는 절반은 사람이고 절반은 물고기인 인어처럼 묘사된다. 다만 멀제왕크는 동화 속 인어처럼 아름답거나 선량하지는 않다.
　멀제왕크는 알렉산드리나 호수에 어부들이 어망을 설치하는 것을 싫어하여 곧바로 어망을 부숴버린다. 또한 애버리지니는 물 위에 커다란 해초 덩어리가 떠다니면 멀제왕크가 그 속에 숨어 있다고 여겨 피해 간다.
　호주 민담에 따르면 멀제왕크는 유럽세 징책민의 증기선을 공격했다고 한다. 증기선 선장은 멀제왕크를 보고 총을 꺼냈는데, 마침 배에 타고 있던 원주민 장로들이 총을 쏘면 멀제왕크의 저주를 받는다고 경고했다. 선장은 이를 무시하고 총을 쐈지만 총알이 빗나갔고 멀제왕크는 달아났다. 얼마 지나지 않아 선장은 온몸에 붉은 물집이 퍼져 반년 동안 고통받았다고 전해진다.

문군갈리(Mungoon-Gali)는 엄청난 식욕과 치명적인 독으로 애버리지니를 두렵게 한 거대한 도마뱀이다. 문군갈리는 독을 저장한 가죽 자루를 가지고 있는데, 누군가가 이것을 훔쳐 가면 힘이 약해지기 때문에 자루를 지키는 데 매우 신경을 쓴다.

다른 전승에서는 문군갈리의 가족이 사악하게 묘사되지 않는다. 심한 가뭄이 들었을 때 문군갈리의 아내이자 검은 오리인 쿠비타(Kubbitha)는 물을 찾기 위해 산속에 들어가 친절한 정령의 충고대로 참마 막대기를 산 한가운데에 던졌다. 그러자 큰 개울이 쏟아져 가뭄이 끝났다고 한다.

나르군(Nargun)은 호주 빅토리아주 미첼강 국립공원에 있는 '나르군의 덴(Den)'에 산다고 알려진 사나운 괴물이다. 나르군은 손과 팔과 가슴을 제외하면 몸 전체가 돌로 이루어졌는데, 길 잃은 여행자를 농굴로 끌어들여 죽인다. 설령 여행자가 부메랑이나 창 같은 무기로 나르군을 공격하더라도 몸 대부분이 돌이라 타격을 받지 않고, 오히려 공격한 충격이 여행자에게 되돌아간다고 한다.

파피니주와리(Papinijuwari)는 호주 북부 원주민인 티위족(Tiwi) 신화에 등장하는 존재로, 하늘이 끝나는 지점에 있는 커다란 오두막에 사는 외눈박이 거인이다. 파피니주와리는 한 손에 타오르는 횃불을 들고 다른 한 손에 곤봉을 들고 하늘을 날아다니며 죽은 자의 몸과 병든 자의 피를 먹는다. 그는 냄새로 아픈 사람의 위치를 찾고, 희생자를 발견하면 자신을 투명하게 만들어 상처를 남기지 않고 피를 빨아먹는다. 병자가 쇠약해지면 파피니주와리는 사람 입을 통해 몸속으로 들어갈 만큼 작아져 몸속에서 피를 빨아들인다.

타르디드 짐보(Thardid Jimbo)는 식인 거인으로, 자신이 죽인 사냥꾼 가족에게 복수를 당해 죽었다. 시난말키아(Thinan-malkia)는 그물을 던져 사람을 묶어 잡아먹는 악령이다. 이나파(Yee-Na-Pah)는 인나르드두아(In-Nard-Dooah)라는 바늘두더지와 결혼한 사악한 소녀다. 위른파(Wirnpa)는 가문 땅에 비를 내린 뱀으로, 애버리지니는 그의 이미지를 외부인을 물리치는 데 사용했다.

082 호주 원주민 전설의
요괴와 정령 3

　티달릭(Tiddalik)은 호주 원주민 전승에 등장하는 거대한 개구리다. 티달릭은 어느 날 아침 참을 수 없는 갈증을 느껴 잠에서 깨어나 눈에 보이는 물을 모조리 마셔버렸다. 그러자 수분이 사라진 대지에서 식물과 동물이 죽기 시작했다. 이에 동물들은 티달릭이 마신 물을 다시 방출시킬 계략을 꾸몄다. 지혜로운 장어 나부눔(Nabunum)은 자신의 몸을 우스꽝스럽게 꼬아 티달릭을 웃기려 했다. 결국 티달릭이 마구 웃는 바람에 삼켰던 물이 모조리 쏟아져 나왔다. 이로써 호주의 강과 호수와 늪에 다시 물이 차 동물들이 살아갈 수 있게 되었다.
　티달릭의 전승은 애버리지니뿐 아니라 유럽계 이주민 사회에 퍼졌고, 오늘날 호주의 아동 문학에서도 자주 다뤄진다. 티달릭 이야기는 아마도 건기 동안 지하에 숨어 있다가 비가 오면 나타나 많은 물을 흡수하는 물저장개구리의 생태에서 비롯된 것으로 보인다. 애버리지니는 가뭄이 심할 때 땅을 파 이 개구리에게서 물을 뽑아내기도 했다.
　와길(Wagyl)은 호주 서남부 지역 원주민 전승에 등장하는 거대한 뱀으로, 습지에 사는 야생 동물을 보호하라는 신들의 명령에 따라 강과 수로를 만든 존재다. 그래서 이 지역 원주민들은 와길을 대지의 수호자로 극진히 숭배했다. 와길이 땅 위의 이곳저곳을 돌아다니며 남긴 배설물은 바위가 되었고, 떨어져 나간 비늘은 숲이 되었다고 전해진다.

후위(Whowie)는 7미터 길이의 고아나(도마뱀)처럼 생긴 괴물로, 개구리 같은 머리에 6개의 튼튼한 다리를 가진 존재다. 움직임은 느리지만 식욕이 대단해서 입을 열면 한 번에 부족 전체를 집어삼킬 수 있었다. 후위는 머리강 유역의 깊은 동굴에 살면서 동굴 주변의 강둑을 짓밟아 리베리나 지역의 모래 언덕을 만들었다. 후위의 횡포를 견디지 못한 물쥐 부족은 막대기 다발을 모아 후위가 사는 동굴 입구에 쌓아놓고 불을 질렀다. 연기로 가득 찬 동굴에서 후위가 고통스러워하며 밖으로 나오자 부족민들은 돌도끼, 돌창, 몽둥이 같은 무기로 후위를 공격해 간신히 쓰러뜨렸다.

야라마야후(Yara-ma-yha-who)는 사람과 작은 붉은 개구리를 합쳐놓은 듯한 괴물이다. 머리가 매우 크고 커다란 입에는 이빨이 없으며 손발 끝에는 빨판이 달렸다. 야라마야후는 무화과나무에 숨어 있다가 그 아래로 방심한 여행자가 오면 손발에 달린 빨판을 이용해 달라붙어 피를 빨아먹는다. 그런 다음 희생자를 집어삼키고 물을 조금 마신 뒤 낮잠을 자며, 깨어나서는 삼킨 사람을 토해 낸다. 이때 피해자의 피부는 붉게 변해 있으며, 이런 일이 반복되면 결국 또 다른 야라마야후로 변하게 된다. 애버리지니 전설에 따르면 야라마야후는 낮에만 활동하고, 살아 있는 먹이만 노린다고 한다.

야크야크(Yawkyawk)는 인어와 비슷한 존재로, 머리카락 대신 해초가 자라며 상반신은 인간 여성이고 하반신은 물고기다. 때때로 악어, 황새치, 잠자리, 뱀 등으로 변신할 수도 있다. 야크야크는 비를 내리거나 자신을 화나게 한 사람들에게 폭풍을 보내는 등 날씨를 조종하는 능력이 있다. 애버리지니 전설에서 야크야크는 호주를 창조한 신인 무지개 뱀의 아내 또는 딸로 여겨지기도 한다.

083 축치족의 요괴, 켈레트

시베리아 축치반도에 사는 축치족의 전설에는 켈레트라는 요괴가 등장한다. 켈레트는 사악한 샤먼이 주술로 소환하기도 하지만, 본래는 황야나 지하에 사는 거인 또는 악령이다.

일부 연구자들은 켈레트를 바다에 사는 사악한 바다코끼리의 정령이라고 부르지만, 축치족 전설에 따르면 켈레트는 바다에서 온 것이 아니므로 이는 잘못된 해석이다. 아마도 축치족 전설 중에 "멀리 떨어진 해안가에 살면서 사람을 잡아먹는 포악한 거인 켈레트들이 있다."라는 내용이 있는데, 춥고 황량한 북극해와 북태평양 해안가에 사는 켈레트의 이야기가 와전되어 바닷속에 산다고 오해를 불러일으킨 것으로 보인다.

일반적으로 켈레트는 사람을 잡아먹는 거인으로 그려지는데, 이는 중세 유럽 전설에 등장하는 오거(Ogre)와 비슷하다. 그러나 거대하기만 한 모습은 아니며, 체구를 줄여서 굴뚝을 통해 집 안으로 들어가 질병을 옮기고 사람의 영혼을 훔치는 일도 있다고 한다.

켈레트는 대개 사람과 같은 모습을 하고 있지만, 이빨과 손톱이 길고 날카로우며 머리카락도 매우 길고 그 끝이 날카롭다. 때로는 머리가 여러 개인 모습으로도 묘사된다. 이러한 모습은 고대 한국과 중국 전승을 기록한

《청구야담(靑丘野談)》과 《태평광기(太平廣記)》에 등장하는 대인족이나 장인족과 유사하다.

켈레트는 주로 지하에 사는데, 이들은 땅 위의 인간과 모든 것이 반대인 세계에 산다. 예컨대 그 세계에서는 왼쪽이 오른쪽이고, 달이 태양의 역할을 한다. 그래서 축치족은 달을 '켈레트의 태양'이라고 부른다.

켈레트도 남성과 여성의 구별이 있으며, 남녀 모두 사람을 잡아먹는다. 이들은 지하에서 지상으로 통하는 동굴을 통해 밖으로 나왔고, 황량한 해안가에서 내륙으로 들어오다 인간과 처음 마주치며 식인을 시작한 것으로 여겨진다. 켈레트는 사람을 '작은 물개'라고 부르며 사냥해 잡아먹는데, 인간의 내장, 그중에서도 간을 좋아한다고 한다.

사람이 사냥을 위해 개를 기르듯 켈레트도 검은 개를 기르는데, 이는 러시아 문화에서 검은색이 죽음을 상징하는 불길한 색이라는 점과 연관된다. 켈레트는 검은 개를 시켜 인간의 영혼을 데려오게 하는데, 이 개 역시 몸 크기를 마음대로 바꿀 수 있다. 이 밖에도 켈레트가 곰이나 불을 뿜는 순록을 인간을 사냥하거나 추격하는 데 이용한다는 전승도 있다.

그러나 켈레트는 인간에 비하면 머리가 둔하기 때문에 인간의 속임수에 쉽게 당한다. 이러한 특성 역시 중세 유럽의 오거와 유사하다.

또한 축치족 샤먼들이 주술로 켈레트를 불러낸다는 전승도 있다. 이 경우 켈레트는 사람을 잡아먹는 요괴가 아니라 전염병을 퍼뜨리는 악령으로 묘사된다. 일부에서는 켈레트가 본래 전염병을 의인화한 존재라고 설명한다.

084 네네츠족 신화의 난쟁이 종족, 시르티아

 러시아 북서부 야말로네네츠 자치구의 원주민인 네네츠족의 신화에는 시르티아(Sirtia)라 불리는 신비한 종족에 대한 이야기가 전해진다. 전승에 따르면 네네츠족이 현재의 거주지로 이주하기 전에 시르티아족이 북극해 건너편에서 먼저 도착해 살고 있었다고 한다.
 시르티아족은 햇빛을 두려워해 지하나 동굴에서 살았으며, 겉모습은 네네츠족보다는 러시아인과 비슷했는데, 키가 매우 작고 머리카락이 노란색이었다. 이들은 네네츠족과 달리 사슴을 기르지 않고 야생 동물을 사냥하거나 낚시를 하면서 살았다. 대신 매머드를 지하에서 가축처럼 길렀다고 전해지는데, 이는 네네츠족이 땅속에서 발견한 매머드의 뼈나 엄니 화석을 보고 시르티아족이 기르던 매머드의 유해라고 상상한 데서 비롯한 것으로 보인다.
 햇빛을 두려워해서인지 시르티아족은 낮에 자고 밤에 활동했으며, 보통 안개가 자욱할 때 모습을 드러냈다. 이 안개가 시르티아족이 마법으로 일으킨 것인지, 안개가 낄 때만 지상으로 나온 것인지는 확실하지 않다.
 또한 그들은 솜씨 좋은 대장장이로, 금속 펜던트가 달린 아름다운 옷을 만들어 입고 쇳조각을 만들어서 지상과 지하에 그 흔적을 남겼다. 이 밖에도 시르티아족은 초자연적인 능력을 지녔으며, 그들을 본 사람은 슬픈 일을 겪거나 반대로 큰 행운을 얻는다고 전해진다. 아주 운이 나쁜 경우에는 시르티아족을 보기만 해도 죽는다고 한다.

시르티아족 여성과 네네츠족 남성의 결혼 이야기도 전승에 종종 등장한다. 하지만 일부 시르티아족은 네네츠족에게 적대적이었고, 밤중에 집 밖에서 놀고 있는 아이들을 납치했다는 이야기도 전해진다. 다만 이 이야기는 네네츠족 부모들이 아이들에게 밤중에 함부로 돌아다니지 말라고 경고하는 차원에서 지어낸 이야기일 가능성이 크다.

시르티아족이 네네츠족 아이들을 납치한 일 때문에 두 부족 사이에 군사적 충돌이 있었다는 전승도 존재한다. 그러나 일반적으로 시르티아족은 무력보다는 예기치 않게 숨었다가 갑자기 나타나는 신비한 능력이 있다고 묘사된다.

금속 세공 솜씨가 뛰어났던 시르티아족은 마법의 힘이 담긴 펜던트를 만들었다고 한다. 이와 관련해 다음과 같은 이야기가 전해진다.

어느 여름 사슴 떼를 몰고 이동하던 네네츠족 한 무리가 높은 언덕 부근을 탐험하다가 덤불 근처에서 잠들어 있는 작은 체구의 아름다운 소녀를 발견했다. 그녀는 은으로 장식한 옷을 입었는데, 옷에는 색색의 단추가 달려 있었다. 그리고 곁에는 청동으로 만든 펜던트가 달린 재봉 가방이 놓여 있었다. 그런데 갑자기 소녀가 깨어나더니 수풀 속으로 사라졌고, 네네츠족은 결국 그녀를 찾지 못한 채 소녀가 두고 간 가방을 가져갔다.

네네츠족이 가방을 가져온 뒤로 마을에는 정체불명의 전염병이 돌았고, 아무리 약을 써도 낫지 않았다. 그런데 밤이 되면 "내 가방이 어디 있지?"라고 울부짖는 음성이 허공에 울려 퍼졌으며, 가방을 보관하던 가족이 모두 죽고 말았다. 그들의 친척이 그 가방을 신성하게 여기는 썰매에 보관하자 그제야 전염병이 사라졌다고 한다.

085 시베리아 원주민
신화의 요괴들

　민레이(Minlei)는 네네츠족 신화에서 하늘의 신 눔의 지시에 따라 14개의 쇠로 만든 날개를 퍼덕이며 바람을 일으키는 거대한 새다. 네네츠족은 민레이의 날갯짓 소리를 천둥으로 여겼고, 민레이가 눈을 반짝거리면 번개가 친다고 믿었다.
　민레이의 기원에 대해서는 몇 가지 전승이 전해진다. 한 전승에 따르면 원래 민레이는 평범한 인간 소년이었는데 한 소녀와 놀다가 그만 시비가 붙어 소녀를 칼로 찔러 죽였고, 이에 분노한 소녀의 아버지에게 살해당해 그 영혼이 민레이가 되었다고 한다. 또 다른 전승에 따르면 민레이가 눔의 아들이라고 한다.
　네네츠족은 민레이를 인간에게 적대적인 사악한 요괴로 여겼다. 그래서 네네츠족 신화에서 민레이는 사람을 납치하거나 죽이다가 강력한 주술사에게 퇴치당하는 악역으로 자주 등장한다.
　멘크브(Menkv)는 한티족(Khanty)과 만시족(Mansi) 신화에 나오는 식인 거인으로, 하늘의 신 누미토룸(Numi-Torum)이 낙엽송 줄기로 인간을 만들다 실패하면서 탄생한 사악한 존재다. 그는 숲에 살며 외형은 인간과 비슷하지만 두꺼운 눈썹, 쇠로 된 몸, 기다란 손톱, 7개의 머리를 가졌다. 일부 전승에서는 이마 중앙에 눈이 하나 달려 있고, 뒤통수에 입이 달려 있다고 묘사된다.

멘크브는 키가 크고 힘이 매우 세기 때문에 보통 사람이 그들을 죽이거나 다치게 하기는 대단히 어렵다. 하지만 몸에 한 군데 약점이 있어서 마법으로 그 위치를 알아내면 약점을 공격해 죽일 수 있다. 또한 멘크브는 어리석어 사람에게 잘 속는다. 멘크브를 죽이면 그의 시체에서 섬, 언덕, 강이 생겨난다.

일부 전승에서는 숲속에 장로가 다스리는 멘크브의 마을이 있는데, 그곳에서는 모두가 누미토룸의 일곱째 아들이자 산 자와 죽은 자를 다스리는 신인 미르수스네쿰(Mir-Susne-khum)에게 복종한다고 한다.

미스쿰(Mis-khum)은 한티·만시족 신화에 나오는 숲의 정령이자 거인으로, 멘크브와 달리 인간에게 친절하다. 그는 대지의 어머니 여신 칼타시에크바(Kaltash-ekva)의 창조물로, 나무만큼 키가 크지만 사람을 좋아해 종종 인간과 결혼한다. 미스쿰과 인간이 부부로 맺어지면 행운과 부가 따르는데, 특히 미스쿰 여성과 인간 남성 사이에서 태어난 아들은 숲의 모든 것을 보고 들을 수 있다.

한티·만시족 사냥꾼들은 나무를 깎아 미스쿰의 인형을 만들어 사냥터에 마련한 신성한 오두막에 모셔놓은 뒤 정기적으로 술과 고기, 생선을 제물로 바치며 사냥의 성공을 기원했다.

알바스티(Albasti)는 알타이족(Altai) 신화에 나오는 사악한 요괴로, 긴 노란 머리와 처진 가슴을 가진 못생긴 알몸의 여성으로 나타난다. 때로는 3개의 눈, 갈라진 윗입술, 긴 발톱을 가진 모습으로 묘사되며, 여자를 만날 때는 남자의 모습으로 둔갑하기도 한다. 알바스티는 자신의 갈비뼈에서 잘라낸 살점과 가슴에서 짜낸 젖으로 음식을 만들어 사람에게 먹이는데, 이를 먹으면 심각한 질병에 걸린다.

푼차크(Poonchakh)는 하카스족(Khakas) 신화에 등장하는 요괴로, 사람에게 극도로 적대적이어서 희생자들이 목을 매어 자살하게 만든다. 전승에 따라 푼차크는 튀르크족 신화의 지하 세계 군주인 에를리크의 자손, 또는 죄인의 영혼이 변한 존재로 설명된다.

푼차크는 다양한 형태로 변신할 수 있다. 가장 흔한 모습은 하카스족 전통 의상을 입고 손에 밧줄을 든 차가운 눈동자의 아름다운 여성이다. 하지만 동물이나 나무로도 둔갑할 수 있고 때로는 투명인간처럼 보이지 않게 변할 수도 있다. 푼차크는 술에 취했거나 우울한 사람에게 접근해 다양한 방법으로 집요하게 자살을 유도한다. 푼차크의 유혹에 넘어가 자살한 이들의 영혼은 지하 세계로 끌려가 고통받는다.

하카스족은 마을 사람이 목을 매어 자살하면 푼차크에게 홀린 것으로 여겨 불행이 반복되지 않도록 무당을 불러 악령을 몰아내는 의식을 치른다. 이 의식은 지하로 내려가는 입구와 가장 가깝다고 여기는 개울의 둑에서 행해진다.

086 튀르크족의 요괴와 정령

튀르크족 계열에 속하는 아시아 내륙의 여러 부족은 10세기경 대부분 이슬람교로 개종했지만, 시베리아의 사하족 등 일부 부족은 고유의 토착 샤머니즘을 간직하고 있다.

아바다(Abada)는 시베리아 서부의 타타르족(Tatar) 신화에 등장하는 숲의 정령으로, 순결한 영혼이나 노파의 모습으로 나타난다. 그녀는 숲의 새와 나무, 동물을 지켜주는 존재로 시베리아 지역의 여러 전승에 등장한다. 알 바스티(Al Basty)는 여성의 모습을 한 사악한 정령으로, 주로 캅카스산맥 지역에 사는 튀르크계 부족들의 전설에 등장한다. 일설에 따르면 고대 수메르 신화에 나오는 여성 악령 릴리투(Lilitu)에서 유래했다고 한다.

아르추라(Archura)는 숲의 괴물로, 보통 인간의 모습을 하고 있으며 자신의 몸 크기를 작은 잔디부터 거대한 나무까지 자유자재로 조절할 수 있다. 아르추라는 숲속 동물과 새들의 수호자로 여겨진다. 비추라(Bichura)는 타타르족 민담에 나오는 가택 정령으로, 타타르족은 모든 집에 비추라가 있다고 믿는다. 비추라는 고양이나 개로 변할 수 있으며, 때로는 붉은 옷을 입은 모습으로 나타난다.

바스티(Basty)는 잠자는 사람들에게 악몽을 꾸게 하는 정령으로, 크기가 매우 작고 자유자재로 모습을 바꿀 수 있는 변신 능력이 있다. 질란트(Zilant)는 독사처럼 생긴 날개 달린 용으로, 러시아 동부 카잔 지역의 타타르족은 질란트를 자신들의 상징으로 삼았다.

유하(Yuxa)는 뱀의 여왕으로, 튀르크족 민담에 따르면 모든 뱀은 100년을 살면 유하로 변한다고 한다. 유하는 자손을 낳기 위해 인간 남자와 결혼하는 아름다운 처녀로 묘사된다. 우비르(Ubir)는 살아 있는 모든 생물의 피를 빨아먹는 흡혈귀다. 슈랄라(Shurala)는 숲에 사는 악마로, 손가락이 길고 이마에 뿔이 있으며 온몸에 털이 나 있다. 그는 사람을 덤불 속으로 유인하거나 간질에 걸리게 하고, 때로는 죽이기까지 한다.

이르시(Irshi)는 날개가 달린 아름다운 소녀의 모습을 한 정령으로, 기독교나 이슬람교의 천사와 비슷하다. 그들에게는 신비로운 마법의 힘이 있다. 수술루(Susulu)는 튀르크족 신화에 나오는 인어로, 인간 여성의 상체와 물고기의 꼬리를 지녔으며 바다 왕의 딸로 묘사된다. 호르트단(Hortdan)은 무덤에 사는 괴물로, 주로 아제르바이잔의 튀르크족 전승에 등장한다. 죽은 자의 영혼이거나 사악한 악령으로 여겨진다.

오레크(Orek)는 튀르크족 민담에 등장하는 마법의 힘으로 움직이는 좀비 같은 존재다. 카라콘콜로스(Karakoncolos)는 혹한이 열흘간 계속되면 나타나 지나가는 사람에게 질문을 던지고 답을 맞히지 못하면 죽이는 괴물이다. 우일라크(Uylak)는 말, 나방, 늑대 같은 동물로 변신하는 마녀들이다.

네메(Neme)는 숲, 산, 동굴, 지하 등 자연 속에서 살아가는 정령들이다. 차크(Chak)는 튀르크족 민담에 등장하는 악마로, 늪 가장자리의 나무 위나 그 주변에 숨어 있다가 주로 시골의 농민들을 괴롭힌다. 호르티크(Khyrtyq)는 차크와 유사한 악마로, 여성의 모습을 하고 있으며 강과 시내, 호수 근처의 덤불에 서식한다.

아르도우(Ardow)는 물에 빠져 죽은 사람의 영혼이 변한 물의 정령으로,

사람들을 늪이나 호수로 유인해 익사시킨다. 아즈미치(Azmych)는 도로의 정령으로, 지나가는 사람들이 방향 감각을 잃게 만든다. 에르보루(Erboru)는 튀르크족 민담에 등장하는 늑대 인간으로, 서양의 늑대 인간처럼 늑대로 변신할 수 있다.

에르부케(Erbuke)는 상반신은 인간 남성이고 하반신은 뱀의 꼬리인 요괴로, 뱀들의 왕으로 여겨진다. 카디(Cadi)는 여드름투성이 피부에 코에는 사마귀가 돋아 있고, 날카로운 손톱을 하고 뾰족한 모자를 쓴 마귀할멈이다. 사악한 마법으로 다른 사람을 저주하기를 즐긴다.

087 멜라네시아의 요괴와 정령

태평양 남쪽 뉴기니제도에 속한 멜라네시아 계통의 트로브리안드제도 주민들은 여러 정령과 요괴의 존재를 믿었다. 타우바우(Tauvau)는 트로브리안드제도 주민들이 두려워한 정령으로, 사람처럼 생겼지만 죽음을 불러오는 무서운 정령이다. 이 정령은 섬 주민들의 주식인 얌에 저주를 거는데, 그것을 먹으면 설사병에 걸려 죽게 된다. 또한 무덥고 습한 여름철이면 섬에 전염병을 퍼뜨려 많은 사람을 죽게 한다.

이렇게 타우바우가 사람들을 죽게 하기 직전에는 전조가 나타나는데, 마을 여기저기에서 표주박에 석탄을 넣은 듯한 소리가 들린다고 한다. 아울러 타우바우가 지팡이로 사람을 세게 치면 그 사람은 병에 걸려 죽는다고 여겨서 주민들은 서로를 지팡이로 때리는 일을 금기시한다. 섬 주민들은 타우바우가 북쪽의 두아우(Duau) 지역에서 왔다고 믿는데, 두아우는 섬 주민들 사이에서 마법이 생겨난 곳으로 여겨진다.

타우바우는 기본적으로 사람의 모습을 하고 있지만 뱀, 게, 도마뱀 등 다양한 동물로 변신할 수 있다. 다만 동물로 둔갑한 타우바우는 쉽게 알아차릴 수 있는데, 사람을 보고 도망가지 않거나 피부가 빛나면 타우바우일 가능성이 크다. 하지만 타우바우를 죽이면 저주를 받아 죽고 만다. 동물로 둔갑한 타우바우를 마주쳤을 때는 녹색 돌로 만든 칼이나 조개로 만든 염주처럼 귀한 물건을 바치면 재앙을 피할 수 있다.

토크와이(Tokway)는 섬의 나무들에 사는 정령으로, 주로 나무에 살지만 바위에도 머무르며, 주민들이 기르는 얌을 훔치거나 타우바우보다 약한 전염병을 퍼뜨린다. 토크와이는 간혹 사람들에게 마법을 가르쳐주기도 하는데, 오직 남자들만 마법을 배울 수 있다.

토크와이는 타우바우보다 힘이 약해서 사람에게 해를 끼치더라도 죽음에 이르게 하지는 못하고 그저 몸이 여기저기 아픈 정도에서 그친다. 토크와이는 긴 머리카락과 수염을 늘어뜨린 인간의 모습으로 나타나며, 모습을 잘 드러내지 않지만 큰 나뭇가지에 앉아 시끄럽게 울부짖는다.

토크와이의 악질적 장난 중 하나는 사람들이 배를 만들기 위해 나무를 벨 때 자신에게 제물을 바치지 않으면 배에 구멍을 뚫거나 배를 썩게 하는 것이다. 그래서 주민들은 나무를 베기 전에 음식이나 열매를 토크와이에게 바쳐 분노를 사지 않으려 한다.

크위타(Kwita)는 거대한 문어 괴물로, 몸집이 마을 전체를 뒤덮을 만큼 크고 다리는 여러 섬 위로 뻗어 하늘을 가릴 수 있을 정도다. 바다에 사는 이 괴물은 주로 배를 타고 고기를 잡는 주민들 앞에 나타난다. 이럴 때 주민들은 어린 소년을 바다에 빠뜨려 제물로 바쳐 크위타의 분노를 달랬다.

시나마타노기노기(Sinamatanoginogi)는 하늘에서 내리는 비에 깃든 괴물이다. 시나마타노기노기는 바다로 나간 배 위에 갑자기 쏟아져 내리는데, 아무리 물을 퍼내도 배가 가라앉으면 주민들은 시나마타노기노기의 장난으로 여긴다.

누와케케파키(Nuwakekepaki)는 커다란 돌의 모습을 한 괴물로, 바다 위에 갑자기 나타나 배를 부숴버린다. 주민들은 이 괴물 안에 마녀가 들어 있다고 여기며, 누와케케파키가 사람 소리에 반응한다고 믿어 그가 나타나면 굳게 입을 다물고 아무런 소리도 내지 않는다. 일부 전승에 따르면 이 괴물이 배를 붙잡고 놓아주지 않을 때 배에 탄 소년에게 코코넛 기름을 바르고 팔찌와 목걸이를 채워 제물로 바치면 괴물의 분노를 달랠 수 있다고 한다.

088 멜라네시아의 마녀, 요요바

보통 '마녀'라고 하면 중세 유럽에서 벌어진 마녀사냥을 떠올리기 마련이다. 그러나 마녀, 즉 마법을 사용해 사람들에게 해를 끼친다고 여겨지는 여성은 유럽뿐 아니라 다른 문화권에도 존재했다. 태평양 남쪽의 트로브리안드제도 주민들은 하늘을 나는 마녀인 요요바(Yoyova)와 물루콰우시(Mulukwausi)를 믿었다.

트로브리안드제도의 전설에서 요요바는 마법을 사용하는 여성을 가리키고, 물루콰우시는 그런 요요바가 육체에서 영혼을 분리해 하늘을 날아다닐 때의 모습을 일컫는 말이다. 주민들은 이러한 마녀들을 매우 두려워해서 요요바나 물루콰우시의 이름을 말하는 대신 '여자들'이라는 뜻의 비빌라(Vivila)라고만 부른다. 이름을 직접 부르면 마녀가 나타나 재앙과 저주를 내린다고 믿기 때문이다. 또한 섬 주민들은 요요바가 바다에서 거센 바람과 파도를 일으켜 배를 침몰시킨다고 믿는다.

섬 주민들이 이 마녀들을 더욱 두려워하는 이유는 요요바가 자신의 모습을 숨기고 짐승이나 벌레의 모습으로 변신할 수 있다고 믿기 때문이다. 주민들은 요요바가 여우, 올빼미, 개똥벌레로 모습을 바꿔 사람들을 몰래 지켜보다가 마음에 들지 않으면 저주를 내린다고 여긴다.

트로브리안드제도 주민들은 요요바 외에도 사악한 남자 마법사인 브와가우(Bwagau)의 존재도 믿는다. 그러나 브와가우보다 요요바를 더 두려워하는데, 브와가우의 마법은 그 힘이 요요바보다 훨씬 약하다고 보기 때문이다.

요요바는 브와가우처럼 마법을 배워서 되는 것이 아니라 요요바인 어머니에게서 유전적으로만 전해진다. 요요바인 어머니가 딸을 요요바로 만드는 의식은 대략 다음과 같다. 먼저 요요바가 딸을 낳으면 주술을 건 흑요석으로 탯줄을 자른 뒤 주문을 외우며 그 탯줄을 집 안에 묻는다. 이후 요요바는 어린 딸을 바닷가로 데려가 코코넛에 바닷물을 채우고 주문을 외운 뒤 그 물을 딸에게 마시게 한다. 그런 다음 딸을 바닷물에 담가 몸을 씻기고, 주문을 걸어둔 담요로 감싼 채 집으로 돌아온다.

의식을 마친 뒤 어머니는 밤중에 딸을 데리고 하늘을 날아 다른 요요바들에게 딸을 소개하고 추운 곳에서 잠을 자게 한다. 시간이 지나 딸이 어느 정도 자라면 어머니에게서 물려받은 마법의 힘이 발동해 스스로 하늘을 날 수 있게 된다. 이렇게 되면 어머니는 딸이 이제 자신처럼 마녀의 길에 들어섰다고 여기며, 마법의 힘을 강화하기 위해 다른 요요바들과 함께 딸을 사악한 회합 장소로 데려간다. 거기서 딸은 어머니와 그녀의 동료들처럼 시체의 눈, 혀, 내장을 먹으며 완전한 마녀로 거듭난다.

한편 트로브리안드제도와 가까운 뉴기니섬 동북부 지역에도 요요바와 비슷한 마녀에 대한 믿음이 있다. 이 지역 주민들은 마녀의 몸 안에 라부니(Labuni)라는 이상한 생명체가 사는데, 그것이 마녀의 옆구리에서 자라나 마녀에게 명령을 내린다고 믿는다. 또 마녀는 자신의 몸을 둘로 나누는 분신술을 사용할 수 있다고 여긴다.

089 오나족의 식인 거인, 차시켈

 아르헨티나와 칠레 남단의 티에라델푸에고섬에 사는 원주민 부족인 오나족은 자연에 깃든 여러 존재를 믿었다. 오나족은 사람을 잡아먹는 거인인 차시켈에 관한 흥미로운 전설을 믿었다. 그 내용은 대략 이렇다.
 차시켈은 티에라델푸에고섬과 인접한 지역에서 커다란 오두막을 짓고 살면서 사람들을 납치해 잡아먹었다. 그래서 그 일대 섬들에는 차시켈이 잡아먹은 사람들의 뼈가 산처럼 쌓여 있었다.
 차시켈에게는 사산(Sasan)이라는 형제가 있었는데, 그 역시 사람을 납치해 잡아먹었다. 차시켈은 여러 마리의 개를 길들여 사람을 사냥하는 데 이용하고 차시켈의 오두막 앞에서 경비를 서게 했다. 개들은 차시켈에게서 사람의 살점을 보상으로 받아먹는 공생 관계였다.
 사람을 잡아먹는 끔찍한 만행을 저지르고도 차시켈은 오랜 세월 살아남았는데, 그가 워낙 강력해서 신들조차 함부로 건드릴 수 없었기 때문이다. 오히려 신들은 차시켈을 잘못 건드렸다가 그의 분노를 살까 봐 두려워했다.
 이런 점에서 차시켈은 그리스 신화에 나오는 외눈박이 거인 키클롭스(Cyclops)와 비교되기도 한다. 풍랑에 떠밀려온 오디세우스 일행이 "당신은

요괴와 정령 259

나그네와 손님을 친절하게 대하라는 제우스 신의 가르침을 왜 무시하고 우리를 잡아먹으려는 거요?"라고 항의하자 키클롭스는 "우리 종족은 제우스를 비롯한 신들보다 훨씬 강하기 때문에 제우스가 만든 가르침 따위는 지킬 필요가 없다."라고 비웃으며 오디세우스의 부하들을 산 채로 잡아먹었다.

어느 날 차시켈과 사산은 죽음의 신 콴입(Kwanyip)의 조카딸을 납치했다. 그 이유는 분명하지 않지만, 신의 가족마저 거리낌 없이 납치할 만큼 자신들이 강력하다고 과시하기 위한 행동으로 보인다. 차시켈 형제는 그녀를 다른 인간들과 달리 곧바로 잡아먹지 않고 노예로 부리면서 자신들이 납치해 잡아먹은 인간들의 시체에서 창자를 꺼내는 일을 맡겼다. 이는 신들에게 모욕을 주려는 도발이었다.

하지만 이는 콴입의 분노를 불러일으켰다. 콴입은 매우 강력한 힘을 가진 신으로 평소 차시켈을 미워했으나 그를 공격할 마땅한 명분이 없어서 두고 보기만 하던 터였다. 마침내 명분을 얻은 콴입은 조카딸을 구하기 위해 차시켈 형제가 사는 오두막으로 달려갔다. 차시켈과 사산이 방심한 틈을 타 조카딸을 구출한 콴입은 뒤쫓아온 형제를 커다란 돌로 죽였다.

이 일로 사람들은 차시켈에게 잡아먹히는 공포에서 해방되었고, 콴입을 위대한 신으로 칭송했다. 그래서 죽음의 신이 부정적으로 묘사되는 다른 문화와 달리 오나족 전승에서는 죽음의 신이 인간을 구한 영웅적 존재로 여겨진다.

090 브라질 투피·과라니족의 요괴

16세기 포르투갈이 브라질을 식민지로 삼기 전 브라질에는 수많은 토착 원주민 부족이 살았다. 아마존강 부근에 살던 투피족(Tupi)과 과라니족(Guarani)은 그중 하나인데, 이들은 고유한 요괴와 정령을 믿었다.

이푸피아라(Ipupiara)는 바다에 사는 괴물로, 브라질 북동부 해안에 살던 투피족이 믿던 바다 괴물 중 하나이다. 투피족과 과라니족은 이푸피아라를 '바다 남자' 또는 '물속에 있는 것'이라고 에둘러 표현했는데, 이는 불길한 존재를 직접 언급하기 꺼리는 관습 때문이었다.

그들은 이푸피아라가 사람을 공격해 신체 일부를 먹는다고 믿었다. 한 예로 브라질이 포르투갈의 식민지였던 1564년 포르투갈군 장교가 시체로 발견되었는데, 그의 몸 위로는 털이 흩어져 있었고 총구에는 콧수염처럼 생긴 굵은 털이 끼어 있었다. 투피족과 과라니족은 이 사건을 두고 이푸피아라가 그를 바다로 끌어들여 죽인 뒤 그의 눈, 코, 손가락, 생식기 등을 먹어치운 것이라고 여겼다.

이푸피아라는 시간이 흐르면서 라라(Lara)라는 다른 신화적 생물로 변형되기도 했다. 라라는 상반신은 사람이고 하반신은 물고기인 인어와 유사한 모습으로, 투피족과 과라니족은 그녀를 '물의 어머니'라고 불렀다. 라라는 긴 머리카락과 맑은 눈을 지닌 아름다운 여성의 모습이지만, 항상 굶주려 있어서 사람을 유혹해 바다에 빠뜨린 뒤 잡아먹는다.

사시(Saci)는 장난과 속임수를 즐기며 바람을 자유자재로 다스리는 정령이다. 그는 보통 붉은색 모자를 쓰고 담배 파이프를 문 채 손바닥에 구멍이 뚫린 상태로 외다리로 뛰어다니는 어두운 피부의 청년으로 묘사된다.

사시의 도구 중 가장 중요한 것은 붉은 모자인데, 이 모자를 쓰면 자기 모습을 보이지 않게 할 수 있다. 우리 민담 속 도깨비 감투와 비슷한 보물인 셈이다. 다만 이 모자에서는 심한 악취가 나기 때문에 사람들은 쉽게 만지지 못한다. 하지만 이 모자를 손에 넣으면 소원을 이룰 수 있다는 믿음이 있어 행운의 상징으로 여겨진다.

사시는 자신의 모습을 바꾸는 변신술도 쓸 수 있는데, 특히 그는 우울한 목소리로 노래하는 새인 마티타 페레이라(Matita Pereira)로 둔갑하기를 좋아한다. 사시는 재봉사의 손가락이 바늘에 찔리게 하거나, 우유를 상하게 만들거나, 요리사가 달걀을 떨어뜨리게 하거나, 가축을 병들게 하는 등의 심술궂은 장난으로 사람들을 괴롭힌다.

사시의 장난이 지나치면 사람들은 그와 맞서 싸우거나 쫓아낼 방법을 모색하기도 한다. 가장 간단한 방법은 강을 건너는 것인데, 사시는 강을 건너면 힘을 잃기 때문이다. 이는 유럽의 흡혈귀가 흐르는 물을 건너지 못한다는 믿음과 유사하다.

또 다른 방법은 진한 녹색 유리병에 사시를 가두는 것이다. "네가 어떤 모습으로든 변신할 수 있다지만 이 병 속으로는 못 들어가겠지?"라며 자존심을 자극하면 사시는 병 속으로 들어가 보이는데, 이때 십자가가 새겨진 코르크 마개로 병 입구를 재빨리 막으면 사시는 빠져나오지 못하고 자신을 가둔 사람과 친구가 된다. 그리고 사시가 좋아하는 담배를 선물하면 그의 호의를 얻어 소원을 이룰 수 있다고 한다.

091 중남미의 흡혈 괴물, 추파카브라

중남미 지역에서는 추파카브라(Chupacabra)라 불리는 기이한 생물이 출몰한다는 이야기가 끊임없이 전해진다. 추파카브라는 스페인어로 '염소를 빠는 자'라는 뜻인데, 정확히는 '염소의 피를 빠는 자'라는 의미를 담고 있다. 즉 염소 같은 가축을 습격해 피를 빨아먹어 죽이는 괴물을 가리킨다.

1975년 미국령 푸에르토리코의 소도시 모카(Moca)의 여러 농장에서 가축들이 피가 모두 빠져나간 사체로 발견되었다. 처음에는 사탄 숭배자들의 소행으로 의심했으나 농장 주변에서 정체불명의 작은 괴물이 가축의 피를 빠는 모습을 보았다는 증언이 잇따랐다. 이후 사체를 조사해보니 죽은 가축들의 몸에 작은 원형 절개가 있었고, 그 구멍을 통해 피가 빠져나간 것으로 밝혀졌다.

그로부터 20년 뒤인 1995년 3월 푸에르토리코에서는 양 8마리가 가슴 부위에 3개의 구멍이 난 채 피가 모두 빠져나간 상태로 발견되었다. 이어 같은 해 8월 매들린 톨렌티노(Madelyne Tolentino)라는 여성이 푸에르토리코 카노바나스(Canóvanas) 마을에서 괴생명체를 목격했다고 주장했다. 이 마을에서는 150마리에 달하는 가축과 반려동물이 의문의 죽음을 맞았다

이러한 가축 변사 사건이 이어지자 푸에르토리코의 코미디언이자 기업

가인 실베리오 페레스(Silverio Pérez)는 사건이 언론에 처음 보도된 직후 '추파카브라'라는 이름을 만들어냈다. 이후 추파카브라 목격담이 아르헨티나, 볼리비아, 브라질, 칠레, 콜롬비아, 도미니카공화국, 엘살바도르, 온두라스, 멕시코, 니카라과, 파나마, 페루, 미국 등지에서 보고되었다.

목격 지역이 다양한 만큼 추파카브라의 모습에 대한 증언도 제각각이다. 대부분 목격담에서 추파카브라는 파충류나 외계 생명체처럼 묘사된다. 온몸이 비늘로 덮여 있으며, 녹색 또는 회색 피부를 가졌고, 등에서부터 꼬리까지 날카로운 가시가 돋아 있다는 것이다. 키는 1미터 내외로 캥거루처럼 서거나 뛴다고 한다. 반면 일부 목격자들은 추파카브라가 들개와 비슷하다고 전한다. 그들은 추파카브라가 털이 없고 척추가 불룩하게 솟아 있으며, 눈구멍이 비정상적으로 도드라지고 날카로운 송곳니와 발톱을 가진 모습이라고 묘사한다.

추파카브라가 동물의 피를 빨아내는 방식에 대해서도 의견이 분분하다. 일부는 추파카브라가 여러 개의 송곳니로 가축의 목을 물어 삼각형 모양의 구멍 3개를 남기며, 가끔은 2개의 구멍만 남긴다고 한다.

한편 추파카브라는 외계인이나 UFO가 자주 목격되는 지역에서 나타난다는 특징이 있다. 이런 점에서 일부 UFO 연구자는 추파카브라가 외계인이 유전공학으로 만들어낸 생명체라고 주장하기도 한다. 더 나아가 고대 마야 문명 등 아메리카 대륙의 고대 문명이 외계인의 도움으로 형성되었다고 믿는 이들은 마야인들이 외계인에게 전수받은 기술로 만든 괴물이 추파카브라라고 이야기한다.

그러나 외계인이나 UFO에 회의적인 이들은 추파카브라의 존재를 부정한다. 추파카브라는 사실 옴에 걸린 개를 사람들이 오인한 것이며, 외계인이 등장하는 공상과학영화를 본 사람들이 밤중에 들개나 코요테를 보고는 추파카브라로 착각해 퍼뜨린 괴담에 불과하다는 것이다.

092 마푸체족의 요괴들 1

안치말렌(Anchimallen)은 마푸체족 신화에 등장하는 정령으로, 불꽃처럼 빛을 내거나 둥근 불덩어리로 변하는 작은 존재로 묘사된다. 안치말렌은 주로 죽음이나 질병 같은 불길한 사건을 알리는 메신저 역할을 한다.

16세기에 스페인이 남미에 진출하면서 유럽의 엘프나 드워프 같은 정령이 마푸체족 문화에 전해졌다. 이 영향으로 안치말렌은 엘프처럼 환하게 빛나면서 드워프처럼 키가 작은, 사람의 모습을 한 정령으로 변했다. 그래서 16세기 이후 안치말렌은 산이나 공중에 갑작스럽게 나타났다 사라지는 어린아이 모습의 가벼운 불꽃처럼 여겨졌다.

일부 전승에 따르면 밤이 되면 여러 안치말렌이 동시에 나타나 서로 다투는데, 그때 허공에서 갓난아기의 울음소리가 울려 퍼진다고 한다. 이는 유럽 신화에서 엘프들이 인간의 아기를 바꿔치기하는 악의적인 장난, 즉 체인질링(Changeling)에서 영향을 받은 것으로 보인다.

안치말렌을 가까이서 보는 것은 위험한데, 안치말렌이 내뿜는 강렬한 빛에 눈이 멀 수도 있기 때문이다. 그러나 안치말렌이 해로운 존재인 것만은 아니다. 안치말렌에게 우유나 꿀을 바치면 그 사람에게 복종하며 재물을 선물로 주기도 한다.

촌촌(Chonchon)은 마푸체족 신화에서 불행을 예고하는 또 다른 메신저로, 거대한 귀와 회색 깃털 날개를 가진 사람 머리의 모습을 하고 있다. 어떤 전승에서는 새처럼 날카로운 발톱이 달린 발이 있다고 전해진다. 촌촌은 하늘을 날며 "투에 투에"라는 날카로운 울음소리를 내는데, 이 소리를 들은 사람은 죽거나 병에 걸리는 불운을 겪는다. 촌촌은 오직 밤에만 활동한다.

마푸체족 전설에 따르면 촌촌은 특정한 괴물 종족이 아니라 칼쿠(Calcu)라 불리는 마법사나 마녀가 목에 마법의 크림을 발라 변신한 모습이라고 한다. 마법의 크림을 해가 진 밤중에 목에 바르면 머리가 몸에서 분리되고 커다란 귀와 깃털이 솟아나 하늘을 날아다닐 수 있게 된다. 강력한 마법사나 마녀는 올빼미로 변신할 수도 있으며, 이 상태로 사람들에게 해를 입힐 수 있다고 여겨진다.

촌촌으로 변한 이들이 본래 모습으로 돌아가려면 또 다른 마법 크림이 필요하다. 만약 이 크림을 잃어버리면 촌촌은 사람으로 되돌아가지 못하고 땅에 떨어져 죽고 만다. 그러면 촌촌의 시신은 올빼미로 변한다.

쿠에로(Cuero)는 촌촌보다 더욱 기괴한 존재로, 사악한 마법의 힘을 지닌 살아 있는 가죽이라 할 수 있다. 마푸체족 전승에 따르면 쿠에로는 호수나 강에 사는데, 외형은 소가죽처럼 납작하지만 몸 가장자리에 날카로운 발톱이나 갈고리가 있고, 위쪽에는 두 개의 촉수가 달려 있으며 그 주변에는 붉은 눈이 달려 있다. 아래쪽 중앙에는 커다란 입이 있는데, 이 입으로 사람이나 동물의 체액을 빨아먹는다.

쿠에로는 해 질 무렵 활발히 활동하며, 먹잇감이 될 인간이나 동물에게 물속에서 몰래 접근한다. 이때 쿠에로는 희생자에게 최면을 걸어 도망치거나 저항하지 못하게 만든 뒤 날카로운 발톱과 갈고리로 붙잡아 물속으로 끌고 가 질식시킨다. 그런 다음 피와 체액을 모조리 빨아먹고 남은 껍데기까지 삼켜버린다.

쿠에로는 마법의 힘이 깃든 나뭇가지로 반복해 찌르면 몸이 찢어져 피를 흘리며 죽는다고 한다. 또 다른 퇴치 방법으로는, 가시 많은 선인장을 동물의 내장으로 싸서 물에 던지면 이를 먹이로 착각해 삼킨 쿠에로의 창자가 찢어져 죽게 된다고 한다.

쿠에로의 전반적인 모습은 가오리와 비슷하다. 그래서 마푸체족이 바다에서 본 가오리의 모습을 과장하여 쿠에로라는 요괴를 상상해낸 것이라는 해석도 있다.

마푸체어로 '두 발'이라는 뜻의 에푸나문(Epunamun)은 기형적으로 길고 튼튼한 팔과 다리를 가지고 두 발로 동시에 뛰어오르는 요괴다. 성격이 매우 사납고 잔혹해서 마푸체족은 용맹한 전사나 총을 쏘는 스페인 군인을 가리켜 에푸나문이라고 불렀다.

괄리초(Gualicho)는 사람을 해치고 여성들을 납치하며 질병을 퍼뜨리는 사악한 악령이다. 또한 마법으로 사람들 사이에 증오와 갈등을 조장한다. 괄리초는 주로 길거리에서 출몰하는데, 해를 입지 않으려면 괄리초의 주의를 끌지 않도록 입을 다물고 조용히 지나가야 한다고 전해진다.

093 마푸체족의 요괴들 2

과이펜(Guallipen)은 양의 몸에 송아지 머리와 구부러진 다리를 지닌 요괴다. 과이펜은 육지, 강, 호수, 바다를 모두 오갈 수 있는데, 육지에서는 얌전하지만 물속에 들어가면 매우 사납고 난폭해져 사람이나 동물을 공격한다.

마푸체족 전설에서 과이펜은 나쁜 징조를 상징하는 흉측한 짐승으로 여겨진다. 과이펜을 보거나 울부짖는 소리를 들은 여성은 불임이 되거나 기형아를 낳는다고 한다. 또 젊은 여성이 사흘 밤 연속으로 과이펜이 등장하는 꿈을 꾸면 훗날 기형아를 낳는다고 한다. 이러한 믿음 때문에 마푸체족은 아기나 가축이 기형으로 태어나면 과이펜 때문이라고 여긴다.

귀리빌로(Guirivilo)는 여우의 머리와 뱀의 몸, 못처럼 날카로운 발톱이 달린 꼬리를 가진 요괴다. 마푸체족 전설에서 귀리빌로는 강물 속에 살며 강력한 힘을 지닌 사악한 물여우 요괴로 여겨진다. 귀리빌로는 긴 몸으로 사람이나 동물을 휘감아 물속으로 끌고 가 익사시킨 뒤 잡아먹는다. 귀리빌로는 강물의 수위를 자유자재로 조절할 수 있어서 낮은 수위에 안심한 사람들이 강을 건너려고 들어오면 수위를 급격히 높여버린다. 그러면 사람들은 놀라서 허우적대다가 귀리빌로에게 잡아먹히고 만다.

귀리빌로의 위협을 피할 방법이 없는 것은 아니다. 귀리빌로는 물속에서만 힘을 발휘하기 때문에 육지로는 나가지 않는다. 또한 칼쿠라 불리는 마법사나 마녀는 귀리빌로의 공격으로부터 보호해주는 마법을 걸어줄 수 있다. 다만 그 대가로 칼쿠에게 적당한 선물을 바쳐야 한다.

마푸체어로 '작은 사람들'이라는 뜻의 라프트라체(Laftrache)는 마푸체족 전설에 등장하는 요정이다. 이들은 본래 '균형이 깨진 영혼들의 장소'인 민첸마푸(Minchenmapu)에 살았지만, 이후 인간들이 사는 세계인 마푸(Mapu)로 달아나 들판과 숲에 정착했다고 전해진다.

피우첸(Piuchen)은 보통은 날아다니는 뱀의 모습을 하고 있으나 새, 물고기, 개구리, 박쥐, 사람뿐 아니라 네 발 달린 여러 동물로 자유자재로 변신할 수 있는 요괴다. 다른 전승에 따르면 피우첸은 눈이 크고 무섭게 빛나며, 박쥐의 날개와 뾰족한 부리와 작은 귀가 있고 몸은 비늘로 덮여 있으며, 뱀처럼 소리를 내고 자고새처럼 날아다닌다고 한다. 피우첸은 늙으면 수탉이나 어린 칠면조 크기의 새로 변한다.

피에 굶주린 피우첸은 큰 나무를 쓰러뜨리거나 바다에 큰 파도를 일으켜 배를 침몰시킬 수 있을 만큼 힘이 세다. 특히 여름철에는 나무줄기에 붙어 사는데, 피우첸이 붙은 나무에서는 붉은 핏자국이 발견된다. 따라서 피우첸을 피하려면 붉은 핏자국이 있는 나무를 피해서 가야 한다.

여름이 아닌 계절에는 피우첸이 호수나 강가에 머무는데, 피우첸이 사는 물에 피부를 접촉한 사람은 옴과 비슷한 피부병에 걸린다. 또한 피우첸의 눈을 똑바로 바라본 사람은 그의 강렬한 시선 때문에 몸이 마비되는데, 이 틈을 타 피우첸이 다가와 피를 빨아먹는다. 피우첸은 사람뿐 아니라 양과 염소 같은 가축의 피도 빨아먹는다. 칠레에서는 가축이 이유 없이 쇠약해지면 피우첸 때문이라고 여긴다.

숨피이(Sumpall)는 마푸체족 신화에 등장하는 인어로, 인간처럼 남성과 여성이 있다. 전승에 따르면 바다에 빠져 죽은 소녀들의 영혼이 숨파이로 다시 태어나는데, 이들은 해산물을 가지고 부모에게 돌아가 위로를 전한다고 한다.

한편 숨파이는 사람을 납치하기도 하는데, 수컷 숨파이는 강가를 홀로 걷는 여성을 습격해 임신시키기도 한다. 또한 숨파이는 물속에서 살기 때문에 강이나 호수를 훼손한 사람들에게 복수하는 습성이 있다.

094 남미 전설의 여성 요괴, 파타솔라

파타솔라(Patasola)는 남미 여러 나라의 전설에 등장하는 요괴로, 대개 여성의 모습을 하고 산이나 울창한 숲속에 산다. 파타솔라는 사냥꾼, 벌목꾼, 광부, 목동 등 산이나 숲에 들어오는 남성들 앞에 아름답고 매혹적인 여성의 모습으로 나타난다. 파타솔라는 남성을 유혹해 그의 살을 뜯어 먹고 피를 마신다.

젊고 아름다운 여성의 모습은 남성을 유혹하기 위한 변장일 뿐이며 파타솔라의 본모습은 매우 흉측하다. 한 개의 젖가슴과 불룩한 눈, 고양이처럼 날카로운 송곳니, 구부러진 코, 커다란 입술을 지닌 추악한 요괴의 모습이 파타솔라의 본모습이다. 또한 파타솔라는 '한쪽 다리'라는 뜻으로, 이름처럼 다리가 하나뿐이다. 다리에는 소처럼 두 갈래로 갈라진 발굽이 달려 있는데, 이 다리로 파타솔라는 숲속을 매우 빠르게 달린다.

파타솔라는 여러 모습으로 변신할 수 있지만 남성의 경계심을 무너뜨리기 위해 대개 젊고 아름다운 여성의 모습으로 나타난다. 그러나 파타솔라에 대한 소문을 들은 남성들은 오히려 그 미모에 경계심을 품고 다가가지 않기도 한다. 이런 경우를 대비해 파타솔라는 커다란 검은 개나 소로 둔갑하기도 한다. 그러면 남성들은 잃어버린 짐승인 줄 알고 경계심을 늦추는데, 그 틈을 타 파타솔라는 본모습으로 돌아가 그들을 습격해 잡아먹는다.

파타솔라는 기분이 좋으면 산이나 나무 꼭대기에 올라가 다음과 같은 노래를 부른다. "나는 세상에서 혼자 산다. 그리고 아무도 나에게 저항할 수 없다. 나는 파타솔라이기 때문이다. 길에 집에 산과 강에 하늘과 구름에 존재하는 모든 것이 나의 것이다."

하지만 파타솔라가 언제나 사람을 습격해 잡아먹는 것은 아니다. 본래 파타솔라는 자연과 숲, 동물을 보호하는 정령이었는데, 인간이 숲에 함부로 들어와 동물을 해치지 못하도록 지름길을 막고 사냥꾼을 혼란스럽게 하며 사냥개들이 다른 동물을 해치지 못하도록 쫓아내는 선에서 그치기도 한다.

파타솔라의 기원에 대해서는 여러 이야기가 전해지는데, 가장 대표적인 이야기는 그녀가 악녀였다는 내용이다. 어떤 이야기에서는 파타솔라가 자기 아이를 죽이자 마을 사람들이 사악한 마녀라며 쫓아내 숲으로 달아났다고 한다. 다른 이야기에서는 파타솔라가 남자를 유혹하고 여자에게 잔인하게 구는 범죄자였는데, 분노한 사람들에게 습격당해 한쪽 다리가 도끼로 잘려 불에 던져졌고, 죽은 뒤 그 영혼이 산과 숲을 떠돌게 되었다고 한다. 또 다른 이야기에서는 평범한 주부이던 여성이 남편을 돕는 부유한 후원자와 불륜을 저지르다 남편에게 발각되어 후원자와 함께 죽임을 당하고, 이후 그 영혼이 파타솔라가 되어 남성들을 유혹해 죽이며 살아가게 되었다고 한다.

파타솔라와 유사한 여성 요괴로 콜롬비아의 전설에 등장하는 툰다(Tunda)가 있다. 툰다 역시 남성의 피를 빨아먹으며, 이를 위해 다양한 모습으로 변신한다. 다만 툰다는 파타솔라처럼 완벽하게 둔갑하지는 못해서 어떤 모습으로 변하든 항상 다리에 긴 털이 있어서 정체가 드러난다. 이는 《서유기》에서 손오공이 어떤 모습으로 둔갑하더라도 원숭이 꼬리가 남는다는 설정과 비슷하다. 하지만 툰다는 매우 교활해서 긴 털이 난 다리에 대해 갖가지 변명을 늘어놓으며 사람들을 속인다.

095 베네수엘라 전설의 괴물, 사요나와 실본

사요나(Sayona)는 베네수엘라 전설에 등장하는 괴물로, 여성의 모습으로 나타나 연애나 결혼을 해본 남자들만 공격한다. 사요나는 중세의 속옷을 연상시키는 길고 흰 드레스를 입은 모습으로 묘사된다. 전설에 따르면 사요나의 본래 이름은 카실다(Casilda)였으며, 베네수엘라 평야의 한 작은 마을에 살던 젊고 아름다운 소녀였다고 한다. 그녀는 빼어난 미모로 주민들의 사랑을 받았고, 마을에서 가장 훌륭한 남성과 결혼해 아들을 낳았다.

그러던 어느 날 카실다는 마을 근처 강에서 알몸으로 수영하다가 한 남성에게 들켰다. 이후 그 남성은 그녀를 몰래 엿보며 따라다녔고, 짜증이 난 카실다가 제발 그만 쫓아다니라고 말하자 그는 "당신에게 중요한 사실을 알려주려고 온 거다. 사실 당신 남편은 다른 여자와 바람을 피우고 있다."라고 경고했다.

이 말을 들은 카실다는 급히 집으로 달려갔는데 남편은 아기를 안은 채 자고 있었다. 그녀는 남편이 불륜을 저지른 뒤 지쳐 잠든 것이라고 오해하여 집에 불을 지르고 남편의 어머니 집으로 달아났다. 마을 사람들은 불탄 집에서 남편과 아기가 비명을 지르며 죽어가는 소리를 들었다. 분노가 가시지 않은 카실다는 칼을 들고 시어머니까지 죽이고 "불륜을 저지른 남편과 그를 낳은 어머니까지 죽여서 복수를 마쳤다."라고 외쳤다. 그날 이후 카실다는 사악한 요괴 사요나가 되었다.

다른 전승에서는 사요나가 정글에서 일하는 남성들이 고향에 있는 여자나 연애 이야기를 할 때 나타난다고 한다. 그녀는 아름다운 여성이나 그들이 사랑하는 사람의 모습으로 변해 남성들을 숲으로 유인한다. 그리고 남성이 그녀의 얼굴을 보려고 하면 본래의 얼굴을 드러내는데, 그 얼굴은 짐승처럼 이빨이 튀어나온 혐오스러운 모습이라고 한다.

또 다른 전설에서는 사요나가 아내와 떨어져 외롭게 지내며 불륜을 꿈꾸는 남성들을 유혹해 성관계를 맺는다고 한다. 그러면 그 남성의 성기는 물집과 종기로 부어오르고, 집으로 돌아간 남성은 아내에게 불륜을 의심받는다. 이 전설은 아내와 오랫동안 떨어져 지내는 남성들에게 불륜을 경고하려는 의도에서 지어낸 이야기로 보인다.

한편 베네수엘라에는 사요나와 성별만 다른, 복수심에 불타는 또 다른 요괴가 있다. 실본(Silbón)이라는 이 요괴는 베네수엘라와 이웃한 콜롬비아에서도 전해지며, 영어로는 휘슬러(Whistler)라고 불린다. 이 전설은 19세기 중반경에 형성된 것으로 추정된다.

전설에 따르면 실본은 자신의 아내를 죽인 아버지를 살해한 죄로 인간 세상에서 영원히 쫓겨난 남성의 영혼이다. 그는 밤거리를 떠돌다가 자신이 해치려는 사람을 발견하면 휘파람을 분다. 이때 휘파람 소리가 멀리서 들리면 위험하지 않지만, 가까이에서 들리면 실본이 근처에 있다는 징조로 여겨진다. 휘파람은 언제 어디서든 들릴 수 있으며, 그 소리는 죽음을 암시한다. 희생자를 구할 유일한 방법은 개 짖는 소리나 채찍 소리인데, 이는 실본이 생전에 개를 두려워했고 아버지나 할아버지에게 채찍질 당한 기억이 있기 때문이라고 한다.

실본은 주로 비가 오거나 습한 날 술에 취해 거리를 떠도는 사람을 노린다. 일부 전승에서는 실본이 6미터가 넘는 거인으로 묘사되는데, 휘파람을 불며 낡은 자루를 들고 다닌다고 한다. 그 자루 안에는 자신이 죽인 아버지 또는 다른 희생자들의 뼈가 들어 있다고 전해진다. 다른 전승에서는 모자를 쓴 키 큰 사람의 모습으로 나타나 술 취한 사람을 따라가 죽인다고도 한다.

실본이 밤중에 집에 나타나 들고 있던 자루를 땅에 떨어뜨릴 때 아무도 그 소리를 듣지 못하면 아무 일도 일어나지 않지만, 누군가 들으면 가족 중 한 명이 죽는다고 한다. 실본은 죽음을 알리는 메신저인 저승사자와 같은 존재인 셈이다.

096 아즈텍 신화의 괴물, 시팍틀리

아즈텍 신화에서 시팍틀리(Cipactli)는 악어, 물고기, 두꺼비(또는 개구리)의 특징이 결합된 원시 바다의 괴물이다. 항상 굶주려 있고, 몸의 모든 관절에 먹이를 삼킬 수 있는 입이 달려 있다고 묘사된다. 아즈텍 이전의 올멕(Olmec) 문명과 마야인은 악어가 비를 몰고 오고 바람을 일으킨다고 믿었는데, 실제로 올멕 문명의 부조를 보면 입에서 비와 구름을 내뿜는 악어가 묘사되어 있다.

중미 지역의 일부 전승에서는 시팍틀리가 땅의 괴물 또는 땅의 신이라 불리는 틀랄테쿠틀리와 동일시되기도 한다. 틀랄테쿠틀리는 아즈텍 신화에서 세계 창조와 밀접하게 연결된 존재로, 그의 잘린 몸이 다섯 번째 세계를 만드는 재료가 되었다고 전해진다.

아즈텍 예술에서 틀랄테쿠틀리는 거대한 발톱과 벌어진 입, 악어가죽을 지닌 채 쪼그리고 앉은 두꺼비 같은 모습으로 묘사된다. 입에서 피가 철철처럼 흐르거나 입안에 칼날 같은 이빨이 가득 차 있고, 팔꿈치와 무릎에는 인간의 두개골이 장식되어 있다. 때로는 날카로운 이빨로 가득 찬 여러 개의 입이 온몸에 달려 있는 모습이나 인간의 뼈로 만든 치마를 걸친 모습으로도 표현된다.

아즈텍 신화에서 틀랄테쿠틀리는 4차 대홍수 이후 바다에 떠 있던 혼돈의 괴물로, 새로운 세상의 창조를 방해하는 위협적인 존재였다. 하늘의 신 케찰코아틀과 테스카틀리포카는 이 괴물을 물리치고 다섯 번째 세상을 창조하기로 했다. 하지만 그의 힘이 너무 강력했기 때문에 두 신은 한 가지 계략을 짜냈다.

테스카틀리포카는 자신을 미끼로 삼아 틀랄테쿠틀리를 유인했고, 틀랄테쿠틀리가 그의 발을 물자 곧바로 반격에 나섰다. 치열한 싸움 끝에 두 신은 틀랄테쿠틀리의 몸을 두 동강 내었는데, 몸 윗부분은 하늘이 되고 아랫부분은 땅이 되었다. 하지만 그런 상태에서도 틀랄테쿠틀리는 죽지 않았고, 케찰코아틀과 테스카틀리포카에게 "너희가 내 몸으로 세상을 만들었으니 그에 합당한 보상을 해야 한다. 이 세상이 무사히 유지되기를 원한다면 내가 원하는 만큼 인간의 피를 바쳐라."라고 요구했다.

케찰코아틀과 테스카틀리포카는 자신들이 힘들게 만든 세상을 지키기 위해 그 요구를 받아들였다. 이 소식을 들은 다른 신들은 "케찰코아틀과 테스카틀리포카가 잘못했다. 왜 틀랄테쿠틀리 같은 포악한 괴물이 시키는 대로 하는가?"라며 화를 냈고, 틀랄테쿠틀리의 잘려나간 몸의 여러 부분이 새로운 세상을 구성하는 요소가 될 것이라고 선언했다. 그에 따라 틀랄테쿠틀리의 피부는 풀과 꽃으로, 머리카락은 나무로, 눈은 샘물과 우물로, 코는 계곡으로, 어깨는 산으로, 입은 동굴과 강으로 변했다.

아즈텍족은 지진이 일어날 때 들리는 소리가 인간의 피에 굶주린 틀랄테쿠틀리의 외침이라고 여겼다. 그래서 틀랄테쿠틀리의 끝없는 식욕을 달래기 위해 자주 인신 공양을 했는데, 그렇게 하지 않으면 땅에 저주가 내려 농작물이 자라지 않는다고 믿었기 때문이다.

또한 임신부가 아이를 낳기 어려울 때 틀랄테쿠틀리에게 도움을 청하기도 했는데, 틀랄테쿠틀리가 다산의 신으로도 여겨졌기 때문이다.

097 토타 호수의 괴물

콜롬비아의 토타(Tota) 호수에는 오래전부터 괴물이 산다는 전설이 전해져왔다. 16세기부터 콜롬비아에 정착한 스페인인들은 이 괴물을 '악마 고래'라는 뜻의 디아블로 바예나(Diablo Ballena)라고 불렀다.

이 괴물에 대해 최초로 기록한 이는 16세기의 스페인 탐험가 곤살로 히메네스 데 케사다(Gonzalo Jiménez de Quesada)였다. 그는 토타 호수의 괴물을 "황소 같은 검은 머리와 고래보다 큰 몸집을 가진 물고기", "괴물 물고기", "용"으로 묘사했다.

두 번째 기록은 콜롬비아의 사제이자 역사가인 루카스 페르난데스 데 피에드라히타(Lucas Fernández de Piedrahita)가 남겼는데, 그는 1678년 산타 마르타 주교의 요청으로 쓴 문헌에서 콜롬비아 원주민들이 토타 호수의 괴물을 악마라고 불렀다고 기록했다.

세 번째 기록은 프랑스 탐험가이자 외교관인 가스파르 테오도르 몰리앙(Gaspard Théodore Mollien)이 남겼다. 그는 1823년 저서에 "토타 호수 인근 주민들에 따르면 호수 깊은 밑바닥에 괴물 같은 물고기가 살고 있으며, 아주 잠깐만 볼 수 있다고 한다."라고 기록했다.

네 번째 기록은 콜롬비아의 작가이자 언론인인 마누엘 안시자르(Manuel

Ancízar)가 1852년에 쓴 《새로운 그라나다 북부 지방을 위한 순례 여행》이라는 책에 나온다. 그는 "피에드라히타가 언급한 토타 호수의 작은 섬은 아무도 탐험할 용기가 없었다. 최근 어느 영국인이 도착했으나 호수에 산다는 악마를 두려워해 뗏목을 만들어 사슴이 사는 가장 큰 섬으로 갔고, 그곳에서 피를 흘리며 싸웠다."라고 전했다.

다섯 번째 기록은 19세기 콜롬비아의 탐험가이자 의사인 호세 헤로니모 트리아나(José Jerónimo Triana)가 쓴 《토타 호수의 신화, 전설, 전통 및 민속》에 나온다.

"토타 호수는 원주민이 숭배하던 신이 살던 곳이었다. 그들은 토타 호수를 가리켜 수수께끼로 가득 찬 공간이라고 말한다. 원주민들은 호수에 마법이 걸려 있고, 그래서 호수의 동굴에는 눈이 빛나는 커다란 검은 뱀이 살았다고 들려주었다. 그 뱀은 매일 밤 큰 동굴 입구로 조심스럽게 나아갔다."

한편 트리아나는 토타 호수 인근에서 현명한 원주민 사제 모네타(Moneta)가 잔인하고 사악한 정령인 부시라코(Busiraco)를 물리친 이야기도 전한다. 주민들은 매년 여름 물 부족으로 고통받았는데, 이를 해결하려면 부시라코를 없애야 했다.

모네타와 함께 부시라코 퇴치에 나선 여성 무용수 시라메나(Siramena)는 물의 여신을 모신 신전 앞 큰 바위 옆에서 춤을 추다가 옷 속에서 황금 원반을 꺼내 여신에게 바친 뒤 그것을 호수에 사는 뱀에게 힘껏 던졌다. 그러자 뱀은 치명상을 입고 온몸에 경련을 일으키다가 꼬리가 바짝 말라붙은 호수 밑바닥에 떨어졌다. 그리고 얼마 지나지 않아 죽었다. 모네타는 가슴에 달린 커다란 에메랄드를 오른손에 들고 호수 가장 깊은 중심부에 던졌다. 그러자 녹색 물결이 일어나더니 삽시간에 호수는 투명한 물로 뒤덮였다. 이를 본 원주민들은 모두 놀라 말을 잇지 못했다.

이 전설은 고대 인도 신화에서 가뭄을 일으키는 요괴 브리트라(Vritra)의 이야기와 닮았다. 브리트라 역시 뱀이나 용처럼 생겼고, 물을 독차지하고 가뭄을 일으켜 사람들이 고통받자 번개의 신 인드라가 힘겨운 사투 끝에 죽였다. 그러자 브리트라가 품고 있던 물이 땅에 비처럼 쏟아져 마침내 사람들은 갈증에서 벗어났다고 한다.

098 이로쿼이족 전설의 요괴, 날아다니는 머리

북미 원주민 부족 중 하나인 이로쿼이족에게는 '날아다니는 머리' 또는 '큰 머리'라고 불리는 요괴 전설이 전해 내려온다. 이 '날아다니는 머리'는 아무리 음식을 먹어도 배가 차지 않는 영원한 굶주림에 시달리는 존재로 묘사되는데, 이는 동양의 요괴인 아귀와 비슷하다.

전승마다 조금씩 차이가 있지만 일반적으로 날아다니는 머리는 길게 늘어진 검은 머리카락과 끔찍한 눈, 날카로운 송곳니가 가득한 사람 머리 모양으로 그려진다. 어떤 전승에서는 뺨 양쪽에서 박쥐 날개가 튀어나오고 새와 같은 발톱을 가졌다고 하며, 다른 전승에서는 새의 날개가 달렸다고도 한다. 다만 날아다니는 머리가 사람보다 훨씬 크고, 피부는 어떤 무기로도 뚫을 수 없을 만큼 단단하다는 점은 모든 전승에서 공통되게 나타난다.

그렇다면 이 괴물은 어떻게 탄생했을까? 이로쿼이족 전설에는 다음과 같은 이야기가 전해진다. 어느 겨울 유난히 혹독한 추위가 이로쿼이족을 덮쳤다. 식물은 죄다 얼어 죽었고, 사슴 같은 야생 동물도 모두 다른 지역으로 떠났다. 강과 호수도 얼어붙었고 물고기도 추위를 피해 겨울잠을 자는 바람에 고기잡이마저 불가능해졌다.

그러자 이로쿼이족 내부에서는 다른 지역으로 이주하자는 의견이 나왔다. 젊은이들은 서쪽 큰 호수 지역은 날씨가 따뜻하고 식량이 풍부하다며 서둘러 이주하자고 했다. 반면 노인들은 조상 대대로 살아온 고향을 버릴 수 없다며 강력히 반대했다. 나이가 많고 허약한 노인들은 머나먼 서쪽으로의 여정을 견딜 수 없었다. 또한 이 혹독한 추위는 '위대한 정령'이 내린 일시적 재앙일 뿐 곧 지나갈 것이라고 믿었다. 노인들은 이주를 주장하는 젊은이들이 제정신이 아니라고 비난하며 고향을 떠나느니 차라리 죽어서 고향 땅에 묻히는 편을 택하겠다고 맞섰다.

젊은이들은 노인들의 완고한 태도에 분노해 폭동을 일으켰고, 이주를 반대하는 노인들을 모두 죽였다. 이 일은 젊은 추장들의 계획하에 이루어졌다. 젊은이들은 노인들의 시신에서 목을 자르고 몸뚱이를 불태웠으며, 머리를 밧줄로 한데 묶어 호수 밑바닥에 던지기로 했다. 그런데 폭동을 주도한 젊은 추장 중 한 명이 실수로 그만 노인들의 머리를 묶은 밧줄에 얽혀 호수에 빠져 죽고 말았다.

그러자 호수 표면에 거품과 점액이 부글부글 일어나더니 잠시 뒤 날아다니는 머리가 호수 위로 올라와 하늘을 날아다니며 사람들을 두려움에 떨게 했다. 이로쿼이족은 날아다니는 머리가 사람을 잡아먹는다며 매우 두려워했고, 어떤 방법으로도 죽일 수 없다고 생각했다.

한편 이로쿼이족 전설에서는 날아다니는 머리가 매우 어리석게 묘사되기도 한다. 어느 날 저녁 한 이로쿼이족 여성이 오두막 안에서 불 앞에 앉아 도토리를 굽고 있었는데, 날아다니는 머리가 나타나 그녀가 굽던 도토리를 훔쳐 입에 넣었다. 그러나 도토리가 너무 뜨거워 도저히 삼킬 수가 없었던 날아다니는 머리는 도토리가 석탄인 줄 알았다. 그 뒤로 날아다니는 머리는 두 번 다시 그녀 앞에 나타나지 않았다고 한다.

099 이로쿼이족 전설의 요괴들

아웨스콘와(Awes-kon-wa)는 이로쿼이족 전설에 나오는 요괴로, 사람과 비슷하지만 사람보다 훨씬 작고 등에 날개가 달린 모습으로 묘사된다. 유럽 민간 전설의 요정인 스프라이트(Sprite)와 비슷하다.

가오(Gaoh)는 바람의 정령이자 거인으로, 나무를 뿌리째 뽑을 만큼 힘이 세고 화가 나면 폭풍을 일으킨다. 가오는 보통 고독한 노인의 모습으로 그려지며, 북미 원주민들이 숭배한 '위대한 정령'에게 종속되어 있다. 사는 곳은 전승에 따라 조금씩 다르지만 대체로 '하늘의 집' 또는 '바람의 집'이라 불리는 산속 동굴에 산다. 그곳에 살면서 가오는 사계절의 바람을 다스린다.

일부 전승에서는 가오가 바위에 쇠사슬로 묶여 있으며, 그가 몸부림칠 때마다 바람이 세차게 불고 쉴 때는 바람이 잔잔해진다고 한다. 이는 그리스 신화의 프로메테우스, 북유럽 신화의 거짓의 신 로키(Loki) 이야기와 비슷한 면이 있다. 프로메테우스는 제우스의 노여움을 사서 바위에 묶여 있고, 로키는 신들의 노여움을 사서 동굴 속에 붙잡혀 있는데 그가 몸부림칠 때마다 지진이 일어난다고 한다.

사슴 여인(Deer Woman)은 다산과 사랑을 다스리며 여성과 아이를 보호하는 여성 정령이다. 하지만 여성이나 아이를 해친 자에게는 매우 잔인하여 그들이 죽을 때까지 복수한다. 사슴 여인은 젊고 아름다운 여성의 모습이지만 발은 사슴의 발이다. 또한 춤을 좋아해 춤과 음악이 있는 곳에 나타나 사람들과 어울려 춤을 추기도 한다.

지이엔(Djieien)은 약 1.8미터 크기의 괴물 거미로, 땅속에 숨겨둔 심장이 파괴되지 않는 한 죽지 않는다. 이로쿼이족의 영웅 오테그웬다(Othegwenhda)가 땅속에서 지이엔의 심장을 발견하고 파괴해 지이엔을 죽였다고 전해진다.

가시엔디에타(Gaasyendietha)는 캐나다 온타리오 호수 주변에 사는 거대한 뱀으로, 불을 뿜고 그 불길을 따라 하늘을 날아다닌다. 이런 특징은 유성이 하늘을 가로질러 떨어지는 모습에서 유래한 것으로 보인다.

조가(Jogah)는 난쟁이 요정들로, 보통 사람 눈에는 보이지 않지만 북을 치면 모습을 드러낸다. 그리고 조가는 돌이나 진흙 위에 그릇 모양의 흔적을 남기는데, 그 자리에 담배를 제물로 바치면 조가와 친구가 될 수 있다. 조가는 장난기가 많고 속임수를 좋아하기 때문에 우습게 보거나 무시하다가는 큰코다칠 수 있다.

조가는 두 무리로 나뉘는데, 가홍가스(Gahongas)는 바위가 많은 개울가에 살면서 식물을 돌보고 곡물의 성장 시기와 수확량을 사람들에게 알려준다. 가홍가스는 딸기를 좋아하고 좋은 소식은 지빠귀로, 나쁜 소식은 올빼미로 변신해 알린다. 오도우스(Ohdows)는 땅속에 살면서 세상에 질병을 퍼뜨려 사람들을 해친다.

헤노(He-no)는 천둥의 정령으로, 먼 서쪽 구름 속에 산다. 아내는 무지개이고, 케네우(Keneu)와 오샤다게아(Oshadagea)라는 독수리들과 함께 다닌다. 케네우는 황금 독수리이며, 오샤다게아는 등에 이슬 호수를 짊어지고 다니면서 불의 정령이 땅을 공격할 때마다 이슬을 비처럼 뿌린다.

헤노는 활과 화살로 무장하고 번개가 담긴 주머니를 가지고 다닌다. 하늘을 날 때 등에 멘 바구니에서 바위를 꺼내 악령들에게 던지는데, 바위는 번개가 되어 땅에 떨어진다. 이로쿼이족 전설에서 헤노는 마녀와 악인의 적이며, 옥수수와 콩, 호박의 수호자로 여겨진다.

헤노는 오대호에 살던 커다란 물뱀과 싸우다 물뱀이 삼켜버린 젊은 영웅 건노도약(Gunnodoyak)을 구하기 위해 불화살을 쏘아 물뱀을 죽이고, 그 배를 갈라 건노도약을 꺼내 하늘로 데려갔다. 죽은 물뱀의 몸은 작은 조각이 되어 오대호의 섬들이 되었다. 또한 헤노는 서쪽의 돌 거인을 죽여 사람들을 구했으며, 죽은 돌 거인의 몸은 자갈이 되었다.

100 이누이트의 요괴들

애들리분(Adlivun)은 이누이트 전설에 등장하는 죽은 자들의 영혼으로, 지하 세계에 산다고 묘사된다. 애들리분이라는 이름은 이누이트어로 '우리 아래에 사는 사람들'을 뜻한다. 이들은 언젠가 달로 떠나기를 바라는데, 그래야만 영혼이 정화되어 영원한 안식과 평화를 얻기 때문이다.

아키이니(Ahkiyyini)는 해골 형태의 정령으로, 주로 알래스카 지역에 살면서 팔을 휘둘러 해일과 지진을 일으킨다. 일부 전승에서는 생전에 춤과 음악을 즐겼다고 한다. 그리고 죽을 때에는 팔뼈와 어깨뼈를 북처럼 두드리며 배가 뒤집히고 땅이 흔들릴 정도로 춤을 추었다고 전해진다.

아클루트(Akhlut)는 육지에서는 늑대가 되고 바다에서는 범고래로 변하는 요괴로, 이누이트는 아클루트를 사람을 죽이는 매우 위험하고 사나운 요괴로 여겼다. 이는 육지와 바다에서 위험한 짐승인 늑대와 범고래에 대한 두려움이 반영된 것이다.

아마록(Amarok)은 거대한 늑대 정령으로, 늑대와 달리 무리를 이루지 않고 혼자 사냥에 나서서 사람을 보면 쫓아가 잡아먹는다.

이지라크(Ijiraq)는 어린아이를 납치하는 요괴로, 다양한 모습으로 변신할 수 있어 알아보기 어렵다. 다만 어떤 모습이든 눈은 항상 붉은색이다. 실제 모습은 사람과 비슷하지만 눈과 입이 옆으로 나 있는 기형적 형태다. 보통 사람들은 이지라크와 사람을 구별하기 어렵고, 오직 이누이트 샤먼만이 알아차릴 수 있다고 전해진다.

이지라크는 이승과 저승의 중간 세계에 사는데, 그 위치는 배핀섬 북쪽에 있다고 한다. 이누이트는 이 지역을 저주받은 땅으로 여겨 들어가면 길을 잃는다고 믿었다. 이는 배핀섬에서 발생하는 사워 가스, 유황 증기, 황화수소 등이 뇌와 신경에 영향을 주어 환각을 유발할 수 있다는 사실과 관련이 있어 보인다.

키가틸릭(Kigatilik)은 날카로운 송곳니를 지닌 사악한 요괴로, 주로 주술사들을 공격해 물어 죽인다. 키키툭(Kikituk)은 이누이트 샤먼이 나무 인형에 생명을 불어넣어 만든 인공 생명체다. 샤먼들이 나무를 깎아 만든 인형에 생명을 불어넣고 미리 정해둔 사람이나 동물에게 던지면 키키툭이 상대의 심장을 파괴한다. 이러한 특징은 유럽 전설의 골렘과 비슷하다.

칼루필루이트(Qallupilluit)는 이지라크와 비슷한데, 나쁜 짓을 하는 아이들을 납치하는 요괴다. 칼루필루이트는 얇은 얼음이나 물속에 숨어 있다가 아이들이 다가오면 재빨리 낚아채 달아난다. 남성과 여성의 성별이 있는데, 일부 전승에서 여성 칼루필루이트는 길쭉한 손톱, 녹색의 끈적한 피부, 길게 흘러내리는 머리카락을 지닌 모습으로 묘사된다.

키키른(Qiqirn)은 배핀섬 인근 이누이트 전승에 나오는 큰 개의 정령이다. 보통 개와는 달리 발, 입, 귀, 꼬리 끝에만 털이 나 있으며, 사람과 개 모두를 공포에 빠뜨린다. 하지만 키키른은 주술사를 두려워해 그들을 보면 달아난다. 비슷한 존재로 킬루트(Keelut)가 있는데, 킬루트는 털이 없는 개의 모습을 한 사악한 대지의 정령이다.

타리악수크(Tariaksuq)는 그림자의 정령으로, 사람처럼 집과 가족, 무기, 도구 등을 가지고 있지만 사람 눈에는 잘 보이지 않는다. 티리악수크는 그들의 세계로 돌아가거나 죽을 때만 모습을 드러내며, 사람과 순록이 뒤섞인 모습으로 묘사된다.

티제룩(Tizheruk)은 알래스카 이누이트 전승에 등장하는 약 2미터 길이의 거대한 뱀으로, 이누이트는 항구에서 사람이 실종되면 티제룩에게 납치된 것이라고 믿었다.

투필락(Tupilak)은 샤먼이 동물의 뼈, 가죽, 털 또는 어린아이의 시신을 이용해 만든 마법적 존재다. 투필락은 샤먼의 지시에 따라 적을 찾아 파괴한다.

101 아프리카의 요괴와 정령 1

 코이 코이 부인(Madam Koi Koi)은 나이지리아, 가나, 탄자니아, 남아프리카공화국 등 아프리카 국가들의 도시전설에 등장하는 유령이다. 주로 학교 기숙사의 복도나 화장실을 배회하며, 밤늦게까지 학교에 남아 있는 학생들에게 나타난다고 알려져 있다. 코이 코이라는 이름은 그녀가 하이힐을 신고 걸을 때 나는 소리에서 유래했는데, 가나 등 일부 전승에서는 코이 코이 부인이 붉은색 하이힐을 신은 모습으로 묘사된다.
 코이 코이 부인의 기원에 대해서는 지역과 전승에 따라 다양하게 전해진다. 나이지리아의 대표적 전설에 따르면, 그녀는 한때 세련된 옷차림과 붉은 구두로 유명했던 중학교 교사였다. 그러나 성격이 괴팍하여 이유 없이 학생들을 자주 체벌했다. 어느 날 그녀는 한 여학생을 심하게 때리다 귀를 다치게 해 물의를 빚고 해고되었고, 집으로 돌아가던 길에 사고로 사망했다. 이후 그녀는 학교와 학생들에게 복수하기 위해 유령이 되어 나타나기 시작했다고 한다.
 또 다른 전승에서는 그녀가 매우 폭력적인 교사였고, 참다못한 학생들이 집단으로 보복해 그녀를 숨지게 했다고 한다. 겁이 난 학생들은 그녀의 시신을 학교 담깅 니너로 버렸는데, 그날 이후 그녀를 해친 학생들이 밤마다 하나둘씩 사라지기 시작했고 복도에서는 하이힐 소리가 들렸다고 한다.
시간이 지나면서 그녀는 단순한 유령을 넘어 학생들을 괴롭히거나 심지어 잡아먹는 존재로까지 묘사되었다. 일부 이야기에서는 그녀의 발만 보이고 몸 전체는 보이지 않는다고도 하고, 밤에 학교에서 노래를 부르며 돌아다니면서 화장실에 간 학생들을 때린다고도 한다. 다른 이야기에서는 밤중에 "내 잃어버린 발꿈치를 돌려줘!"라고 외치며 학생들을 쫓아다닌다고 전해진다.

티콜로셰(Tikoloshe)는 남아프리카 지역 원주민인 줄루족(Zulu)과 코사족(Xhosa)의 전설에 등장하는 물의 요정이다. 몸집이 왜소하다고 묘사되며, 물속에 들어가거나 돌을 삼키면 사람들의 눈에 보이지 않게 되는 능력이 있다고 전해진다. 기본적으로 티콜로셰는 사람들에게 장난을 치거나 해를 끼치는 것을 즐기는 악령이다. 그 피해는 단순히 어린이를 겁주는 것에서부터 질병을 퍼뜨리거나 심지어 죽음에 이르게 하는 일까지 다양한 수준으로 전개된다.

남아프리카의 반투족(Bantu) 사이에서도 티콜로셰와 관련한 다양한 전승이 전해진다. 한 이야기에 따르면 고지대에 사는 반투족이 추운 밤 장작불을 피우고 자다가 일산화탄소 중독으로 목숨이 위태로웠는데, 이때 살아남은 사람들은 침대 높이보다도 작은 남자의 모습을 목격했다고 한다. 사람들은 그것이 티콜로셰였으며, 티콜로셰가 사람들을 해치려고 일부러 공기를 오염시켰다고 여겼다.

밤중에 티콜로셰의 공격을 피하려면 침대 다리 밑에 벽돌을 놓아 침대를 높이면 된다고 한다.

102 아프리카의 요괴와 정령 2

음부위리(Mbwiri)는 중앙아프리카의 전설에 등장하는 악령으로, 사람에게 빙의해 간질과 유사한 증상을 유발한다고 여겨진다. 이러한 증상을 보이면 샤먼은 이를 음부위리의 영향으로 보고 환자를 오두막에 격리한다. 이때 샤먼과 조수들은 오두막에 함께 머무르며 10~14일 동안 피리를 불고 북을 두드리고 춤을 추면서 음부위리를 쫓아내는 의식을 거행한다. 이 과정을 거치면 대부분 회복되지만, 때때로 환자가 의식을 중단하고 숲으로 도망치는 일도 있다고 전해진다.

자르(Zar)는 소말리아와 에티오피아 등 아프리카 동북부 지역의 전설에 등장하는 악령으로, 주로 여성에게 빙의한다고 여겨진다. 자르에 빙의된 사람은 온갖 질병에 시달리는데, 이를 치료하기 위해 암탉이나 염소를 제물로 바치고 그 피에 기름과 버터를 섞어 뿌린다.

아즈(Adze)는 토고와 가나의 전설에 등장하는 흡혈귀로, 본래는 반딧불이처럼 작은 모습이지만 얼마든지 사람의 모습으로 변신할 수 있다. 때로는 사람 몸에 빙의하기도 하는데, 아즈에 빙의된 사람은 남자든 여자든 마녀로 간주된다. 아즈는 반딧불이 형태일 때 문이나 벽에 난 틈을 통해 집 안으로 들어와 사람들이 잠든 사이에 피를 빨아 병들어 죽게 한다. 이는 말라리아 같은 질병을 퍼뜨리는 모기에 대한 공포심이 반영된 것으로 해석된다.

아산보삼(Asanbosam)은 가나의 전설에 등장하는 흡혈귀로, 나무에 거꾸로 매달려 있다가 지나가는 사람을 덮쳐 공격한다고 전해진다. 아산보삼은 쇠로 된 이빨과 발톱, 분홍색 피부, 충혈된 눈, 긴 붉은 머리카락을 가진 모습으로 묘사되며, 사람과 비슷하게 생겼지만 온몸에 털이 많고 박쥐처럼 길고 강한 날개를 가졌다고 묘사되기도 한다. 18세기 무렵 가나인들이 노예로 끌려가면서 아산보삼의 존재가 자메이카를 비롯한 아메리카 대륙에도 알려졌다.

아지자(Aziza)는 서아프리카 베냉과 나이지리아 일부 지역의 전설에 등장하는 작은 요정들로, 개미집이나 목화나무에 살면서 사람들에게 불을 사용하는 법과 같은 유용한 지식을 전해준 자비로운 존재다. 나이지리아 서부의 니제르 삼각주 지역에서는 아지자에게 제사를 지내는 전통도 존재한다.

에그베레(Egbere)는 요루바족 전승에 등장하는 키 작은 악령으로, 돗자리를 가지고 다닌다. 숲에 사는 에그베레는 밤에만 모습을 드러내는데, 항상 기분 나쁘게 우는 소리를 낸다. 그의 돗자리나 재물을 빼앗은 사람은 큰 부자가 된다고 한다.

히라(Hira)는 서아프리카 송가이족(Songhai) 전설에 등장하는 엄청나게 힘세고 사나운 괴물 들소다. 이 전설에서 히라는 나무의 정령과 인간 여성 사이에서 태어난 영웅인 모우사(Moussa)에게 죽임을 당한다.

젠구(Jengu)는 카메룬의 전설에 등장하는 물의 정령으로, 긴 머리를 늘어뜨린 젊고 아름다운 여성의 모습을 하고 강이나 바다에 산다. 젠구는 자신을 숭배하는 사람들에게 행운을 안겨주며, 질병을 치료하고 신과 인간 사이의 중개자 역할도 한다. 이러한 믿음 때문에 카메룬에서는 젠구를 숭배하는 전통이 오랫동안 이어졌다.

닌키 난카(Ninki Nanka)는 서아프리카 전설에 등장하는 파충류 괴물로, 동아시아 전설의 용과 비슷하게 생겼다. 닌키 난카는 늪지대에 살며, 덩치가 크고 위협적인 존재로 여겨진다. 부모의 말을 듣지 않는 아이가 늪에 빠지면 닌키 난카가 곧장 달려와 잡아간다고 하는데, 아마도 이는 아이들에게 교훈을 주려고 지어낸 이야기인 듯하다.

놈모(Nommo)는 서아프리카 말리의 도곤족(Dogon)이 숭배하는 정령으로, 물과 육지에서 모두 살 수 있으며 자웅동체다. 상반신은 인간이고 하반신은 물고기 꼬리가 달린 모습으로 묘사된다. 도곤족 전승에 따르면 놈모는 하늘의 신 암마(Amma)가 만든 최초의 생명체로, 그들 중 일부가 신에게 반항하다가 몸이 절단되어 세상에 뿌려졌다고 한다. 놈모가 도곤족에게 시리우스 성단에 대해 알려주었다고도 전해지지만, 이러한 전설은 이미 시리우스 성단에 대한 정보가 알려진 후대에 형성된 것이라는 비판적 시각도 존재한다.

103 아프리카의
요괴와 정령 3

오바이포(Obayifo)는 서아프리카 아샨티족(Ashanti) 전승에 등장하는 요괴로, 사람의 몸에 들어가 정신을 지배하는 존재로 여겨진다. 오바이포에 사로잡힌 사람은 눈빛이 달라지고 음식에 집착하게 되며, 밤이 되면 겨드랑이와 항문에서 빛이 난다고 한다.

전승에 따르면 오바이포는 본래 요괴가 아니라 아샨티족의 마술인 바예(bayie)를 연습하던 사람들이 변한 것이다. 특히 여성 주술사들이 오바이포가 될 가능성이 더 크다고 한다. 오바이포는 늑대 인간이나 흡혈귀처럼 사람에게 해를 끼치는 존재로 여겨져 아샨티족은 오바이포를 매우 두려워했다.

오그반제(Ogbanje)는 나이지리아의 전설에 등장하는 악령으로, 아이와 관련한 불행과 질병을 일으키는 존재다. 오그반제는 신생아를 납치하고 대신 자기 아기를 남겨두거나, 일부러 죽은 뒤 가까운 이웃의 아이로 다시 태어나기도 한다. 인간으로 태어난 오그반제는 병약하고 자주 아픈데, 그래서 나이지리아에서는 병치레가 잦은 아이를 오그반제라고 의심하기도 했다.

오그반제인지 확인하려면 아이의 몸이나 소지품에서 이이우와(Iyi-uwa)

라고 불리는 돌을 찾아야 한다. 이 돌을 파괴하면 오그반제가 힘을 잃고 사라지는데, 이 일은 주술사나 샤먼이 주관한다.

융보(Yumbo)는 세네갈의 전설에 나오는 죽은 자의 영혼이다. 은빛 머리카락과 진주색 피부를 가진 키 약 60센티미터의 작은 존재로, 언덕 아래에 살다가 달이 뜨면 달빛 아래로 나와 춤을 춘다. 융보는 밤마다 큰 식탁에서 잔치를 벌이며, 손과 발만 보이는 하인들이 시중을 든다. 융보도 사람처럼 음식을 먹어야 하는데, 물고기를 잡아먹거나 사람들에게서 훔친 옥수수를 먹는다. 그러나 잔치를 열 때는 현지인뿐 아니라 이방인까지도 초대할 만큼 성격이 관대하다.

'물의 어머니'라는 뜻의 마미 와타(Mami Wata)는 아프리카 서부, 중부, 남부 등에서 널리 숭배되는 물의 정령이다. 대개 여성의 모습이지만 일부 전승에서는 남성으로 표현되기도 한다.

아프리카 미술에서 마미 와타는 곧게 빗은 긴 검은 머리를 지닌 아름다운 여성으로 묘사되며, 벌거벗은 여성의 상반신에 물고기나 뱀의 하반신 형태로 그려진다. 일부 전승에서는 인간과 똑같은 모습으로 등장하기도 한다. 그녀는 빗, 거울, 시계와 같은 값비싼 물건을 들고 다니며, 그녀를 감싸는 커다란 뱀은 머리를 그녀의 가슴 사이에 둔다. 원래 뱀은 세계 각지에서 물을 상징하는 정령으로 묘사된다.

어떤 전승에서는 마미 와타가 인간의 모습으로 시장을 돌아다니거나 술집에서 술을 마신다고도 한다. 이 이야기는 20세기에도 세네갈과 잠비아 등지에 널리 퍼졌는데, 특히 무역상들이 마미 와타의 존재를 굳게 믿었다. 아프리카 각지의 강과 호수에 사는 마미 와타의 도움을 받아 장사가 잘되기를 바랐기 때문이다.

또한 마미 와타는 자신을 숭배하는 이들이 물에서 수영하거나 배를 타고 있으면 그들에게 다가가 그들의 영혼을 자신의 낙원으로 데려간다. 그 낙원은 질병과 굶주림이 없는 이상향으로, 그곳에 머무는 동안은 영원히 살 수 있다. 이는 유럽의 켈트 신화에 나오는 낙원인 티르 나 노그(Tír na nÓg)와 유사하다. 다만 티르 나 노그에 머물던 사람이 원래의 세상으로 돌아오면 영원한 젊음이 사라지고 노인으로 변하는 반면, 마미 와타의 낙원에서 살다가 돌아온 사람은 더욱 부유해지고 운이 좋아진다는 점에서 차이를 보인다.

마미 와타는 종종 성적인 욕망을 지닌 존재로 등장하기도 한다. 나이지리아 전승에 따르면 그녀는 자신을 숭배하는 신도와 관계를 맺고 그에게 이 사실을 비밀로 하라고 요구한다. 만약 비밀을 지키면 그는 큰 부를 얻게 되지만, 누설할 경우 모든 재산과 가족을 잃는 저주를 받는다고 한다.

5
신비한 장소

104 잃어버린 문명, 무 대륙

흔히 사라져버린 신비한 고대 문명이라고 하면 으레 플라톤이 말한 아틀란티스를 떠올린다. 그러나 무(Mu) 대륙도 아틀란티스 못지않게 널리 알려진 신비한 고대 문명이다.

무 대륙의 존재를 처음 주장한 인물은 19세기에 활동한 미국의 아마추어 고고학자이자 사진가 어거스터스 르플롱종(Augustus Le Plongeon)이다. 그는 멕시코 유카탄반도에서 고대 마야 문명의 폐허를 연구하던 중 마야인들과 관련된 문헌을 해석하며 "마야 문명은 그리스나 이집트보다 더 오래전에 형성되었다. 그리고 마야 문명에 영향을 주었으나 마야가 성립되기 훨씬 전에 사라진 대륙이 있었다."라는 결론을 내렸다. 그는 이 가상의 대륙을 마야인들이 재앙에 잠긴 땅을 지칭하는 '무'라고 불렀다. 또한 그는 이 무 대륙이 플라톤이 말한 아틀란티스와 같은 곳이라고 보았다. 그는 무 대륙이 멸망했을 때 간신히 살아남은 사람들이 중미 지역으로 도망쳐 마야 문명을 세웠고, 일부는 이집트로 이주해 고대 이집트 문명을 세웠다고 믿었다.

영국 작가 제임스 처치워드(James Churchward)는 르플롱종의 뒤를 이어 무 대륙을 본격적으로 소개한 인물이다. 그는 1926년 《잃어버린 대륙 무: 인류의 고향》이라는 책을 출간했는데, 이 책에 소개된 무 대륙의 모습은 다음과 같다.

"나는 50년간 인도에서 영국 육군 소속 병사로 근무하면서 인도의 오래된 사원을 지키는 성직자와 친구가 되었다. 그는 나에게 사원에서 오랜 세월 보관해온 보물인 '햇볕에 타버린 점토판 세트'를 보여주었다. 나는 점토판에 적힌 글자를 오랫동안 연구했다. 점토판에 쓰인 글자들은 지금은 잃어버린 대륙인 무(Mu) 또는 인도 동쪽 미얀마에서 가장 위대한 성직자들이 남긴 것이었다.

무 대륙은 태평양 한복판에 있었으며, 서쪽의 마리아나제도에서 동쪽의 이스터섬까지, 북쪽의 하와이에서 남쪽의 망가이아섬까지 광대한 범위에 걸쳐 있었다. 그 면적은 동서로 약 8000킬로미터, 남북으로 약 5000킬로미터에 달해 남미 대륙보다도 컸다. 무 대륙에는 거대한 평원과 강, 언덕, 만, 강어귀 등 다양한 지형이 존재했다.

무 대륙의 역사는 7개의 머리를 가진 성스러운 뱀 나라야나(Narayana)를 숭배하던 고도로 발달한 문명인 나아칼(Naacal)에서 비롯되었다. 이 문명은 약 5만 년 전부터 1만 2000년 전까지 번성했고, 6400만 명의 인구와 7개의 주요 도시에 하나의 정부와 하나의 종교가 존재했다. 이 문명을 세운 사람들은 모두 백인종이었다.

무 대륙은 중미, 이집트, 그리스, 인도, 미얀마, 이스터섬 등 세계 곳곳에 들어선 위대한 문명의 뿌리였다. 이스터섬의 거대한 모아이 석상 같은 폴리네시아의 거석 예술도 모두 무 대륙 사람들이 만들었다. 《구약성경》의 〈창세기〉에 나오는 인류 최초의 낙원인 에덴동산도 중동이 아니라 태평양에 있었는데, 그곳이 바로 무 대륙이었다.

이렇게 발달했던 무 대륙은 약 1만 2000년 전 화산 폭발과 지진으로 하루 만에 바다 밑으로 사라앉으며 멸망했다. 대재앙에서 간신히 살아남은 사람들은 무 대륙의 일부 남은 땅에 정착했는데, 그들이 바로 이스터섬 주민과 같은 폴리네시아계 원주민들이다. 그러나 오랜 세월이 흐르며 그들은 고도의 문명을 이룩한 조상들에 관한 기억을 잊어버리고 점차 원시적인 부족으로 변해갔다."

처치워드가 묘사한 무 대륙은 매우 신비롭고 환상적이어서 그대로 믿기 어렵다. 우선 그가 언급한 나라야나는 실제로 힌두교에서 창조주 중 하나로 여겨지는 신의 이름이다. 또 무 대륙이 하루 만에 멸망했다는 설정은 플라톤이 말한 아틀란티스의 멸망 이야기와 유사하다. 이 때문에 고고학계에서는 무 대륙에 대해 '처치워드가 아틀란티스를 비롯해 힌두교 신화, 마야 문명, 태평양 섬들의 전설 등을 멋대로 조합해 만들어낸 허구'라고 본다.

105 상상의 대륙, 레무리아

아틀란티스, 무 대륙에 비해 다소 유명세는 떨어지지만 레무리아(Lemuria)는 흔히 세계 3대 초고대 문명으로 꼽힌다. 레무리아라는 이름은 아프리카 마다가스카르섬에 사는 여우원숭이 레무르(Lemur)에서 유래했다.

1864년 영국의 생물학자 필립 루틀리 스클레이터(Philip Lutley Sclater)는 〈마다가스카르의 포유류〉라는 논문에서 레무르 화석이 마다가스카르와 인도 양쪽에서 발견되는 현상에 주목했다. 그는 이를 설명하기 위해 과거 마다가스카르와 인도가 하나의 커다란 육지로 연결되어 있었다는 가설을 제시했다. 레무르가 살던 이 가상의 대륙을 사람들은 '레무리아'라고 불렀다.

레무리아의 등장에 각국의 신비주의자들은 일제히 환호하며 자신들의 상상을 덧붙이기 시작했다. 우크라이나 태생의 신비주의자로 티베트와 인도를 방문한 헬레나 블라바츠키(Helena Blavatsky)는 1888년 저서 《비밀 교리》에서 레무리아와 레무리아인에 대해 다음과 같이 묘사했다.

"인류는 총 7개 종족의 조상을 거쳐 진화해왔으며, 그중 세 번째 종족이 레무리아인이었다. 레무리아인은 마치 커다란 원숭이처럼 생겼으며, 4개의 팔과 머리 뒤 제3의 눈을 가지고 있었다. 말을 할 수는 없었으나 대신 생각으로 뜻을 직접 전달하는 텔레파시를 사용할 수 있었다. 또한 레무리아인은 산을 움직일 수 있는 염동력(psychokinesis)도 있었다.

고도로 발달한 문명을 이룬 레무리아인은 레무리아가 갑자기 무너져내리자 호주와 파푸아뉴기니, 아프리카 남부로 흩어졌다. 이들 지역의 원주민인 애버리지니, 멜라네시아인, 호텐토트(Hottentot)는 모두 레무리아인의 후손이다. 다만 그들은 레무리아인이 동물과 교배하여 낳은 자손들이기 때문에 지능이 낮아 뛰어난 문명을 세울 수 없었다."

이와 비슷한 주장은 미국의 아마추어 인류학자 윌리엄 스콧 엘리엇(William Scott Elliot)이 1904년에 발표한 《잃어버린 레무리아》에도 등장한다.

"약 2만 년 전의 레무리아인은 4.5미터의 키에 피부는 갈색이었고, 얼굴에는 이마가 없는 대신 턱이 앞으로 튀어나와 있었다. 눈은 미간에서 멀리 떨어져 새처럼 앞과 옆을 동시에 볼 수 있었다. 레무리아인은 남녀의 성을 동시에 지닌 양성구유였고 알을 낳아 번식했다. 그러다가 남성과 여성으로 나누어졌고, 세월이 흘러 현재의 인류와 비슷한 모습이 되었을 때 레무리아는 그만 바닷속에 잠겨 사라졌다.

레무리아가 멸망한 뒤 레무리아인들이 남긴 후손이자 새로운 종족이 나타났는데, 그들이 바로 아틀란티스를 세운 아틀란티스인이었다. 아틀란티스인은 검은 피부를 가진 르모아할(Rmoahal)과 구릿빛 피부를 가진 틀라바틀리(Tlavatli) 그리고 금발에 흰 피부를 가진 톨텍(Toltec)의 세 인종으로 나뉘었다. 그중 르모아할은 가장 지능이 낮아 다른 두 인종의 노예나 다름없었고, 톨텍은 비행선을 만들 만큼 뛰어난 기술을 가졌다."

하지만 레무리아에 대한 서구 신비주의자들의 주장은 전혀 신빙성을 인정받지 못하고 있다. 예컨대 마다가스카르섬과 인도를 하나로 연결할 만큼 거대한 대륙이 한순간에 바다 밑으로 가라앉았다는 주장을 뒷받침할 지질학적 증거는 전혀 발견되지 않았다. 또한 블라바츠키나 엘리엇의 주장은

19~20세기 서구 제국주의 시대의 백인 우월주의적 사고방식이 그대로 반영된 허무맹랑한 이야기에 불과하다.

106 이스터섬의 모아이 석상

 칠레 서부, 남태평양의 동남쪽 끝에는 이스터섬이라는 작은 섬이 있다. 주변에 다른 섬이 거의 없는 외딴 섬으로, 남태평양 한가운데에 고립된 이곳은 고고학에 관심 있는 사람이라면 한 번쯤 들어봤을 법한 유명한 장소다. 바로 섬 곳곳에 세워진 거대한 '모아이 석상' 때문이다. 이스터섬 전역에 늘어선 모아이 석상들은 무표정한 얼굴로 하늘을 응시하고 있는 듯한 모습이다. 외딴 태평양 섬에 이처럼 거대한 석상들이 세워졌다는 사실은 오랫동안 사람들의 호기심을 자극했다.
 '도대체 누가, 언제, 왜 만들었을까?'라는 의문에 대해 가장 널리 알려진 가설은 외계인이 만들었다는 주장이다. 이 주장은 스위스 출신의 호텔업자이자 작가인 에리히 폰 데니켄(Erich von Däniken)이 퍼뜨렸다. 그는 1972년 출간한 책 《별들로 돌아가다》에서 모아이 석상에 대해 다음과 같이 설명했다.
 "모아이 석상을 만드는 작업은 현대 과학보다 훨씬 앞선 문명에서나 가능한 일이다. 아마도 매우 높은 지식을 지닌 집단이 기술적 문제로 이 섬에 불시착했는데, 그들이 후세에 자신들의 존재를 알리기 위해, 아니면 자신들을 도운 원주민에게 보답하기 위해 석상을 만들었는지도 모른다. 분명히 그들은 현대 인류보다 뛰어난 기술로 돌을 가공할 수 있는 집단이었을 것이다."

하지만 이러한 외계인 기원설에는 중대한 문제점이 있다. 외계인이 지구에 와서 유적을 만들었다는 장소는 하나같이 유럽을 제외한 오세아니아, 아메리카, 아프리카, 아시아 같은 지역이라는 점이다. 만약 외계인이 정말 지구를 방문했다면 왜 유럽만 피해서 다른 지역에 유적을 남겼을까? 게다가 유럽에도 스톤헨지나 몰타섬의 거석 같은 선사시대 유적이 존재하는데, 왜 그런 유적에는 외계인 기원설이 제기되지 않는 걸까?

이는 외계인 기원설이 사실상 비서구 원주민들을 낮잡아보는 인종차별적 시각에 바탕을 두고 있음을 보여준다. 다시 말해 이런 주장을 펴는 사람들은 "너희 조상은 무식하고 미개해서 피라미드나 모아이 석상 같은 유적을 만들 능력이 없다. 그런 위대한 유적은 모두 외계인이 만든 것이다."라고 원주민을 모욕하는 셈이다. 유럽의 스톤헨지나 몰타섬의 거석 같은 유적에 외계인 기원설이 제기되지 않는 것도 같은 이유에서다. 유럽인은 얼마든지 그런 유적을 만들 능력이 있다고 전제하기 때문에 굳이 외계인의 개입을 상상할 필요가 없었던 것이다.

한편 1990년대 이후 이스터섬을 직접 조사한 고고학자들에 따르면, 모아이 석상은 무슨 대단한 첨단 기술이 필요한 것이 아니라 금속을 전혀 모르는 석기 시대 수준의 기술만으로도 충분히 제작할 수 있는 구조물이다. 석상의 제작 과정은 대략 다음과 같다. 먼저 현무암으로 만든 못과 줄과 찍개를 이용해 응회암 덩어리에 사람 얼굴 모습을 몇 달에 걸쳐 조각한 다음, 완성되면 바위에서 분리한다. 이후 석상에 밧줄을 묶고, 나무 지렛대와 굴림대를 이용해 천천히 옮긴 뒤 미리 정해둔 장소에 세우고 대좌 위에 올려 마무리한다.

이처럼 모아이 석상은 외계의 첨단 기술이 아니라 그 시대 기술로도 얼마든지 만들 수 있었던 것이다. 한때 외계인의 작품으로 오해받았던 잉카 제국의 성벽도 마찬가지다. 돌 사이에 종이 한 장도 들어가지 않을 만큼 돌들이 서로 완벽하게 맞물린 이 성벽을 두고 과거에는 외계인의 개입 없이는 불가능하다는 주장이 성행했다. 하지만 고고학자들의 연구 결과는 달랐다. 돌을 서로 맞춘 다음 튀어나온 부분을 오랜 시간 돌이나 모래로 갈아내고, 남은 틈은 모래로 메워 굳히는 방식이었다. 다만 이런 방식은 시간이 오래 걸리고 손이 많이 가기 때문에 현대에는 사용하지 않을 뿐이다.

결국 이스터섬의 모아이 석상을 비롯한 비서구 각지의 신비로운 유적들에 대한 외계인 기원설은 역사와 고고학에 대한 무지와 인종차별적 편견에서 비롯한 허황된 망상에 지나지 않는다.

6
UFO와 외계인

107 UFO와 싸운 로스앤젤레스 전투

UFO가 나타났다는 이야기나 이를 목격했다는 사례는 매우 흔하다. 그러나 한 국가의 군대가 UFO를 향해 실제로 대포를 쏘며 전투를 벌인 사례는 드물다. 놀랍게도 그런 일이 1942년 미국에서 실제로 벌어졌는데, 이 사건은 '로스앤젤레스 전투'라고 불린다. 1942년 2월 25일에 발생한 이 사건의 배경과 내막은 다음과 같다.

1941년 12월 7일 일본군이 미국 해군기지가 있는 하와이제도의 진주만을 기습 공격한 이후 미국 서부 해안과 알래스카 지역은 일본군이 언제 공격해올지 모른다는 불안과 긴장감에 휩싸였다. 예컨대 알래스카 주노에서는 일본 잠수함이 해안을 따라 숨어 있다는 소문이 퍼져 주민들은 야간 정전을 위해 창문을 모두 가려야 했다.

캘리포니아주 샌프란시스코에서는 일본 항공모함이 인근 해역을 순항하고 있다는 소문이 나돌았다. 오클랜드에서는 학교를 폐쇄하고 정전 조치를 내렸으며, 경찰 순찰차에 장착된 민방위 사이렌이 도시 전체에 울려 퍼지고 무선 통신이 중단되기도 했다. 워싱턴주 시애틀에서도 일본군의 공격이 임박했다는 소문이 돌며 전면적인 정전 조치가 단행되었고, 격앙된 시민들이 불이 켜진 건물로 몰려가 전등을 부수기까지 했다.

이처럼 전시 분위기가 고조되자 미국 서부 해안 곳곳에는 일본군의 공습에 대비해 대공포가 설치되고 방공 벙커가 건설되었다. 실제로 1941년 12월부터 1942년 2월 사이 미국 서부 해안에서는 다수의 미국 상선이 일본 잠수함의 공격을 받았다. 그러므로 이러한 공포가 완전히 근거 없는 것은 아니었다.

그런 와중인 1942년 2월 24일 미국 해군정보국(ONI)은 "향후 10시간 이내에 캘리포니아 본토에 대한 공격이 있을 수 있다."라고 경고했다. 그리고 그날 저녁 군수공장 인근에서 플레어와 섬광을 봤다는 보고가 이어졌고, 오후 7시 18분에는 공습경보가 발령되었다. 이 경보는 오후 10시 23분에 해제되었지만, 다음 날인 2월 25일 오전 2시 25분 로스앤젤레스 카운티 전역에 다시 공습 사이렌이 울렸다.

이에 시 당국은 전면 정전을 명령했고, 수천 명의 공습 감시 요원을 제 위치로 소환했다. 오전 3시 16분 미 육군 제37연안포병여단은 보고된 '항공기'를 향해 기관총과 대공포를 발사했다. 이 포격을 시작으로 무려 1400발 이상의 포탄이 발사되었다. 당시 경계 태세를 유지하던 제4요격사령부의 조종사들은 출격하지 않고 지상에서 대기 중이었다. 포격은 오전 4시 14분까지 간헐적으로 이어졌고, 오전 7시 21분에야 사격 중지 명령이 내려졌다.

이 전투로 여러 건물과 차량이 포탄 파편에 피해를 입었으며, 총 5명의 민간인이 대공포 사격의 간접적인 결과로 사망했다. 3명은 혼란 속에서 발생한 교통사고로, 나머지 2명은 심장마비로 사망한 것으로 보고되었다. 이 사건은 곧바로 미국 서부 해안과 전국 주요 신문의 1면을 장식했다.

공습이 끝나고 몇 시간 뒤 프랭크 녹스(William Franklin Knox) 해군장관은 기자회견을 열어 "이번 사건은 전시 상황에서의 긴장감과 신경과민으로 인한 잘못된 경보였다."라고 발표했다. 다음 날에는 미 육군의 조지 마셜(George C. Marshall) 장군이 "이번 일은 일본 스파이가 대중적 공황 상태를 유도하기 위해 벌인 심리전의 일환일 수 있다."라는 성명을 발표했다.

하지만 1945년 8월 15일 일본이 미국에 무조건 항복한 뒤 발표한 공식 성명에 따르면, 일본은 제2차 세계대전 중 단 한 번도 로스앤젤레스 상공에 비행기를 보낸 적이 없다고 한다. 그렇다면 로스앤젤레스 전투의 진실은 무엇일까? 1983년 미 공군 역사국은 "기상 관측 기구를 적기로 오인해 공습경보가 발령되었고, 이로 인해 대공 사격이 촉발되었다."라고 공식 발표했다.

그러나 이 발표에 의문을 제기하는 이들도 있다. 이들은 미군이 진실을 은폐하고 있으며, 실제로는 로스앤젤레스 상공에 출현한 수많은 UFO를 보고 놀란 군이 이를 격추하려 한 것이라고 주장한다. 로스앤젤레스 전투보다 훨씬 유명한 로즈웰 사건 때도 미군이 처음에는 UFO라고 발표했다가 나중에 기상 관측 기구를 잘못 본 것이라고 말을 바꾼 전례가 있었기 때문이다.

108 켈리-홉킨스빌
외계인 침입 사건

외계인이 민가에 나타났고, 사람들이 놀라서 외계인을 향해 총을 쏘는 사건이 있었다면 믿을 수 있겠는가? 놀랍게도 그런 일이 실제로 벌어졌다. 1955년 8월 21일 밤 미국 켄터키주 크리스천 카운티의 켈리(Kelly)와 홉킨스빌(Hopkinsville) 지역에서 발생한 이 사건은 '켈리-홉킨스빌 사건'이라고 불리는데, 사건의 개요는 다음과 같다.

일요일이던 그날 오후 7시경 홉킨스빌 외곽의 서튼(Sutton) 농장에는 당시 21세인 빌리 테일러(Billy Ray Taylor)와 그의 아내가 방문해 서튼 일가와 저녁 시간을 보내고 있었다. 무더운 여름날, 빌리는 뒷마당 우물에서 물을 긷다가 하늘에서 무지갯빛 배기구가 있는 매우 밝은 은빛 물체를 목격했다. 그의 말에 따르면 그 물체는 조용히 날아와 집 근처에서 멈춘 뒤 곧장 땅으로 떨어졌다고 한다. 빌리는 집 안으로 들어가 "방금 UFO를 봤어!"라고 외쳤지만, 다들 비웃으며 대수롭지 않게 여겼다.

그러나 한 시간쯤 뒤 서튼 일가가 기르던 개가 갑자기 격렬하게 짖기 시작했다. 이상한 기운을 감지한 빌리와 서튼 일가의 럭키(Elmer "Lucky" Sutton)는 뒷문으로 가서 밖을 살폈는데, 이상한 빛을 발하는 두 생명체가 집 밖에 서 있는 것을 보았다. 그들의 목격담에 따르면 그 생명체들은 키가 약 1미터에 불과했으며, 크고 둥근 머리에 팔은 땅에 닿을 만큼 길었고 손톱이 날카로웠다고 한다. 특히 노랗게 빛나는 커다란 눈이 인상적이었고, 마치 은색 금속으로 만든 것처럼 온몸이 달빛에 빛났다고 한다.

겁에 질린 빌리와 럭키는 그들을 향해 소총과 산탄총을 쏘았다. 그러나 괴생명체들은 총격에도 아무런 피해를 입지 않고 계속 두 사람을 쳐다보다가 어둠 속으로 사라졌다. 잠시 뒤 괴생명체들은 창문 밖에서 모습을 드러냈고, 이번에도 빌리와 럭키가 총을 쏘았지만 효과는 없었다. 총알이 괴생명체들을 피해 가는지, 아니면 그들이 총알을 맞고도 전혀 끄떡도 하지 않는 것인지 알 수 없었다.

그렇게 한참을 있던 괴생명체들이 사라진 뒤 빌리가 조심스럽게 밖으로 나와 처마 아래를 지나갈 때 지붕 위에서 날카로운 손톱이 달린 손이 그의 머리카락을 건드렸다. 놀란 럭키가 총을 마구 쏘아댔고, 놀란 가족들은 비명을 지르며 빌리를 안으로 데려갔다. 그리고 빌리의 머리카락을 만진 괴생명체는 땅 위에 떠 있다가 근처 숲으로 사라졌다. 이후 서튼 일가는 집 안에 틀어박혀 몇 시간을 보냈는데, 지붕에서 무언가가 긁는 듯한 이상한 소리가 계속 들려왔다.

밤 11시경 괴생명체의 기척이 사라지자 일가족은 급히 차를 몰아 인근 홉킨스빌 경찰서로 달려갔다. 경찰은 처음에는 회의적인 반응을 보였지만 가족 모두의 진지한 태도에 수사팀을 꾸려 다음 날 현장을 조사하기로 했다. 그런데 새벽 2시 30분경 괴생명체들이 다시 나타났다. 당시 집 안에 있던 랭퍼드(Glennie Lankford) 여사는 침대 옆 창문 너머에서 밝게 빛나는 생명체를 보았다고 말했다. 그날 밤 가족들은 공포에 떨며 밤을 지새웠고, 날이 밝자 괴생명체는 완전히 자취를 감추었다.

이후 서튼 가족은 자신들이 구불구불한 머리카락과 커다란 눈을 가진 키작은 녹색 외계인을 목격했다고 주위에 알리고 다녔다. 이 이야기는 빠르게 퍼졌고, 서튼 농장에는 엄청나게 많은 사람이 몰려들었다. 그러나 괴생명체의 흔적은 어디에서도 발견되지 않았다.

UFO 회의론자들은 그날 서튼 일가가 본 UFO와 외계인은 유성과 올빼미에 불과하다고 일축한다. 올빼미를 잘못 보고서 겁에 질린 가족들이 노랗게 빛나는 눈을 가진 괴생명체로 오인했다는 것이다. 하지만 단순히 올빼미를 보고 가족 모두가 극심한 공포에 빠져 총까지 쏘았을까 하는 의문은 남는다.

109 미국 플랫우즈에 나타난 외계인

　1952년 9월 12일 오후 7시 15분 미국 웨스트버지니아주 브랙스턴 카운티의 작은 마을 플랫우즈(Flatwoods)에서 에드워드 메이(Edward May)와 프레디 메이(Freddie May) 형제 그리고 그들의 친구 토미 하이어(Tommy Hyer)는 농장 위로 밝은 빛을 내며 하늘을 가로질러 떨어지는 물체를 목격했다. 이것이 플랫우즈 외계인 사건의 시작이었다.
　놀란 소년들은 집으로 달려가 캐슬린 메이(Kathleen May)에게 자신들이 본 것을 알렸다. 그녀는 웨스트버지니아 주방위군 소속 유진 레몬(Eugene Lemon)과 함께 해당 농장을 찾아갔다. 일행이 언덕 꼭대기에 도착했을 때 그들은 깜빡이는 붉은 불빛을 보았다. 유진 레몬이 손전등을 비추자 키가 크고 "두건 같은 뾰족한 모양으로 둘러싸인 둥글고 붉은 얼굴을 한 사람 같은" 형체가 보였다.
　이후 《페이트 매거진(Fate Magazine)》과의 인터뷰에서 이들은 모두 유사한 형체를 목격했다고 밝혔다. 목격자들이 묘사한 외계 생명체의 모습은 대략 이렇다. 키는 약 3미터에 얼굴은 붉고 둥글며, 머리 위에는 크고 뾰족한 후드 같은 것이 있었다. 또 눈에서는 녹색을 띤 주황색의 빛이 뿜어져 나왔고, 몸은 전체적으로 검은색 또는 녹색으로 보였다. 캐슬린 메이는 이 괴생명체에 대해 갈퀴 같은 작은 손을 가졌고, 피부에는 옷 주름처럼 주름이 잡혀 있었으며, 머리 모양은 마치 트럼프 카드의 스페이드 에이스 같았다고 묘사했다.

괴생명체는 '쉿' 하는 날카로운 소리를 내며 마치 미끄러지듯 그들을 향해 다가왔는데, 그 순간 유진 레몬이 비명을 지르며 손전등을 떨어뜨렸고 놀란 일행은 그대로 달아났다고 한다. 이 밖에도 이들이 공통으로 경험한 것은 이상한 냄새였다. 언덕 위에는 매캐하고 구역질 나는 악취의 안개가 자욱하게 깔려 있었다.

이들은 곧바로 경찰에 신고했고 지역 보안관이 즉시 현장을 조사했지만 괴생명체나 이상한 냄새 등은 전혀 발견되지 않았다. 하지만 다음 날 브랙스턴 지역 신문의 리 스튜어트 주니어(A. Lee Stewart Jr.)는 현장을 방문해 이상하고 끈적끈적한 침전물을 발견했다고 주장했다.

이 사건은 곧 미국 전역의 신문과 라디오를 통해 빠르게 확산했다. 대형 라디오 방송 네트워크들이 이 사건을 보도하자 전국에서 수백 통의 문의 전화가 쇄도했다. 플랫우즈 사건은 1952년 미국 언론 서비스가 발표한 올해의 기사 순위에서 11위를 차지할 만큼 큰 반향을 일으켰다.

사건이 벌어진 플랫우즈 마을에는 미국 전역에서 수많은 사람이 직접 외계인의 흔적을 찾겠다며 몰려들었다. 뉴욕 브루클린의 한 목사는 캐슬린 메이 가족을 직접 찾아와 "당신들이 본 것은 도대체 무엇이었습니까?"라고 물었고, 피츠버그의 한 신문사는 기자를 현장에 파견했다. 미국 전역의 UFO 연구자들 역시 플랫우즈를 찾아와 해당 지역을 조사했다.

한편 회의론자들은 이 사건을 두고 "목격자들이 본 것은 착시 현상이나 비행기 혹은 올빼미였을 수 있으며, 악취는 화학물질을 실은 트럭에서 누출된 증기 때문일 수 있다."라는 분석을 제기했다.

그런데도 플랫우즈에 실제로 UFO와 외계인이 나타났다고 믿는 주민들은 마을에 '녹색 괴물의 고향'이라는 표지판을 세우고, 매년 '플랫우즈 데이(Flatwoods Day)'라고도 불리는 플랫우즈 괴물 축제(Flatwoods Monster Festival)를 열어 그날의 사건을 기념하고 있다.

110 켁스버그 UFO 사건

1965년 미국 펜실베이니아주 켁스버그(Kecksburg)에서는 수많은 주민이 눈부신 빛을 내뿜는 정체불명의 물체를 동시에 목격했다고 전해진다. 사건의 개요는 다음과 같다.

1965년 12월 9일 저녁 미국 미시간주 디트로이트와 캐나다 온타리오주 윈저를 비롯해 미국 6개 주와 온타리오주 여러 지역에서 크고 밝은 불덩어리가 하늘을 가로지르며 떨어지는 장면이 목격되었다. 미시간주와 오하이오주 북부에서는 잔디에 불이 붙어서 화재가 발생했으며, 펜실베이니아주 서부의 대도시 피츠버그에서는 커다란 폭발음이 들렸다고 보고되었다. 당시 주민들은 그 소리가 마치 항공기가 음속을 돌파할 때 나는 소닉붐과 같았다고 회상했다.

피츠버그에서 남동쪽으로 약 48킬로미터 떨어진 켁스버그 마을에서는 주민들이 하늘에서 무언가가 숲속으로 떨어졌고, 쿵 하는 진동과 함께 푸른 연기가 피어올랐다고 전했다. 미국 연방항공청(FAA)은 해당 시간대에 조종사들로부터 총 23건의 보고를 받았다고 밝혔으며, 디트로이트 남서쪽 약 40킬로미터 지점에서는 이 불덩어리가 대기를 통과하며 발생시킨 충격파가 지진계에 감지되었다.

사건 직후 피츠버그의 《그린스버그 트리뷴 리뷰(Greensburg Tribune-Review)》는 다음과 같이 보도했다.

"물체가 착륙한 것으로 추정되는 지역은 미 육군과 주 경찰 당국의 지시에 따라 즉시 봉쇄되었으며, 낙하했을 가능성이 있는 모든 물체에 대해 정밀 조사가 이루어질 예정이다. 미 육군 공병대와 민간 과학자들이 현장에 도착할 예정이라는 보고도 있다."

그러나 같은 신문의 후속판에는 "군인들과 공군 요원들이 숲을 수색했으나 아무것도 발견하지 못했다."라는 내용이 실렸다. 이게 어찌 된 일일까?

미국 정부는 해당 사건에 대해 "비행기 추락이나 실패한 미사일 실험, 또는 인공위성의 파편이 대기권을 통과한 것을 주민들이 오인했을 가능성이 크다."라고 해명했다. 천문학자 폴 애니어(Paul Annear)와 지구물리학자 조지 웨더릴(George Wetherill) 역시 사람들이 보았다는 불덩어리는 대기권에 진입한 유성일 가능성이 크다고 분석했다.

과학계도 이 현상에 주목했는데, 《스카이 앤드 텔레스코프(Sky & Telescope)》 1966년 2월 호는 다음과 같이 보도했다.

"1965년 12월 9일 오후 4시 44분경 디트로이트-윈저 지역에서 대형 불덩어리가 목격되었다. 불덩어리는 북서쪽에서 남동쪽으로 이동했으며, 최종 경로는 이리호 서쪽 또는 그 인근에서 종료된 것으로 보인다."

또한 1967년 《캐나다왕립천문학회지(JRASC)》에 실린 논문에서 두 천문학자는 지진계 데이터를 기반으로 불덩어리가 디트로이트 지역을 오후 4시 43분경 통과했다고 밝혔다. 또한 디트로이트 북쪽에서 촬영한 궤적 사진 두 장을 삼각측량 한 결과, 불덩어리는 남서쪽에서 북동쪽으로 급강하며 윈저 인근의 이리호 북서쪽 해안에 떨어졌을 가능성이 크다고 결론지었다.

한편 미국 항공우주국(NASA)은 2005년 12월 발표한 성명을 통해 전문가들이 현장에서 발견된 금속 파편을 조사한 결과, 대기권에 재진입하면서 분해된 구소련 인공위성의 잔해로 확인되었다고 밝혔다.

그렇지만 미국 정부가 진실을 은폐하고 있다는 의혹이 끊이지 않고 제기되고 있다. 많은 UFO 연구자들과 일부 목격자는 "그날 켁스버그 숲에 추락한 물체는 실제 UFO였는데, 미국 정부가 이를 회수한 뒤 거짓 발표를 했다."라고 주장한다.

켁스버그 사건은 오늘날까지도 논란이 이어지고 있으며, 그런 이유로 '펜실베이니아의 로스웰'이라고도 불린다.

책을 닫으며

2017년부터 지속한 판타지 백과사전 시리즈 원고를 이제야 끝냈다. 8년 간 이어진 여정을 마치고 그간의 세월을 돌아보니, 힘들었지만 그만큼 보람 있는 일이라는 생각이 들어 마음이 뿌듯하다.

대략 2000년대 후반부터 세계의 신화를 소개하는 판타지 분야의 책을 쓰고 싶다는 마음이 들었다. 작성해둔 원고 몇 편을 국내의 유명한 대형 출판사에 보내고 대표를 직접 만나 식사까지 나누며 긍정적인 대답을 들었는 데, 그로부터 석 달이 지나도록 아무런 연락이 없어서 어떻게 된 일인지 궁금해하다가 출판사에 전화를 걸었다. 그쪽 사정 때문에 내가 보낸 원고의 출간 계획이 모두 취소되었다는 얘기를 듣고 매우 허탈했던 기억이 난다.

애써 작성해둔 원고와 기획안을 묵혀두기 아까워서 기회를 엿보다 2016년 에 서해문집 출판사와 《지도에서 사라진 종교들》이란 책을 출간했다. 이 원고로 그나마 신화 관련 책을 펴내겠다는 욕구가 어느 정도 해소되었다.

그렇지만 애초 기대한 판타지 분야로 본격적인 진입을 하지 못한 터라 미련이 많이 남았는데, 예전부터 친분이 있던 편집자가 설립한 생각비행 출판사에서 한국형 판타지 창작에 도움이 될 자료를 책으로 내보자는 이야기를 나누었다. 이를 계기로 옛 문헌과 전설에서 신비한 보물, 나라, 영웅,

인물, 귀신, 도깨비, 짐승 같은 소재를 발굴하여 되도록 풍부하게 담으려고 노력했다. 그렇게 해서 나온 책이 바로《한국의 판타지 백과사전》이었다.

2017년 책을 출간한 지 2년 만에 완전판을 내야 할 만큼 반응이 좋았다. 이전 책에 없던 세상의 시작, 인간의 탄생, 대홍수, 종말에 관한 이야기를 보강하여 펴낸 완전판은 독자들의 사랑을 받으며 8쇄를 출간하기에 이르렀다. 그 사이에 중국, 중동, 유럽, 일본, 인도 편 판타지 백과사전도 연이어 출간했다.

판타지 백과사전 시리즈 1~6권에 포함되지 않은 아프리카, 동남아, 시베리아와 중앙아시아, 오세아니아, 아메리카 대륙 등지의 신화와 전설을 다루는《세계의 판타지 백과사전》출간으로 8년간 이어진 기획의 대미를 장식한다.

인문, 사회, 교육, 경제 관련 서적을 주로 내오던 생각비행 출판사에서 나의 개인적인 바람이 섞인 기획을 흔쾌히 받아들여 '판타지 백과사전' 시리즈를 계속 내주신 데 대해 진심으로 감사드린다. 이 시리즈를 마무리할 수 있도록 그동안 관심과 격려를 보내주신 독자 여러분께도 감사드린다.

미력한 작업물을 발판으로 삼아 우리 고유의 판타지 세계관과 세계 곳곳의 판타지 소재가 적절히 맞물려 전 세계가 공감할 만한 한국형 판타지 콘텐츠가 더 많이 창작되길 희망한다. 이 땅의 학자, 작가, 게임 창작자 등 관련 분야 종사자들을 진심으로 응원하는 바이다. 세계 곳곳의 판타지 세계를 즐기려는 독자 여러분께 이 시리즈가 도움이 되길 바란다.

참고 자료

도서 자료

고원 지음, 《알라가 아니면 칼을 받아라》, 동서문화사, 2002.
곽진석 지음, 《시베리아 고아시아족 신화론》, 주류성, 2021.
김재용·이종주 지음, 《왜 우리 신화인가》, 동아시아, 2004.
도현신 지음, 《신의 전쟁: 세계 역사와 지도를 바꾼》, 이다북스, 2022.
_____, 《씨앗전쟁: 세계 역사와 지도를 바꾼》, 이다북스, 2022.
_____, 《어메이징 세계사》, 서해문집, 2012.
_____, 《지도에서 사라진 나라들》, 서해문집, 2019.
_____, 《지도에서 사라진 종교들》, 서해문집, 2016.
_____, 《흙의 전쟁: 세계 역사와 지도를 바꾼》, 이다북스, 2021.
래리 고닉 지음, 이희재 옮김, 《세상에서 가장 재미있는 세계사 1~4》, 궁리, 2022.
로널드 라이트 지음, 안병국 옮김, 《빼앗긴 대륙, 아메리카》, 이론과실천, 2012.
마이클 조던 지음, 강창헌 옮김, 《신 백과사전》, 보누스, 2014.
민희식·이진우·이원일 지음, 《성서의 뿌리: 오리엔트 문명과 구약성서》, 블루리본, 2019.
브로니스라브 말리노브스키 지음, 최협 옮김, 《서태평양의 항해자들》, 전남대학교출판부, 2013.
산지브 산얄 지음, 류형식 옮김, 《인도양에서 본 세계사》, 소와당, 2019
세르주 그뤼진스키 지음, 윤학로 옮김, 《아스텍 제국: 그 영광과 몰락》, 시공사, 1995.
송경근·손주영 지음, 《한 권으로 보는 이집트 역사》, 가람기획, 2001.
재레드 다이아몬드 지음, 강주헌 옮김, 《문명의 붕괴》, 김영사, 2005.
_____, 김진준 옮김, 《총 균 쇠》, 문학사상, 2005.
카트린 오를리아크·미셸 오를리아크 지음, 장동현 옮김, 《이스터섬: 바위 거인들의 비밀》, 시공사, 1997.

케네스 C. 데이비스 지음, 이충호 옮김,《세계의 모든 신화》, 푸른숲, 2008.
테리 디어리 지음, 마틴 브라운 그림, 김은숙 옮김,《끔찍한 역사 퀴즈》, 주니어김영사, 2011.
_____, 서연희 옮김,《아슬아슬 아스텍》, 주니어김영사, 2019.
_____, 마틴 브라운·필립 리브 그림, 오은숙 옮김,《잉카가 이크이크》, 주니어김영사, 2019.
하선미 엮음,《세계의 신화 전설》, 혜원출판사, 1994.

인터넷 사이트 자료

대한성서공회, https://www.bskorea.or.kr/
러시아어 위키피디아, https://ru.wikipedia.org/wiki/
에스파냐어 위키피디아, https://es.wikipedia.org/wiki/
영어 위키피디아, https://en.wikipedia.org/wiki/Main_Page

세계의 판타지 백과사전

초판 1쇄 인쇄 | 2025년 12월 3일
초판 1쇄 발행 | 2025년 12월 10일

지은이 도현신
책임편집 손성실
편집 조성우
디자인 권월화
일러스트 신병근
펴낸곳 생각비행
등록일 2010년 3월 29일 | 등록번호 제2010-000092호
주소 서울시 마포구 월드컵북로 132, 402호
전화 02) 3141-0485
팩스 02) 3141-0486
이메일 ideas0419@hanmail.net
블로그 ideas0419.com

ⓒ 도현신, 2025
ISBN 979-11-92745-61-9 03380

책값은 뒤표지에 적혀 있습니다.
잘못된 책은 구입하신 서점에서 바꾸어드립니다.

이 책 내용의 전부 또는 일부를 재사용하려면
반드시 지은이와 출판사 양쪽의 동의를 받아야 합니다.